Johann Ceh

JA, ICH KANN DAS!

Leistungssituationen angstfrei bewältigen

Souverän und gelassen auftreten, entscheiden, handeln

VERRAI-VERLAG

Stuttgart

Bibliografische Information der
Deutschen Nationalbibliothek:
Die Deutsche Nationalbibliothek verzeichnet diese Publikation in der
Deutschen Nationalbibliografie; detaillierte bibliografische Daten sind
im Internet über http://dnb.d-nb.de abrufbar

1. Auflage März 2017

https://verrai-verlag.de

Umschlaggestaltung: ehrle studios Werbeagentur GmbH
Bildquelle: LaMiaFotografie/Shutterstock.com
Lektorat: Tobias Keil

Printed in Germany
ISBN 978-3-946834-04-5

Prof. Dr. Johann Ceh,

geb. 1943, hat Hochschul- und Universitätsstudien in folgenden Disziplinen erfolgreich abgeschlossen: Allgemeiner Maschinenbau, Physik und Chemie für das höhere Lehramt an Gymnasien, Psychologie, Pädagogik. Fundierte berufliche Erfahrungen sammelte er als Dipl.-Ing. in einer Führungsposition, in der Aus- und Weiterbildung von Lehrern für Berufliche Schulen und Gymnasien, Schulleiter, Berater, Gutachter und Hochschullehrer. Er ist Autor von zahlreichen Büchern, Tonkassetten-programmen und Aufsätzen in Fachzeitschriften, die sich durch ihre wissenschaftliche Fundiertheit und praktisch realisierbare Vorgehensweise auszeichnen. An ausländischen Universitäten lehrt und forscht er im Bereich Adult Education und an der Hochschule Biberach hat er Lehraufträge für Organisationspsychologie sowie Entscheidungstheorie und Entscheidungspraxis. Zudem berät er Studierende in Sachen „Umgang mit Leistungsängsten und anderen Lernstörungen".

Noch mehr über den Autor erfahren Sie auf seiner Homepage:

www. johannceh.de

„Ihr könnt mir alles nehmen, aber nie darüber entscheiden, wie ich darauf reagiere und antworte!“

Viktor E. Frankl

„Wir können nicht bestimmen, was andere tun oder sagen – aber wir können immer darüber entscheiden, wie wir darauf reagieren.“

Viktor E. Frankl

„Das Leben eines Menschen ist das, was seine Gedanken daraus machen.“

Marc Aurel

„Es sind nicht die Dinge selbst, die uns beunruhigen, sondern unsere Vorstellungen und Meinungen von den Dingen.“

Epiktet

Für

Patrick ⋆ Johannes ⋆ Josefine ⋆ Veronika

INHALTSVERZEICHNIS

ABBILDUNGSVERZEICHNIS

TABELLENVERZEICHNIS

Vorwort

In unserer schnelllebigen und hektischen Zeit kommt es auf eine gesunde Balance zwischen Beruf, Familie, Freunden und Sinnsuche an, um allen wichtigen Lebensbereichen gerecht zu werden. Zentral wichtig ist es herauszufinden, was wirklich relevant ist und wie man seine Prioritäten konsequent umsetzen kann.

Niemand ist allen Erwartungen der Umwelt und allen Anforderungen, die er an sich selbst stellt, gewachsen. Seelisch stabile Menschen können mit dieser Tatsache (gut) leben. Sie werden mit Misserfolgen fertig und fassen bald neuen Mut.

Selbstbewusstsein ist niemandem angeboren. Es entwickelt sich von Kindheit an und wird durch individuelle Erfahrungen im sozialen Umfeld gefördert oder gehemmt. Selbstsicherheit und Durchsetzungsvermögen spiegeln sich – ebenso wie Schüchternheit und Ängstlichkeit – im Verhalten wider und wirken sich entscheidend auf unseren Erfolg oder Misserfolg aus. Psychologisch fundierte und erprobte Hilfen zur Überwindung von Minderwertigkeitsgefühlen und zur Steigerung der Selbstsicherheit finden Sie in diesem Buch.

Immer mehr Prüfungen begleiten und bestimmen unser Leben. Viele Menschen schneiden in Leistungssituationen schlechter ab, als es ihren Anlagen, Fähigkeiten und Fertigkeiten nach sein müsste. Oft verschärfen eingeschliffene negative Verhaltensmuster die Prüfungssituation. Ihr Erfolg ist nicht nur von Ihrer Intelligenz, Ihren Kenntnissen und Anstrengungen abhängig, sondern auch davon, wie Sie diese einsetzen. Misserfolg in Prüfungen ist kein unabwendbares Schicksal.

Machen Sie sich – mit Hilfe dieses Buches – auf den Weg zum Prüfungserfolg.

Wer leistungsorientiert denkt, will sein Selbstwertgefühl steigern und vergleicht sich gern in Ranglisten, Noten, Tabellen. Bei solchen

Menschen kommen Versagensängste besonders häufig vor. Menschen mit ausgeprägtem Selbstmitgefühl haben dagegen weniger Angst vor Prüfungen. Es geht ihnen weniger um Leistungsvorgaben wie bestimmte Noten, sondern um Inhalte und das gute Gefühl, ein Thema durchdrungen zu haben. Wer zu Selbstmitgefühl in der Lage ist, akzeptiert z. B. nach einer misslungenen Prüfung das Ergebnis und schätzt sich realistisch ein: sei es, dass die Vorbereitung zu kurz ausgefallen ist oder es an Übung mangelte.

Konfliktsituationen können im privaten und beruflichen Alltag oft nicht vermieden werden. Da sie unseren Seelenfrieden stören und unsere Gesundheit bedrohen, sollten wir lernen, uns ihnen zu stellen, sie zu ertragen und verständnisvoll zu lösen. Die partnerschaftliche Auseinandersetzung kennt keinen Sieger und keinen Verlierer. Gewinnen ist allemal besser als siegen. Gewinnen heißt, den anderen durch mein verbales und nonverbales Verhalten für mich einzunehmen.

In der permanent Stress erzeugenden Umwelt, in der viele Menschen heute leben (müssen), ist es von unschätzbarem Wert, eine Entspannungs- oder Spannungsausgleichstechnik zu beherrschen. Atemzählen zum Beispiel beruhigt sofort. Automatisch stellt sich Ruhe ein und man wird gelassen. Entspannung löst eindeutig stressreduzierende organische Veränderungen aus. Wer sich in bedrohlichen Situationen entspannt, kann nicht gleichzeitig Angst haben.

Ich habe bisher ein Dutzend Bücher zu psychologischen, pädagogischen, theologischen und naturwissenschaftlichen Themen verfasst. Seit etwa acht Jahren biete ich eine offene Sprechstunde für Studierende zum Thema „Umgang mit Leistungsängsten und anderen Lernstörungen“ an, die stark nachgefragt wird. Die Studierenden erhalten fachkundigen Rat bei Prüfungs- und Redeangst, Panikattacken, Motivationsproblemen, Lern- und Konzentrationsstörungen, Verarbeitung von Misserfolgen, Prokrastination und Zeitplanungsproblemen, Akzeptanzproblemen in Gruppen, Umgang mit

Drucksituationen, Verhalten in Vorstellungsgesprächen und Assessment-Centers, Überlegungen zum Neuaufbruch ...

Ich habe die in diesen Beratungen angesprochenen Probleme – nach Häufigkeit ihrer Nennung – aufgelistet und zu jedem einen Aufsatz verfasst. Später habe ich die Aufsätze – erweitert um Auszüge aus meinen Büchern – auf meiner Homepage veröffentlicht, worauf eine große Zahl an Zugriffen erfolgt ist.

Dieses ist ein Selbsthilfebuch. Selbsthilfe ist die beste Hilfsmöglichkeit, da niemand mehr über Ihre Probleme und Möglichkeiten weiß als Sie selbst. Sie selber müssen die Verantwortung für Ihr Verhalten und die angestrebten Veränderungen übernehmen, Ihre Probleme lösen und mit den Resultaten leben.
Meine Aussagen sind wissenschaftlich fundiert. Sie basieren nicht auf einer Privatideologie oder auf obskuren Heilslehren, sondern auf dem Erfahrungs- und Wissensschatz von Psychologen und Therapeuten sowie den Ergebnissen seriöser Untersuchungen und Studien.

Auf der Grundlage der Kognitiven Verhaltenstherapie werden auf klare und leicht nachvollziehbare Weise effektive Methoden beschrieben, um auch in stressigen Zeiten die Ruhe zu bewahren und dauerhaft entspannter zu sein. Aus schwierigen Situationen werden so schließlich Herausforderungen, die zu bewältigen sind.

Das Buch – kurz und fündig! – ist das Ergebnis einer langjährigen erfolgreichen Beratungs- und Führungstätigkeit. Jedes Kapitel ist in sich abgeschlossen. Das Buch muss nicht „in einem Zug" gelesen werden.

Dazwischengeschaltete leere Buchseitenteile können vom Leser zur Dokumentation eigener Erfahrungen und zur Notiz individueller Fragen, Anmerkungen und Ergänzungen genutzt werden. Auf diese Weise kann das Buch zu einem auf die jeweilige persönliche Situation zugeschnittenen Lern-, Arbeits- und Merk-Kompendium werden.

Ganz wichtig ist mir das Aufzeigen erprobter und gangbarer Wege. Ich kann die Wege nicht für Sie gehen, kann Ihnen jedoch helfen, dass Sie sich nicht verirren.

Ich wünsche Ihnen eine spannende Reise.

„Eine Reise von tausend Meilen beginnt mit dem ersten Schritt."

Laotse

„Tu erst das Notwendige, dann das Mögliche, und plötzlich schaffst du das Unmögliche."

Franz von Assisi

Johann Ceh — Biberach an der Riß, März 2017

Im Leben ist alles eine Frage der Perspektive:

Optimistisch

Pessimistisch

Im Leben ist alles eine Frage der Perspektive:

Abbildung 1: „Im Leben ist alles eine Frage der Perspektive".

Aus: Enkelmann, N. B./ Burkart, Chr.: Erfolgsprinzipien der Optimisten, Offenbach 1997, S. 30

Leistungsängste überwinden

Woher kommen Angstgefühle?

Gibt es einen Zusammenhang zwischen Gedanken und Gefühlen? Einen solchen Zusammenhang gibt es in der Tat. Denken und Fühlen sind eng miteinander verbunden.

Schon vor etwa 2000 Jahren wussten die Stoiker (Epiktet): „...Es sind nicht die Dinge selbst, die uns beunruhigen, sondern unsere Vorstellungen und Meinungen von den Dingen." Die Art und Weise, wie ich über Dinge denke, bestimmt, wie ich mich fühle und wie ich handle.

Mitte der 50er Jahre des letzten Jahrhunderts hat der amerikanische Psychologe Albert Ellis diese Weisheit neu entdeckt. Ellis hat diesen Zusammenhang das „ABC der Gefühle" genannt (vgl. auch S. 35; S. 188).
„A" steht dabei für „activating event" (= das Ereignis, das die Gedanken aktiviert, anregt), „B" für „belief" (= Gedanken, Überzeugungen) und „C" für „consequences" (= Reaktionen, Folgen – also: Gefühle, Handlungen).
Die Kausalkette verläuft also von A nach B zu C. Die meisten Menschen sind allerdings „AC-Denker". Sie glauben, dass die äußeren Ereignisse Ursachen ihrer Gefühle und ihres Verhaltens sind.

Wie Sie gefühlsmäßig reagieren, hängt ganz davon ab, wie Sie über einen Sachverhalt denken. Niemand hat Sie beispielsweise jemals verängstigt. Das taten ganz allein Sie selbst.

Die amerikanischen Psychologen Hal und Sidra Stone haben den Begriff des „inneren Kritikers" geprägt. Der innere Kritiker entstand in unseren ersten Lebensjahren, in denen uns durch Erwachsene (und ggf. Gleichaltrige) bewusst oder unbewusst das Gefühl vermittelt wurde, schwach, dumm, unterlegen ... zu sein. Als Kinder hatten wir keine Möglichkeit, uns dagegen zu wehren. Wir waren auf unsere

Bezugspersonen angewiesen, ja wir waren buchstäblich von ihnen abhängig, um überleben zu können.

Innere Kritiker untergraben das Selbstvertrauen, indem sie uns mit übertrieben selbstkritischen Gedanken oder vorwurfsvollen Monologen mutlos machen. Resignation zu verbreiten ist die Spezialität des inneren Kritikers.
Wenn Ihnen Ihr innerer Kritiker z. B. einredet (und Sie ihm das glauben), Sie seien minderwertig und wertlos, werden Sie sich richtig mies fühlen. Wenn er Ihnen dann aber auch noch suggeriert, dass Ihr Gefühl, minderwertig zu sein, der *Beweis* dafür ist, dass Sie tatsächlich minderwertig sind, ist das ein ganz übler Trick – man nennt ihn „Gefühlsdenken". Sie wissen ja inzwischen, Ihr Gefühl ist nur der sichere *Beweis* dafür, dass Sie denken, Sie seien minderwertig.

Die positive Botschaft des ABC-Denkens heißt: Sie können – über Ihre Gedanken – Ihre Gefühle und Handlungen steuern. Ihre Gefühle sind quasi die „Auftragsarbeit" Ihrer Gedanken. Die Kausalkette lautet: Selbstabwertende Gedanken erzeugen Minderwertigkeitsgefühle und diese führen zu geringem Selbstvertrauen.

Wer seine Angst bewältigen will, weil er darunter leidet, muss also seine Denkmuster ändern. Das ist gar nicht so einfach, denn: Mit unserem Denken folgen wir bestimmten inneren Programmen. Wir haben unsere Denkgewohnheiten entweder von anderen Menschen übernommen oder wir haben sie aus bestimmten eigenen Erfahrungen gefolgert und dann verallgemeinert.

Solche Verallgemeinerungen geben uns einerseits Sicherheit, machen aber auch unflexibel und führen leicht zu Vorurteilen. Wer alles schon im Vorhinein zu wissen meint, hemmt seine Experimentierfreudigkeit und beraubt sich der Möglichkeiten, neue Erfahrungen zu machen, die ja durchaus positiv sein könnten.

Stressgedanken, selbstschädigende Gedanken, irrationale Gedanken, beunruhigende Gedanken, entmutigende Gedanken, verzerrtes Denken

Eine Auswahl:

Alles-oder-Nichts-Denken

Der innere Kritiker liebt es, in Extremen zu denken (gut/schlecht, schwarz/weiß, schön/hässlich, wertvoll/wertlos ...). Die Wörter „Mittelmaß, Durchschnitt, Grautöne" existieren für ihn nicht. Wenn Sie eine falsche Entscheidung gefällt haben, bezeichnet er Sie als Versager, unabhängig davon, wie viele richtige Entscheidungen Sie in der Vergangenheit schon getroffen haben. Der innere Kritiker suggeriert Ihnen z. B., entweder Sie bestehen die Prüfung oder Sie sind ruiniert.

Dramatisieren

Dinge oder Sachverhalte werden übertrieben bewertet, z. B. durch emotional stark aufgeladene Wörter wie: furchtbar, schrecklich, katastrophal, toll, wunderbar, großartig. Mit Ausdrücken wie: immer, alle, total, völlig, nie, niemand wird signalisiert, dass keine Ausnahmen existieren. Allerdings: „Keine Regel ohne Ausnahme" wäre selbst schon wieder eine Übertreibung.
In Wirklichkeit sind die meisten Dinge weder grauenhaft noch super, sondern einfach so in Ordnung, wie sie sind, nicht mehr und nicht weniger.

„Mussturbationen" – Sollte-Müsste-Vorstellungen – Die Diktatur des Müssens

Die Wortschöpfung „Mussturbationen" hat Albert Ellis geprägt. Dabei geht es um unrealistische Erwartungen an sich selbst, andere oder die Welt. Die drei Haupt-Muss-Vorstellungen, die emotionale Probleme hervorrufen können, lauten:
Ich *muss* eine gute Leistung erbringen und/oder die Anerkennung wichtiger Persönlichkeiten finden, sonst bin ich eine unzulängliche Person.
Du *musst* mich fair und rücksichtsvoll behandeln und mich nicht über Gebühr frustrieren, sonst bist du verdorben.

Mein Leben *muss* mir die Wünsche erfüllen, die ich habe, und ich *muss* mich vor Unheil bewahren, sonst ist das Leben unerträglich und ich kann überhaupt nicht glücklich sein.

Der Meinung sein, etwas nicht aushalten zu können

Diese Ansicht ist oft die erste Folge des Dramatisierens. Nachdem wir einen Sachverhalt aufgebauscht oder gar katastrophisiert haben, glauben wir ihn nicht mehr ertragen zu können. Faktum ist: Alles, was wir überleben, können wir ertragen, aushalten und damit fertig werden. Tatsachen können uns nicht aus dem Gleichgewicht bringen, sondern nur unsere Bewertung der Tatsachen.

Übertriebene Verallgemeinerungen

Der innere Kritiker nimmt ein Ereignis oder ein Verhalten von Ihnen zum Anlass, um daraus gleichsam eine allgemeingültige Regel abzuleiten: Einmal Pech gehabt, immer Pech haben; einmal versagen, immer versagen ...

Leugnung des Positiven, Übertreibung von Fehlern und Irrtümern

Der innere Kritiker ist auch Meister der Untertreibung von Positivem. Nach erfolgreich abgeschlossenen Arbeiten suggeriert er Ihnen, dass dies Zufall und nichts Besonderes sei und Sie sich nicht zu früh freuen sollten, weil das dicke Ende ja noch nachkomme. Der innere Kritiker gibt Ihnen nicht die Chance, sich über Ihren Erfolg zu freuen und darauf stolz zu sein.
Wenn Sie der innere Kritiker andererseits bei einem kleinen Fehler ertappt, lässt er Sie diesen Lapsus sofort durch eine „Lupe“ betrachten, damit Ihnen dieser Fehler riesengroß erscheint. Würde der innere Kritiker statt einer Lupe ein Fernglas benutzen, könnten Sie einfach das Fernglas vor dem Durchschauen umdrehen. Alles würde kleiner, weil es weiter weggerückt erscheint.

Gedankenlesen

Der innere Kritiker tut so, als könne er in den Köpfen Ihrer Mitmenschen lesen wie in einem aufgeschlagenen Buch. Auf diese Weise werden anderen Menschen z. B. schlechte Absichten unterstellt. Wenn einige Leute beieinanderstehen und lachen, will Ihnen Ihr Kritiker vielleicht einreden, sie hätten über Sie abfällig geredet und über Sie gelacht. Eventuell wird Ihnen gar suggeriert, andere würden Sie für einen unfähigen, minderwertigen, wertlosen Menschen halten.

Summa summarum sind es vor allem drei Aussagen („Trio"), die uns in Anspannung und Stress versetzen können:

- „X" ist schrecklich, furchtbar, entsetzlich.
- Ich kann „X" nicht aushalten.
- „X" *muss* sich ändern (Oder: Ich *muss* „X" ändern).

Beruhigende Gedanken, stärkende Gedanken

Eine Auswahl:

Das wird schon wieder.
Es geht auch so.
Egal
Ich werde damit fertig.
Das ist nicht so wichtig.
Ich kann es aushalten.
Auch das geht vorüber.
Ich schaffe es trotzdem.
Dann ist es eben so.
Na und? Ich mache trotzdem weiter.
Wer weiß, wozu es gut ist.
Ich kann damit fertig werden, oft sogar leichter, als ich zunächst dachte.
Da stehe ich drüber.

Da, wo die Angst ist, da geht's lang.
„Wo aber Gefahr ist, wächst das Rettende auch."
(Friedrich Hölderlin)
„Wer nichts riskiert, kann nicht einmal scheitern."
(Reinhold Messner)
Schau'n wir mal, dann seh'n wir schon.
Vediamo
Let it be (Lass es geschehen)
Passt schon!
So ist es halt ...
Na und? Was ist denn dabei, wenn ...
Na wenn schon ...
Veränderungen brauchen Zeit. Aber ich werde es schaffen.
We'll cross the bridge, when we get there.
„Glücklicherweise wird alles interessant, womit man sich ernsthaft beschäftigen muss." (Max Eyth)
„Der Anfang ist die Hälfte des Ganzen." (Aristoteles)
„Attempto!" (Ich wag's)
A bisserl was geht immer.
Ich kann. Ich darf. Ich will.
Alles hat seine Zeit und braucht seine Zeit.
„Was langsam wächst, wird doppelt stark." (C.F. Mayer)
Eins nach dem andern.

Angst kann auch beflügeln[1]

Angst gehört nun einmal zu unserem Leben. Ziel der Angstforschung kann es deshalb nicht sein, die Angst abzuschaffen, sondern allenfalls negative Auswirkungen der Angst zu reduzieren und das positive Potential der Angst nutzbar zu machen, denn: Angst führt nicht nur zur Beklemmung – Angst „macht auch Beine".

Damit ist Angst nicht nur Schicksal und Problem, sondern auch Chance. „Problem" bedeutet ja gemäß seiner Wortherkunft: „Felsvorsprung". Wer auf einem Felsvorsprung steht, kann sich ganz verschieden verhalten: Er kann sich zu seinem Schutz anseilen, er kann um Hilfe bitten, er kann zurückweichen – oder er kann sich hinabstürzen.

Die wichtigste Voraussetzung, konstruktiv mit Prüfungsangst umzugehen, ist das *Akzeptieren* dieser Angst. Akzeptieren heißt in diesem Zusammenhang nicht, die Situation gut zu finden und sich für alle Zeiten damit abzufinden, sondern es bedeutet lediglich, das Auftreten dieser emotionalen Befindlichkeit als momentan zur eigenen Persönlichkeit gehörend anzunehmen.

Lampenfieber ist etwas völlig Normales, das sich auch bei „Prüfungsprofis" einstellt. Interpretieren Sie solche Angstgefühle positiv.

Ein gewisses Maß an Erregung und Anspannung ist – wie empirisch-psychologische Untersuchungen etwa von M. R. Yerkes und J. D. Dodson (1908) gezeigt haben – die Voraussetzung für eine gute Prüfungsleistung (vgl. Abbildung 2).

---

[1] Ceh, J.: Keine Angst vor Prüfungen. In Leistungssituationen souveräner werden, München/Landsberg am Lech 1993, S. 22ff.

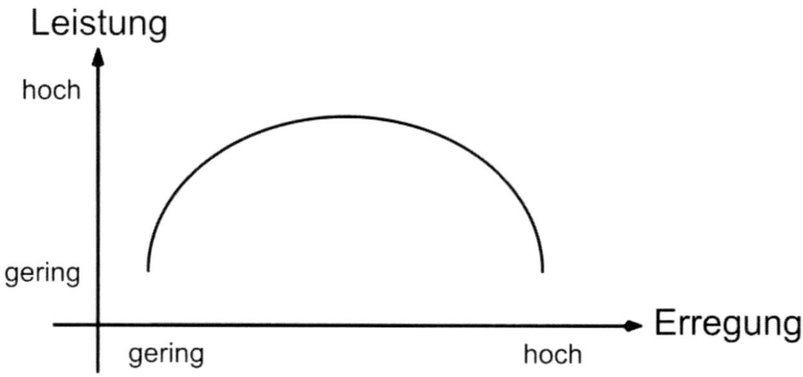

Abbildung 2: Yerkes-Dodson-Regel

Angst kann als innere Erregung wahrgenommen werden. Ein mittleres Maß an Erregung führt nach Yerkes und Dodson zu einem optimalen Antriebsniveau für Leistungen. Sehr niedrige (Gleichgültigkeit, Vor-sich-hin-Dösen) und sehr hohe Erregung („Kopflosigkeit", Panik) beeinträchtigen die Qualität der Leistungen negativ und wirken damit leistungshemmend.

Wenn die Anforderungen hingegen nicht besonders hoch sind und in der Prüfung nichts Unerwartetes abgefragt wird, dann hat auch ein hochängstlicher oder sensitiver („überempfindlicher") Kandidat gute Chancen, ein hervorragendes Prüfungsergebnis zu erzielen.

„Bei leichten Aufgaben sind die Sensitiven die Besten. Angst kann beflügeln!"

Rainer Bösel

Prüfungsangst und Persönlichkeit

Objektiv gleiche Situationen werden von verschiedenen Personen unterschiedlich wahrgenommen. Zudem unterscheiden sich die einzelnen Menschen

- in der Häufigkeit, mit der sie in angstbesetzte Situationen geraten;
- in dem Ausmaß, in dem sie Angst spüren;
- in der Art und Weise, wie Angst sie beeinträchtigt und wie sie mit Angst umgehen.

Eine hohe soziale Kompetenz besitzt derjenige, der die eigenen Ängste erkennt und annimmt, um sie zu bewältigen, und nicht derjenige, der die Auseinandersetzung mit Ängsten ablehnt oder ihr Vorhandensein negiert.

Seelische Stabilität contra Prüfungsangst – So steigern Sie Ihr Selbstvertrauen![2]

Erfolg in Prüfungen und prüfungsähnlichen Situationen hat viel zu tun mit Selbstbejahung und Selbstvertrauen. Seelische Stabilität

- basiert darauf, dass Sie sich akzeptieren, dass Sie zu sich „Ja" sagen;
- entsteht nur dann, wenn Sie sich vertrauen, wenn Sie sich auf sich verlassen können.

Viele Menschen haben nicht gelernt, die Verantwortung für ihr Tun und Lassen, für ihr Leben zu übernehmen. Machen Sie Ihr Glück nicht länger von Umständen abhängig, auf die Sie keinen Einfluss haben. Nehmen Sie sich nur Dinge vor, die in Ihren Kräften stehen; das ist ein Schritt auf dem Weg zu selbstverantwortlichem Handeln.

„Der Mensch lebt nicht vom Brot allein" steht in der Bibel und so heißt auch ein Bestseller des sowjetischen Autors Wladimir Dudinzew. Um gesund und glücklich zu sein, muss der Mensch auch seine höheren Fähigkeiten (Kreativität, Liebe ...) entwickeln, die eigenen Begabungen im Leben zur Geltung bringen; er muss sich selbst verwirklichen.

Der Begriff „Selbstverwirklichung" ist jedoch so gründlich missverstanden worden wie kaum ein zweiter, wohl auch deshalb, weil er sich als Ziel nicht die Beseitigung eines schlechten Zustands, sondern etwas Positives, ja Großartiges setzt: die Realisierung des eigenen Selbst. In diesem Zusammenhang wird allerdings häufig übersehen, dass die eigene Selbstverwirklichung dort endet, wo die des anderen anfängt, und dass sozialverträgliche Selbstverwirklichung nur innerhalb eines rechtsstaatlichen Gesetzesrahmens möglich ist.

---

[2] Ceh, J.: Keine Angst vor Prüfungen. In Leistungssituationen souveräner werden, München/Landsberg am Lech 1993, S. 43ff.

Oft hat oder ist ein Mensch etwas, das man selbst liebend gern haben oder sein möchte. Und siehe da! Schon überfällt einen das bohrende Gefühl des Auch-haben-Wollens: Es schlägt sich auf Magen und Galle und lässt einen „vor Neid erblassen".

Neid hat zwar auch durchaus eine positive Seite, denn richtig eingesetzt, kann dieses Gefühl sich zu einem Ansporn, zu einer ungeheuren Antriebskraft entwickeln und ungeahnte Fähigkeiten und Energien freimachen, die uns davor bewahren, beim einmal Erlernten stehenzubleiben und von Lernwilligeren beiseite gedrängt zu werden. Wer sein Leben jedoch von Neid vergiften lässt, schadet sich selbst, denn er vernachlässigt wegen seines negativen Gefühls sein eigenes Glück.

Bemühen Sie sich, statt anderen ihren (oft nur vermeintlich!) positiveren Lebenslauf zu neiden, darum, selbst mehr Erfolg zu haben und mehr Lebensfreude zu verspüren. Versuchen Sie Ihre Wünsche und Sehnsüchte zu erkennen und sie aus eigener Kraft – nicht auf Kosten anderer – zu befriedigen. Nur wer sich selbst nichts zutraut, beneidet andere um ihre Erfolge. Beantworten Sie sich die Frage: „Ist es für mein Lebensglück wirklich so unabdingbar, dass ich dieses oder jenes bin oder dieses oder jenes habe?" Denken Sie daran: Die anderen beneiden Sie oft ausgerechnet um das, was Sie vor lauter Neid auf sie gar nicht sehen: um Ihre eigenen Vorzüge.

Jeder Mensch braucht Anerkennung. Das Selbstwertgefühl eines Menschen, dessen Leistung nicht anerkannt wird, wird geschwächt. Ein solcher Mensch wird unsicher, verliert das Vertrauen in sich selbst und die Wahrscheinlichkeit des Scheiterns nimmt stark zu. Vor diesem Hintergrund ist die psychologische Empfehlung zu sehen, es solle mehr gelobt als kritisiert werden, denn Lob (auch Selbstlob!) wirkt anerkennend und positiv verstärkend. Anerkennung der Leistung allein genügt jedoch nicht. Jeder Mensch wünscht sich auch eine Wertschätzung seiner *Person.* Wird einem Menschen diese Wertschätzung vorenthalten, drückt das ebenfalls auf das Selbstwertgefühl. Eltern halten ihren Kindern oft bestimmte Persönlichkeiten mit besonderen Eigenschaften als Vorbilder vor Augen. Kinder „identifizieren" sich dann häufig mit diesen Vorbildern, sie möchten sein wie diese Personen. Auf diesem Weg formt sich – zunächst völlig unkritisch – das Ideal-Ich.

Im Laufe des Lebens (besonders in der Zeit der Pubertät) stellt der Mensch fest, dass in aller Regel zwischen seinem Ich und seinem Ideal-Ich eine erhebliche – vielleicht sogar zu einer Identitätskrise führende – Diskrepanz besteht.

Wie lässt sich diese Kluft zwischen Ideal-Ich und realem Ich verringern?

Entweder kann man versuchen, dem Vorbild besonders intensiv nachzueifern, ihm näherzukommen, oder man macht vom Ideal-Ich Abstriche, d. h., das Wunschbild der Eltern wird auf eine realistische Ebene „heruntergezogen". Das Selbstwertgefühl leidet, wenn es nicht gelingt, ein optimales Verhältnis zwischen realem Ich und Ideal-Ich herzustellen.

Eine weitere wichtige Voraussetzung für die Ausprägung eines gesunden Selbstwertgefühls ist die Übereinstimmung des konkreten Handelns mit den Vorgaben des Gewissens. Im Laufe des Sozialisationsprozesses bekommt der Mensch – via Internalisierung der elterlichen Ge- und Verbote – ein Wertesystem vermittelt, das die ethischen Kategorien enthält, nach denen er sein Leben führen sollte, und das zur Basis seines Gewissens wird.

Jeder Mensch muss – unter Einbeziehung seines eigenen, individuellen Gewissens – selbst entscheiden, welche Ge- und Verbote seinem künftigen Handeln Richtung geben sollen. Wer sich an diese Richtschnur als freiwillig gewählte Normierung des Handelns hält, lebt in Übereinstimmung mit seinem Gewissen, und er stärkt – mit Hilfe dieses „ruhigen" Gewissens – sein Selbstwertgefühl.

Jeder Mensch muss sich bewusst sein, dass er zur Ausprägung eines starken Selbstwertgefühls den Nächsten, den Mitmenschen braucht. Kommunikative Prozesse helfen beim Aufbau des Selbstwertgefühls; ungewollte Isolation verhindert diesen Aufbau und wirkt sich destruktiv auf die Persönlichkeit aus. Jeder Kommunikationsprozess bietet die Chance, das Selbstwertgefühl des Gesprächspartners zu erhöhen. „Streicheleinheiten", dem anderen das Gefühl zu geben, bedeutend zu sein, bei notwendiger Kritik zwischen Person und Sache zu trennen, sind einfache, jedoch äußerst wirkungsvolle Möglichkeiten zur Stärkung des Selbstwertgefühls. Leider bedient man sich bei Erziehungsprozessen in Elternhaus und Schule nicht häufig genug dieser Mittel.

Bedenken Sie bitte:

- Hilflosigkeit ist ein – durch entsprechende persönliche Erfahrungen – erlerntes Gefühl, das auch wieder verlernt werden kann.
- Sie sind nicht den Umständen oder anderen Menschen hilflos ausgeliefert, Sie können in Ihrem Leben selbst Regie führen. Vermeiden Sie es, um Dinge zu bitten, die Sie sich selbst erarbeiten oder beschaffen können, denn:

  „Wer seine Fähigkeiten nicht nutzt, das Beste aus seinem Leben zu machen, hat nicht das Recht, sich zu beklagen, wenn er leer ausgeht."
  Rolf Merkle

So steigern Sie Ihr Selbstvertrauen ...

- Setzen Sie sich ein Ihnen gemäßes Anspruchsniveau!
  Wenn Sie sich Ziele setzen, die Sie tatsächlich erreichen können, haben Sie den Schlüssel zum Erfolg in der Hand. Wenn Sie Ihr Selbstvertrauen auf Faktoren aufbauen, über die Sie nur geringe Kontrolle haben, verlieren Sie auch die Kontrolle

über Ihr Selbstvertrauen; Sie spielen quasi Russisches Roulette im psychischen Bereich.

- Setzen Sie sich eher Ziele, die an Ihrer Leistung als solcher, die am Ergebnis Ihrer Bemühungen orientiert sind!
  Ziele, die die eigene Leistung betreffen, kann man leichter unter Kontrolle bringen als solche, die ergebnisorientiert sind. Leistungsziele enthalten Anstrengung, Lernen, Kompetenz und Verbesserung. Ergebnisziele befassen sich mit Endergebnissen, also endgültigen Resultaten.

  Beispiele:

  „Sich 100-prozentig einsetzen“ (leistungsorientiertes Ziel).

  „Die Prüfung als Bester bestehen“ (ergebnisorientiertes Ziel).

- Setzen Sie sich realistische Ziele!
  Verwechseln Sie nicht das, was Sie sind, mit dem, was Sie sein möchten. Unrealistische Zielsetzungen zerrütten auf lange Sicht das Selbstvertrauen.

- Setzen Sie sich eher konkrete als allgemeine Ziele!
  „Sein Bestes geben zu wollen“ ist ein Beispiel für ein sehr allgemein formuliertes Ziel. Das Problem dabei ist seine Unbestimmtheit. Je spezifischer und quantifizierbarer Ihre „angezielten“ Leistungen sind, umso besser.

- Kurzfristig erreichbare Ziele sollten für Sie relevanter sein als langfristige Ziele!
  Obwohl langfristige Ziele sehr wichtig sind, sind es die kurzfristigen Ziele, die Ihnen Gelegenheit zu Erfolgen geben, die Sie voranbringen.

- Sehen Sie den Erfolg auch in Ihren Niederlagen!
  Wenn Verlieren mit Versagen gleichgesetzt wird, kann der Kampf um das Selbstvertrauen nicht gewonnen werden. Halten Sie sich an das Motto: „Sieg oder Niederlage, in jedem Fall

ein Schritt voran", denn: Sie haben die Möglichkeit, aus einer Niederlage viel mehr als aus einem Sieg zu lernen.

Hören Sie auf, sich mit anderen Menschen zu vergleichen! Haben Sie Angst davor, mit anderen nicht mithalten zu können? Fürchten Sie, anderen nicht zu imponieren, weil diese angeblich selbstbewusster, erfolgreicher, intelligenter sind als Sie?

Wer bei anderen „ankommen" will, muss sich zuerst selbst akzeptieren. Ganz gleich, wie Sie sind – ob reich oder arm, schüchtern oder gesprächig, genial oder durchschnittlich, hübsch oder unscheinbar – es gibt immer Menschen, die Sie, so wie Sie sind, gern haben. Niemand findet bei allen Anerkennung.

Wenn jemand zum Beispiel auf dem Wochenmarkt ausschließlich rotes Paprikagemüse kauft, heißt das doch nicht, dass das grüne oder gelbe schlechter ist. Die Entscheidung für rote Paprika hat nur etwas mit den *Vorlieben des Käufers* zu tun.

Auch Sie mögen sicher nicht alle Menschen in gleichem Maße und andere – gleiches Recht für alle! – machen es ebenso, denn: Was du mir gewähren sollst, muss ich auch dir zugestehen.

- Seien Sie nicht zu selbstkritisch!

  Besonders markant hat Wilhelm Busch das Thema „Selbstkritik“ unter dem speziellen Aspekt „berechnende Bescheidenheit“ in Verse gefasst:

  „Die Selbstkritik hat viel für sich,
  gesetzt den Fall, ich tadle mich,
  so hab’ ich erstens den Gewinn,
  dass ich so hübsch bescheiden bin,
  zum zweiten denken sich die Leut’,
  der Mann ist lauter Redlichkeit,
  auch schnapp ich drittens diesen Bissen
  vorweg den anderen Kritiküssen,
  und viertens hoff’ ich außerdem
  auf Widerspruch, der mir genehm,
  so kommt es denn zuletzt heraus,
  dass ich ein ganz famoses Haus.“

Prüfungsangst als Konsequenz innerer Störprogramme[3]

Die meisten psychotherapeutischen Konzepte basieren auf der Annahme, dass durch logisches Denken allein keine psychischen Probleme gelöst werden können. Im Gegensatz dazu versucht ein integratives Verfahren, das in der Mitte der 50er Jahre von dem Amerikaner Albert Ellis entwickelt wurde, bei der Lösung emotionaler Probleme in hohem Maße die intellektuellen Fähigkeiten des Menschen zu berücksichtigen, um Verhaltensweisen zu beeinflussen und grundlegende Persönlichkeitsveränderungen zu bewirken. Ellis nannte seinen Ansatz zunächst „Rationale Psychotherapie". Um die Mitberücksichtigung gefühlsmäßiger, emotionaler Aspekte des menschlichen Verhaltens zum Ausdruck zu bringen, wählte er für sein Erklärungsmodell und seine Behandlungsmethode später die Bezeichnung Rational-emotive-Therapie (RET).

Die Rational-emotive-Therapie ist eine Technik der kognitiven Umstrukturierung, also einer Umstellung und Neubewertung von Gedanken, Einstellungen und Vorstellungen eines Menschen. Bei dieser Methode wird versucht – in Selbstgesprächen, gegebenenfalls mit Hilfestellung eines erfahrenen Therapeuten – über das Denken (die Ratio) auch die Gefühle (die Emotionen) anzusprechen und zu verändern.

In uns allen hat sich im Laufe unseres Lebens ein ganzes Bündel von Vorurteilen, Meinungen und meist bruchstückhaften, nicht überprüften und wirklichkeitsfremden Ansichten entwickelt. Unsere Sicht der Dinge funktioniert wie ein Störsender, der vernünftige, realitätsorientierte Gedanken überlagert und mit den von ihm ausgesandten Störprogrammen in uns Sorgen, Angst und Ärger hervorruft.

---

[3] Ceh, J.: Keine Angst vor Prüfungen. In Leistungssituationen souveräner werden, München/Landsberg am Lech 1993, S. 51ff.

Nach Albert Ellis gibt es im Wesentlichen drei Arten solcher Störprogramme (Irrmeinungen, irrationale Annahmen).

Störprogramm 1:

„Ich muss in allem und jedem perfekt sein."

Störprogramm 2:

„Jeder muss mich gern haben."

Störprogramm 3:

„Das Leben muss es gut mit mir meinen."

„Innere Störsender" können Ihnen das Leben erheblich erschweren. Je mehr Ihre Gedanken durch innere Störprogramme beeinflusst werden, desto mehr können Sie durch äußere Ereignisse in Angst versetzt werden.

Angst entsteht in vielen Fällen aus überzogenen Ansprüchen an sich selbst, an andere oder aus dem grundsätzlichen Bestreben heraus, Anforderungen aus dem Weg zu gehen.

Ein probates Mittel zur Eliminierung der „Werbesprüche" dieser Störprogramme besteht darin, die überspitzten Schwarz-Weiß-Feststellungen durch realitätsbezogene Aussagen zu ersetzen, also gleichsam ein Anti-Störprogramm zu entwickeln (vgl. Tabelle 1).

Verjagen Sie „Angstgeister", die Sie bedrängen. Wenn Sie sich vor irgendeinem Misserfolg fürchten, dann sollten Sie sich kein Schreckgespenst ausmalen, sondern nüchtern und sachlich überlegen:

„Was ist, wenn ...?"

„Was kann ich dabei verlieren?"

„Was kann ich dabei gewinnen?"

Störprogramm	**Anti-Störprogramm**
„Wenn ich nicht perfekt bin, bin ich nichts wert."	„Fehler sind menschlich."
„Wenn nicht jeder nett zu mir ist, bekomme ich Angst."	„Nicht jeder kann mich mögen – ich mag ja auch nicht jeden."
„Die Schule sollte nur Spaß machen und keine Anstrengung sein. Wenn etwas Mühe macht, bekomme ich Angst davor. Alles muss bequem sein. Ich habe Anspruch auf Gerechtigkeit und Fairness."	„Ohne Fleiß kein Preis! Wenn mir etwas Mühe macht, ist das unter Umständen zwar unangenehm, aber es ist auszuhalten. Wenn mich jemand ungerecht und unfair behandelt, ist das zwar nicht schön, aber ich kann damit leben."

Tabelle 1: Stör- und Anti-Störprogramme

Falls Sie eine Prüfung nicht bestehen, werden zwar sicher einige unangenehme Dinge auf Sie zukommen, aber niemals die Katastrophe, vor der Sie sich in Ihrer Phantasie gefürchtet haben. Jedes Ding hat bekanntlich zwei Seiten. Sie verlieren durch ein nicht bestandenes Examen vielleicht ein Jahr, Sie könnten aber die Einsicht gewinnen, dass ein anderer Schul- oder Berufsweg für Sie günstiger wäre.

Denken Sie daran:

„Im Leben fängt man dann und wann

wieder mal von vorne an."

Wilhelm Busch

Halten Sie sich an das Motto:

„Niemals anfangen,

jemals aufzuhören,

und nie aufhören,

immer wieder anzufangen."

Marcus Tullius Cicero

Ursache vieler Ängste sind furchtauslösende Einstellungen. Den Zusammenhang zwischen solchen Angstgefühlen und unseren angstmachenden Gedanken bezeichnet man als „ABC der Gefühle" (vgl. auch S. 15ff.; S. 188).

A: Situation („Was passiert?")

B: Bewertung („Wie denke ich darüber?")

C: Gefühl („Wie fühle ich mich?")

Aus den Beispielen zum „ABC der Gefühle" im Zusammenhang mit einer bevorstehenden Prüfung (Tabelle 2) können Sie ersehen, dass *nicht* die jeweilige Situation ausschlaggebend ist für die Gefühle, die daraus resultieren, sondern *Ihre* Bewertung dieser Situation:

„Es sind nicht die Dinge selbst, die uns beunruhigen,

sondern unsere Vorstellungen und Meinungen von den Dingen."

Epiktet

	Beispiel 1	**Beispiel 2**
A: Situation	„Ich muss mich in einem Monat einer Auswahlprüfung unterziehen.“	
B: Bewertung	„Vor lauter Aufregung werde ich bestimmt mental blockiert sein. Ich werde die Prüfung sicherlich nicht bestehen. Wenn ich durchfalle, wäre das eine Katastrophe. Ich könnte niemandem mehr unter die Augen treten und ich würde die Schande nicht ertragen.“	„Ich habe mich auf die Prüfung gut vorbereitet. Selbst wenn ich kurzzeitig geistig blockiert sein sollte, ist das kein Weltuntergang. Ich werde zur Überwindung des Blackouts in einem solchen Fall einige Male tief durchatmen und mich entspannen. Prüfer sind auch nur Menschen und haben für solche Situationen in der Regel Verständnis. Wenn ich das Examen nicht bestehe, wäre das zwar unangenehm, aber keine Katastrophe. Ich wäre nicht der erste Mensch, der eine Prüfung wiederholen muss und der dabei sogar positive Erfahrungen macht.“
C: Gefühl	„Ich bin stark angespannt, verunsichert und ängstlich.“	„Ich bin leicht angespannt und fühle mich relativ ausgeglichen und sicher.“

Tabelle 2: Beispiele zum „ABC der Gefühle“ im Zusammenhang mit einer bevorstehenden Prüfung

Eine negative Bewertung einer Situation („gefährlich", „schlimm", „unerträglich", „katastrophal") führt zu negativen Gefühlen (depressive Verstimmungen, Traurigkeit, Angst, Wut). Eine Einschätzung: „Weder gut noch schlecht", „gleichgültig" führt zu neutralen Gefühlen (Ausgeglichenheit, Ruhe) und eine positive Bewertung führt zu positiven Gefühlen (Freude, Glück ...). Das folgende Schema (Abbildung 3) zeigt Ihnen, wie Sie sich die Erkenntnisse der Rational-emotiven-Therapie zur Bewältigung Ihrer Prüfungsängste nutzbar machen können.

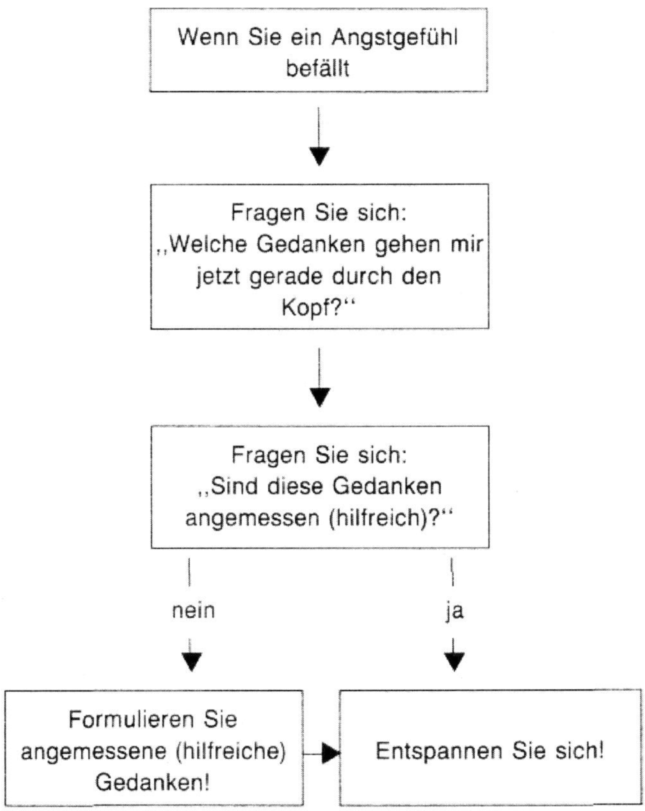

Abbildung 3: Wenn Sie ein Angstgefühl befällt ...

Vermeiden Sie kognitive Irrtümer![4]

Negative Denkprogramme führen zu einer unrealistischen oder falschen Einschätzung und Wahrnehmung einer Situation, zu einer Fehlinterpretation, die in der Psychologie als „kognitiver Irrtum“ bezeichnet wird. Solche Interpretationen sind unlogisch, übertrieben oder ganz einfach völlig falsch, und sie können die Wahrnehmung der Realität vollkommen verzerren.

Wie man sich durch solche Fehlinterpretationen selbst an der Nase herumführen kann, beschreibt Paul Watzlawick in der „Geschichte mit dem Hammer“:[5] „Ein Mann will ein Bild aufhängen. Den Nagel hat er, nicht aber den Hammer. Der Nachbar hat einen. Also beschließt unser Mann, hinüberzugehen und ihn auszuborgen. Doch da kommt ihm ein Zweifel: Was, wenn der Nachbar mir den Hammer nicht leihen will? Gestern schon grüßte er mich nur so flüchtig. Vielleicht war er in Eile. Aber vielleicht war die Eile nur vorgeschützt, und er hat etwas gegen mich. Und was? Ich habe ihm nichts angetan; der bildet sich da etwas ein. Wenn jemand von mir ein Werkzeug borgen wollte, *ich* gäbe es ihm sofort. Und warum er nicht? Wie kann man einem Mitmenschen einen so einfachen Gefallen abschlagen? Leute wie dieser Kerl vergiften einem das Leben. Und dann bildet er sich noch ein, ich sei auf ihn angewiesen. Bloß weil er einen Hammer hat. Jetzt reicht's mir wirklich! – Und so stürmt er hinüber, läutet, der Nachbar öffnet, doch noch bevor er ‚Guten Tag' sagen kann, schreit ihn unser Mann an: ‚Behalten Sie Ihren Hammer, Sie Rüpel!'“

Leider sind kognitive Irrtümer oftmals so tief verwurzelt, dass Menschen auch noch daran festhalten, wenn man ihnen das Gegenteil

---

[4] Ceh, J.: Keine Angst vor Prüfungen. In Leistungssituationen souveräner werden, München/Landsberg am Lech 1993, S. 56ff.

[5] Watzlawick, P.: Anleitung zum Unglücklichsein, München 1983, S. 35ff.

beweist. Kognitive Irrtümer lassen sich korrigieren, wenn man seine negativen Denkprogramme überprüft und neue Denkweisen erlernt, die einem neue Perspektiven eröffnen.

Programmieren Sie Ihr Denken neu![6]

Zunächst müssen Sie Ihre unvernünftigen und schädlichen Denkinhalte erkennen und analysieren. Diese Denkmuster haben sich oft zu festsitzenden „Reflexen" verfestigt, die sich durch einen willentlichen Entschluss nicht mehr so ohne weiteres abstellen lassen. Sie können solche Denkinhalte nur beseitigen, indem Sie über längere Zeit üben, Ihre Gedanken zu steuern, also negative Denkgewohnheiten abzubauen („Negativ-Entsorgung"), und andererseits versuchen, sich positives Denken anzugewöhnen („Positiv-Versorgung").

Positiv-Versorgung heißt: Oftmaliges Beschäftigen mit Ausschnitten aus positiven Selbstgesprächen, systematischer Einsatz von bewusst in eine konstruktive Richtung gelenkten Gedanken oder das Einüben günstigerer Denkmuster durch den regelmäßigen Gebrauch von Vorsatzformeln.

„Schlimmer als Krebs und Herzinfarkt sind negative Vorstellungen. Sie sind die Geißel der Menschheit."

Hannes Lindemann

„Was wir in uns nähren, das wächst; das ist ein ewiges Naturgesetz."

Johann Wolfgang von Goethe

Negative Selbsteinreden stehen Ihren Erfolgschancen im Weg. Viele Menschen reden sich unablässig etwas ein: Müdigkeit, Langeweile, unfreundliche Kollegen etc. Fördern Sie Ihre destruktiven Selbsteinreden zutage und machen Sie regelmäßig „Klar Schiff", damit negative Autosuggestionen in Ihrem Körper nicht wie ein Gift wirken und Sie lähmen können.

---

[6] Ceh, J.: Keine Angst vor Prüfungen. In Leistungssituationen souveräner werden, München/Landsberg am Lech 1993, S. 57ff.

Wer von vornherein zu wissen glaubt „wie der Hase läuft", verzichtet deshalb meist auf Aktivitäten. Drehen Sie negative Selbsteinreden um. Wenn Sie hemmende Autosuggestionen mit positivem Akzent versehen, werden sie zum Motor und zur Richtschnur Ihres Handelns. Trainieren Sie das Umkehrverfahren mit Hilfe der in Tabelle 3 genannten Selbsteinreden. Die Liste „hemmender Gemeinplätze und impulsgebender Selbsteinreden" lässt sich in den leeren Feldern beliebig erweitern.

Hemmende Selbsteinrede	**Impulsgebende Selbsteinrede**
„Aller Anfang ist schwer."	„Frisch gewagt ist halb gewonnen."
„Hat doch alles keinen Zweck."	„Ich schaffe es!"
„Was Hänschen nicht lernt, lernt Hans nimmermehr."	„Was Hänschen nicht gelernt hat, kann Hans sehr wohl noch lernen."
„Den Letzten beißen die Hunde."	„Die Letzten werden die Ersten sein."
„Wer sich in Gefahr begibt, kommt darin um."	„No risk, no fun."
„Man merkt die Absicht, und man wird verstimmt."	„Hindernisse sind dazu da, dass sie überwunden werden."

Tabelle 3: Umkehr hemmender Selbsteinreden in impulsgebende Autosuggestionen

Empfehlungen zur Vermeidung von und zum Umgang mit Prüfungsangst[7]

„Ratschläge sind auch Schläge" - sagt man. Die folgenden Tipps zur Vermeidung von und zum Umgang mit Prüfungsangst sind ausschließlich als Hilfen zur Selbsthilfe gedacht.

1. Werden Sie sich über Ihre Ziele klar!

„Wer vom Ziel nicht weiß, kann den Weg nicht haben."

Christian Morgenstern

Ziele vermögen unsere Kräfte – wie Brenngläser die Sonnenstrahlen – zu bündeln und auf einen Fixpunkt zu richten. Reagieren Sie nicht nur auf die Aktionen anderer Menschen – agieren Sie!

Mit der Formulierung von Zielen schaffen Sie eine mentale Wirklichkeit, Sie geben damit Ihrem Leben Richtung. Wenn Sie das Wort „Leben" rückwärts lesen, dann ergibt sich das Wort „Nebel". Menschen ohne Ziele bewegen sich orientierungslos, so, als ob sie sich im dichten Nebel befänden.

Ziele setzen bedeutet: Wissen, was ich erreichen will, welches Ergebnis mich zufriedenstellt.

Beantworten Sie sich im Zusammenhang mit Ihrer *Zielplanung* folgende Fragen:

- Was will ich?
- Wie will ich es erreichen?
- Welche Hilfsmittel benötige ich dazu?
- Bis wann (Termin!) will ich es erreichen?

---

[7] Ceh, J.: Keine Angst vor Prüfungen. In Leistungssituationen souveräner werden, München/Landsberg am Lech 1993, S. 113ff.

- Wie kontrolliere ich das Ergebnis?
- Wann und nach welchen Kriterien werde ich eine Zielabweichung (Misserfolg in puncto Zielerreichung) analysieren?

Es müssen *Ihre* Ziele sein, nicht die Ihrer Eltern oder Ihres Lebenspartners. Es müssen *ganz allein Ihre Ziele* sein!

Beginnen Sie hier und jetzt mit der Realisierung Ihrer Zielvorstellungen, denn:

„Gute Vorsätze sind sehr beliebt. Sie lassen sich immer wieder verwenden.“
Lothar Schmidt

2. Die beste Vorbeugung gegen Prüfungsangst ist eine sorgfältige Prüfungsvorbereitung

„Wer keinen Schimmer hat, kann nicht glänzen!“

Ihre Angst vor einer Prüfung ist dann begründet, wenn Sie den Stoff nicht beherrschen. Überprüfen Sie Ihren Kenntnisstand und schließen Sie Ihre Lücken systematisch.

Planen Sie dabei genügend Wiederholungen des Lernstoffs ein. Das Gehirn speichert Fakten umso zuverlässiger, je häufiger die beteiligten Zellen durch Memorieren aktiviert werden. Die entstehenden „Wissensmuster“ werden auf diese Weise so stabilisiert, dass die Informationen auch unter Stress abgerufen werden können.

„Das Gedächtnis ist ein kapriziöses und launiges Wesen, mit einem jungen Mädchen zu vergleichen; bisweilen verweigert es ganz unerwartet, was es hundertmal geliefert hat, und bringt es dann später, wenn man nicht mehr daran denkt, ganz von selbst entgegen.“

Arthur Schopenhauer

Lernen Sie gehirngerecht! Mit gehirngerechtem Lernen ist eine Methode gemeint, die der Arbeitsweise des Gehirns optimal entspricht. Das menschliche Gehirn hat für die rechte und linke Seite unterschiedliche Arbeitsmechanismen. Die linke Hemisphäre verarbeitet die digitalen Informationen (Zahlen, Buchstaben, Worte etc.), die rechte Gehirnhälfte ist für die analogen Informationen (Bilder, Formen etc.) zuständig. Will man zum Beispiel Vokabeln rationell lernen, muss man einmal die Wörter in Schrift und Klang für die linke Gehirnhälfte erfassen und gleichzeitig den Wörtern Bilder (Vorstellungen) zuordnen.

Setzen Sie bei Ihrer Prüfungsvorbereitung Prioritäten, sonst geraten Sie unter seelischen Druck. Erledigen Sie das Wichtigste *und* Dringlichste – auch das für Ihr seelisches Befinden Wichtigste und Dringlichste – zuerst und denken Sie daran: Wer Prioritäten setzt, muss Posterioritäten in Kauf nehmen.

Legen Sie zu Beginn einer Arbeitsphase fest, was Sie konkret in welcher Reihenfolge erledigen wollen. In diesem Zusammenhang ist es hilfreich, seine Aufgaben in die Kategorien A, B und C einzuteilen und nach dem Eisenhower-Prinzip (Abbildung 4) vorzugehen.

A-Aufgaben: Dringlich *und* wichtig!
Diese Aufgaben sollten Sie sofort in Angriff nehmen.

B-Aufgaben: Hohe Wichtigkeit, aber (noch) nicht so dringlich!
Diese Arbeiten können terminiert oder
– soweit möglich – delegiert werden.

C-Aufgaben: Nicht sehr wichtig, jedoch hohe Dringlichkeit!
Solche Aufgaben sollten nachrangig erledigt oder
eventuell delegiert werden.

Für Aufgaben, die weder wichtig noch dringlich sind, ist die angemessene Ablage der Papierkorb („Rundordner“).

Erledigen Sie Ihre Aufgaben konsequent in der Reihenfolge: A, B, C und widmen Sie sich innerhalb jeder dieser Kategorien – aus Gründen der Psychohygiene – zunächst der für Sie unangenehmsten Arbeit.

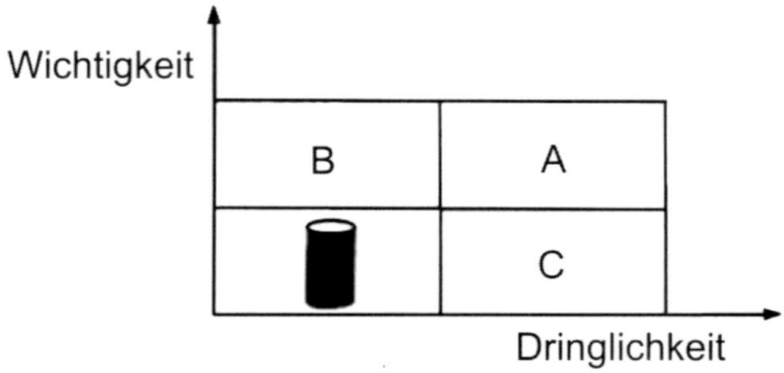

Abbildung 4: Eisenhower-Prinzip

Unterscheiden Sie zwischen Effizienz und Effektivität.

Effizienz: Dinge richtig tun.

Effektivität: Die richtigen Dinge tun.

Denken Sie in diesem Zusammenhang an die folgende kleine Geschichte:[8] „Unter einer Straßenlaterne steht ein Betrunkener und sucht und sucht. Ein Polizist kommt daher, fragt ihn, was er verloren habe, und der Mann antwortet: ‚Meinen Schlüssel'. Nun suchen beide. Schließlich will der Polizist wissen, ob der Mann sicher ist, den Schlüssel gerade hier verloren zu haben, und jener antwortet: ‚Nein, nicht hier, sondern dort hinten – aber dort ist es viel zu finster'.“

[8] Watzlawick, P.: Anleitung zum Unglücklichsein. München 1983, S. 27

„Nichts tun ist besser, als mit viel Mühe nichts schaffen."

Laotse

Versuchen Sie, „Zeitfallen" aus dem Weg zu gehen:

- Klare Ziele statt Ziellosigkeit.
- Optimismus statt Pessimismus.
- Zeit-Management statt Desorganisation, jedoch: Zu viel Zeitplanung ist auch Zeitverschwendung.
- Lässigkeit statt Perfektionismus.
- Nein sagen, statt immer ja zu sagen.
- Selbstdisziplin statt Laisser-faire.
- Schubkraft statt mangelnder Motivation.
- Zeit nutzen, statt sie zu vergeuden.
- Rasch handeln, statt alles zu verschieben.
- Den eigenen Rhythmus akzeptieren, statt dagegen zu agieren.

Planen Sie Zeiten der Muße und Erholung ein:

„Verschiebe nie auf morgen, was sich auch noch übermorgen erledigen lässt."

Oscar Wilde

„Ein Mensch sagt – und ist stolz darauf – er gehe in seinen Pflichten auf. Bald aber – nicht mehr ganz so munter – geht er in seinen Pflichten unter."

Eugen Roth

3. Fördern Sie Ihre Motivation!

Voraussetzung für das Lernen – und damit für den Prüfungserfolg – ist eine entsprechende Motivation. Man unterscheidet zwei grundlegende Motivarten:

- Motive, die von innen gesetzt werden (intrinsische Motive)

  Beispiele: Neugierde, Freude an der Sache, Funktionslust ... Diese Motive sind häufig nicht bewusst, und sie sind nur schwer beeinflussbar.
- Motive, die von außen gesetzt werden (extrinsische Motive) Beispiele: Erfolg/Misserfolg, Belohnung/Bestrafung, soziale Motive.
- Extrinsische Motive sind relativ gut beeinflussbar. Halten Sie sich dazu an die folgenden Regeln:
  - Machen Sie sich Ihre eigene Motivation (Summe aller Beweggründe, „Triebfedern") bewusst.
  - Suchen Sie möglichst viele Motive für das Erreichen des jeweiligen Prüfungsziels.
  - Analysieren Sie hemmende Motive.
  - Sichern Sie intrinsische Motive durch soziale Beweggründe ab.
  - Planen Sie für sich selbst Belohnungen ein.

Das Grundschema der Motivation gründet auf dem „hedonistischen Kalkül", wonach der Mensch Handlungen mit der Absicht ausführt, Unlust zu vermeiden und Lust zu vermehren.

Wenn Sie sich selbst besser motivieren wollen, müssen Sie „psychische Stolpersteine" aus dem Weg räumen. Solchen persönlichen Barrieren können Sie mit Hilfe der folgenden Fragen auf die Spur kommen:

- „Welches sind meine Bedürfnisse?"

  Ein Mensch arbeitet dann aus eigenem Antrieb, wenn die Ziele, die er mit seinem Handeln verfolgt, mit seinen persönlichen Zielen kongruent sind oder wenn sie nahe beieinander liegen. Als Voraussetzung für die Erhöhung Ihrer Selbstmotivation müssen Ihnen Ihre persönlichen Bedürfnisse ebenso bekannt sein wie die Mittel, womit diese befriedigt werden können.

- „Ist meine Grundhaltung positiv?"

  Die Empfindungen vieler Menschen sind geprägt von Missmut, Angst, Minderwertigkeit, Missgunst, Neid, Hass etc. Wer mit einem derart gefärbten „Wahrnehmungsfilter" ausgestattet ist, verbaut sich den Weg zu seinem Glück selbst. Im Gegensatz dazu weiß der seelisch gesunde, eigenverantwortlich handelnde Mensch mit der Grundeinstellung: „Ich bin o.k. – du bist o.k.", dass jedes „Ding" eine gute und eine schlechte Seite hat, und er versteht es, das Positive in den Mittelpunkt zu rücken, ohne dabei das Negative zu verleugnen. Seine Empfindungen sind geprägt von Zuversicht, Begeisterung, Selbstvertrauen sowie Zuneigung und Liebe zu den Mitmenschen. Daraus schöpft er Kraft, sich in Bewegung zu setzen und sich in Bewegung zu halten.

- „Welche kritischen Eltern-Botschaften (Antreiber, Stopper) vergiften mein Leben?"

  Unser Verhalten und Erleben wird in erheblichem Maße von Prinzipien gesteuert, die wir in der Kindheit von den Eltern und anderen Bezugspersonen „eingeimpft" bekommen haben. Solche internalisierten Anweisungen können unterstützend wirken oder sie können – wenn sie unkritisch, nicht auf die konkrete Situation bezogen oder übertrieben eingesetzt werden – das eigene Leben belasten und einengen. Derartige Eltern-Botschaften sind für ein kleines Kind absolut; es hat keine Möglichkeit, die Normen anzuzweifeln.

Versucht man, „Antreiber"-Befehle konsequent und durchgängig einzuhalten, stellt sich heraus, dass sie nicht – oder allenfalls nur ansatzweise – erfüllbar sind. Aus diesen Misserfolgserlebnissen resultiert ein Gefühl der Enttäuschung und des Versagens, und die Selbstmotivation wird herabgesetzt oder unmöglich gemacht.

Überprüfen Sie kritisch, ob Ihre persönlichen „Antreiber" im Hinblick auf Ihr Leben oder auf eine gegebene Situation in der von Ihnen praktizierten Häufigkeit angemessen sind oder ob Sie ihnen nicht durch sogenannte „Erlauber" (Beispiele vgl. *Tabelle 4*) begegnen sollten.

Antreiber	**Erlauber**
Sei perfekt!	Du hast es gut gemacht, es genügt!
Mach schnell!	Du darfst dir Zeit nehmen!
Mach es allen recht!	Du kommst zuerst!
Sei stark!	Du darfst sein, wie du bist!
Sei gefällig!	Kümmere dich um deine Bedürfnisse!

Tabelle 4: Beispiele für „Antreiber" und „Erlauber"

- „Worin liegt für mich der Sinn meiner Arbeit?" Etymologisch lässt sich das Wort „Sinn" zurückführen auf den indogermanischen Begriff „sent", welcher für „reisen, gehen, eine Richtung nehmen" steht. „Sinn" kann demzufolge verstanden werden als die Gewissheit, in diejenige Richtung zu gehen, die zu den ins Auge gefassten persönlichen Lebenszielen führt.

Sinn wird durch Werte repräsentiert. Die Umsetzung dieser Werte in Handlungen mit konkreten Ergebnissen wird vom einzelnen Menschen als sinnvoll empfunden. Ein sinnvolles Leben ist demnach ein Leben, in dem in ausreichendem Maße persönliche Werte verwirklicht werden.

4. Steigern Sie Ihre Konzentrationsfähigkeit!

Konzentration öffnet Informationen den Weg zum Gedächtnis. Wenn Sie unkonzentriert sind, bleibt eine Nachricht, die dem Gehirn angeboten wird, nicht einmal im Kurzzeitspeicher hängen.

Die Konzentration ist abhängig vom Grad der Wachheit, von der Aufnahmebereitschaft und von der Aufnahmefähigkeit des Gehirns.

Die Konzentration wird gefördert durch:

- guten und ausreichenden Schlaf;
- einen angemessen strukturierten Tagesablauf (Phasen intensiver Arbeit wechseln mit Ruhepausen);
- Einschränkung ablenkender Einflüsse;
- eine ausreichende Aufnahme von Nährstoffen, Vitaminen und Mineralien. Besonders wichtig ist in diesem Zusammenhang eine gute Sauerstoffversorgung des Gehirns (gelüfteter Raum, tiefe Atmung).

So können Sie sich noch besser konzentrieren:

Die meisten Menschen glauben, um sich gut konzentrieren zu können, müssten sie sich anspannen und „zusammenreißen". Weit gefehlt!, denn: Anspannung und Konzentration sind Gegenspieler. Bleiben Sie also möglichst locker und, wenn Sie Stress verspüren, entspannen Sie sich zum Beispiel mit Hilfe einer Atemübung und/oder dadurch, dass Sie sich in Gedanken Ihr persönliches Ruhebild ausmalen.

- Konzentrationsschwäche können Sie durch Bewusstheit bekämpfen. Denken Sie in diesem Zusammenhang an das Wort eines Weisen des Ostens: „Tue alles, was du tust, ganz. So findest du mitten im Alltag den Weg in die Tiefe."

Wer sich völlig auf das, was er tut, konzentriert, der denkt nicht mehr über sich selbst nach, bewertet nicht, vergleicht sich nicht mit anderen, lässt Selbstzweifeln keinen Raum, hat keine Zeit, sich mit diversen Befürchtungen auseinanderzusetzen. In der Logotherapie bezeichnet man eine solche Praktik als Dereflexion. Wenn Sie sich voll auf das konzentrieren, was Sie gerade tun, bleibt kein Raum für Ängste jedweder Art.

- Halten Sie sich konsequent an den „Grundsatz des Hier und Jetzt", denn: Die Vergangenheit und die Zukunft existieren nur so, wie wir sie uns hier und jetzt vorstellen, wie wir sie im Augenblick erinnern oder erwarten, verdammen oder herbeiwünschen.

  „Die wichtigste Stunde ist die jetzige – der wichtigste Mensch ist der, der mir jetzt gegenübertritt – die wichtigste Tat ist die Tat der Liebe.“

  Meister Eckhart

- Sagen Sie zu sich selbst „Stopp!", wenn Sie bemerken, dass Sie bei Ihrer Arbeit gedanklich abschweifen, oder wenn Ihnen unfruchtbare, zermürbende und selbstschädigende Vorstellungen ins Bewusstsein kommen.

  Aufmerksam sein heißt: sich einer Sache oder einem Vorgang ganz und ungeteilt zuzuwenden; äußerlich durch Konzentration der Sinne auf das Phänomen, innerlich durch Abblenden des Umherschweifens unserer Gedanken, Vorstellungen, Bilder und Assoziationen. Das Gegenteil von Aufmerksamkeit ist Zerstreutheit, Vergesslichkeit, aber auch „aktives" Wegschauen. Denken Sie in diesem Zusammenhang daran: Der Name für Wissenschaft war in der Antike „theoria", abgeleitet von „theorein", dem genauen Hinschauen auf eine Sache, ein Phänomen, einen Vorgang.

5. Sportliches Training entkrampft!

Die durch Angstreaktionen bereitgestellte Energie lässt sich sinnvoll durch körperliche Bewegung abbauen. Dabei werden die „Angststoffe", die den Organismus flucht- oder kampfbereit halten, auf ganz natürliche Weise abtransportiert.

Sportliche Betätigung ist die beste Möglichkeit, „Dampf abzulassen" und dadurch Aggressionen, Frustrationen und durch Angst bedingte Spannungen loszuwerden.

„Untätigkeit schwächt, Übung stärkt, Überlastung schadet."

Sebastian Kneipp

„Manche sitzen lebenslänglich, ohne dazu verurteilt zu sein."

Gerhard Uhlenbruck

„Während der vollkommen untrainierte Mensch auch in seinem besten Lebensalter nur 50 % seiner Leistungsfähigkeit ausnutzt, verfügt der ständig trainierende Ausdauersportler noch im siebten Lebensjahrzehnt über eine größere Leistungsfähigkeit."[9]

6. Proben Sie den „Ernstfall"!

Durch „Sandkastenspiele" (Wissensstoff durch Kollegen wie in einer Prüfung abfragen lassen, eine Rede vorab im Freundeskreis vortragen und um Kritik bitten etc.) lassen sich Prüfungssituationen im weitgehend angstfreien Zustand vorwegnehmen. Sie lernen dabei, dass die Präsentation von Gelerntem für Sie nicht Furcht auslösend sein muss. Vermeiden Sie konsequent die Vermeidung. Nutzen Sie jede Chance, sich mit Prüfungssituationen vertraut zu machen. Suchen Sie aktiv prüfungs-

---

[9] Blödorn, M. / Schmidt, P.: Trablaufen, Reinbek 1977, S. 44

ähnliche Herausforderungen (zum Beispiel Reden vor einem größeren Zuhörerkreis). Die damit einhergehende Übung wird Sie von Mal zu Mal sicherer auftreten lassen.

7. Suchen Sie vor Prüfungen den Umgang mit Personen, von denen Ermutigung ausgeht!

Pessimistische und sorgenvolle Äußerungen anderer können ansteckend wirken. Meiden Sie deshalb möglichst die Gesellschaft von Menschen, die Ihnen permanent klarmachen wollen, warum etwas nicht gut gehen kann, und die dauernd klagen und sich über die (angeblichen) Ungerechtigkeiten beschweren, die ihnen widerfahren. Gehen Sie Menschen aus dem Weg, die Sie entmutigen oder Ihnen gar direkt oder mittelbar Angst einflößen (notorische Nörgler, Missgünstige, Neider, Schwarzseher, „Negaholiker“).

Suchen Sie – im Gegensatz dazu – den Umgang mit Personen, die sich locker geben können, die Ihnen Anerkennung zollen, die ihre eigene „Prüfungsgeschichte“ aufgearbeitet haben.

8. Ersetzen Sie „Feindbilder“ durch Bilder von wohlwollenden Menschen!

Weder die Prüfer noch die Zuhörer bei einem Vortrag sind – in aller Regel – Ihre Feinde. Stellen Sie sich keine überlebensgroßen Gegner vor, die nur darauf warten, Sie – den hilflosen Kandidaten – fertigzumachen. Tauschen Sie in Gedanken solche Feindbilder durch die Vorstellung von Menschen aus, die Ihnen wohlwollen.

Jeder Mensch hat seine guten Seiten. Man muss nur die schlechten umblättern.

9. Schreiben Sie alle Angstgefühle auf, die Sie vor einer Prüfung haben!

Wenn Sie das getan haben, dann setzen Sie sich im Anschluss daran analysierend und kritisch mit Ihren Befürchtungen auseinander. Beantworten Sie sich die Frage: „Sind wirklich alle Befürchtungen berechtigt und zutreffend?" Die ehrliche Beantwortung dieser Frage kann dazu beitragen, Ihre Ängste zu relativieren und sie sukzessiv abzubauen.

10. Führen Sie eine gründliche Risikoanalyse durch!

Vermeiden Sie katastrophisierendes Denken. Schätzen Sie das Risiko möglichst exakt ein, wägen Sie das Pro und Contra ab. Was steht für Sie auf dem Spiel? Was kann denn schon passieren? In vielen Fällen heißt die Antwort: „Erstaunlich wenig!"

„Auf der untersten Sprosse der Erfolgsleiter ist die Unfallgefahr am geringsten."

Rupert Schützbach

11. Sehen Sie auch in Misserfolgen Erfolge!

„Für mich ist jeder Schritt ein Schritt zum Ziel, das gilt auch für Rückschritte!"

Ernst Jünger

Misserfolge können – in der Rückschau – unentbehrliche Lehrstücke sein. Bernard Tapie, ein bekannter französischer Unternehmer, will sogar das Recht auf Fehlschläge als ein „Grundrecht des Menschen" verstanden wissen.

Angst vor Misserfolg ist oft der Grund dafür, warum den Menschen Pläne „zwischen den Händen zerrinnen". Misserfolgsängstliche nehmen ihre Fehler viel zu ernst, quälen sich mit Selbstvorwürfen und blockieren sich dadurch erst richtig. Hier zeigt sich die „Sich selbst erfüllende

Prophezeiung", denn: „Wer sich als Pfannkuchen ausgibt, wird auch als Pfannkuchen verspeist."

Schwierigkeiten, erfahrene persönliche Demütigungen, Minderwertigkeitserlebnisse können hingegen auch beachtliche Energien freisetzen und zu einer „Jetzt-erst-recht-Reaktion" führen. Für den Umgang mit Schwierigkeiten rät Gracian, ein weltkluger Jesuit des 17. Jahrhunderts:

„Man muss alle Sachen anzufassen verstehen, nicht bei der Schneide, wo sie verletzen, sondern beim Griff, wo sie beschützen."

12. Setzen Sie zur Dämpfung Ihrer Angst regelmäßig positive Selbstinstruktionen ein!

Beispiele:

- „Ich schaffe es!"
- „Ich bin vollkommen ruhig und gelassen!"
- „Die Haut bleibt angenehm kühl. Schwitzen ist ganz gleichgültig!"

Unser Verhalten wird stark von unseren Erwartungen beeinflusst – auch wenn uns das nicht bewusst sein mag – und: Es kommt selten etwas Gutes heraus, wenn wir Schlechtes erwarten.

13. Vertrauen Sie auf die Macht hilfreicher Gedanken.

„Es ist besser, Deiche zu bauen, als darauf zu hoffen, dass die Flut Vernunft annimmt."

Hans Kasper

Beispiele:

- „Ich habe mich gut vorbereitet und es ist sehr unwahrscheinlich, dass mir in der Prüfung überhaupt nichts einfallen wird."
- „Es gibt keine hundertprozentige Garantie, – wo gibt es die schon? – dass in der Prüfung das drankommt, worauf ich mich vorbereitet habe. Viele Menschen haben trotz Wissenslücken eine Prüfung (gut) bestanden."
- „Es wäre schön, wenn ich in der Prüfung keine Fehler machen würde. Wenn mir Fehler unterlaufen sollten, wäre das zwar unangenehm, aber ich könnte damit leben: Auf jeden Fall wäre es keine Katastrophe. Leben heißt Fehler machen. Die einzigen Menschen, die keine Fehler mehr machen, sind tot. Fehler sind der Motor des Fortschritts, irren ist menschlich und macht menschlich."
- „Ich gebe mein Bestes. Wenn es nicht klappen sollte, ist das zwar bedauerlich, aber nicht unerträglich; auf keinen Fall verändert sich dadurch mein Wert als Mensch."
- „Ein Examen ohne Prüfungsangst wäre eine schöne Sache. Wenn mich in der Prüfung jedoch die Angst überfallen sollte, wäre das kein ‚Beinbruch'. Ich werde mich entspannen – wie ich es gelernt habe – und wieder ruhig und gelassen werden."
- „Schau'n mer mal! A bisserl was geht allerweil!"
(Franz Beckenbauer)
- „Nicht jeder Schnelle kriegt den Preis, oft kriegt ihn Stetigkeit und Fleiß." (Rudolf Hagelstange)

14. Beißen Sie sich an Aufgaben, bei denen Sie nicht weiterkommen, nicht fest!

Wenn Sie trotz großer Anstrengung bei einer Aufgabe nicht weiterkommen, dann wenden Sie sich der nächsten Fragestellung zu. Vielleicht bleibt Ihnen zum Schluss noch Zeit, sich mit dem hartnäckigen Problem zu beschäftigen.

15. Loben Sie sich selbst, wenn Sie bei einer Prüfung ein Etappenziel erreicht haben!

Geben Sie sich selbst Zuwendung und Anerkennung, wenn Sie innere Unruhe und Verspannungen spüren und Gefahr laufen, zu verkrampfen.

Beispiele:

- „Diesen Teil habe ich, . . . (Vornamen einfügen), prima gemacht. Ich habe den ersten Schritt getan. Ich bin meinem Ziel jetzt ein kleines Stückchen näher."
- „Ich, . . . (Vornamen einfügen), bin stolz auf mich, weil ich diese Aufgabe gelöst habe."

Denken Sie daran:

„In jeder Minute, die man mit Ärger verbringt, versäumt man sechzig glückliche Sekunden."

William Somerset Maugham

16. Sie können eine bei einer mündlichen Prüfung gestellte Frage nicht beantworten!

Vielleicht hilft Ihnen einer der folgenden Tipps weiter:

- Sie können nachfragen, wie die Frage gemeint war, oder den Prüfer um ergänzende Stellungnahmen bitten.
- Gegebenenfalls können Sie zur Klarstellung Zusatzfragen an den Prüfer richten.

- Haben Sie keine Scheu davor, tatsächlich vorhandene Lücken zuzugeben. Prüfer reagieren nicht selten verärgert, wenn der Kandidat sein Nichtwissen zu verbergen sucht, indem er langatmig herumredet. Sie sind auch im eigenen Interesse gut beraten, sich nicht zu lange an einem Thema aufzuhalten, zu dem Sie nichts zu sagen haben; Sie nehmen dadurch dem Prüfer die Chance, andere Sachverhalte anzusprechen, zu denen Sie vielleicht mehr beitragen könnten.

- Bei schwierigen Fragen ist es zweckmäßig, auch Vermutungen zu äußern. Wohlwollend gestimmte Prüfer gehen meist darauf ein. Im weiteren Gesprächsverlauf haben Sie dann die Chance, neue Gedanken einzubringen, die in die Bewertung einbezogen werden können.

- Vermeiden Sie es, zur Entschuldigung Ihres Nichtwissens Redewendungen zu gebrauchen, die eine Verbesserung der Note aus Mitleid der Prüfer zum Ziel haben, deren Hauptwirkung jedoch eher darin besteht, penetrante Peinlichkeit im Prüfungsraum zu erzeugen.

  Negativ-Beispiel:

  „Gerade eben habe ich es noch gewusst. Im Augenblick habe ich ein Brett vor dem Kopf. Ich habe mich im Vorfeld der Prüfung intensiv mit dieser Thematik auseinandergesetzt. Ich verstehe selbst nicht, warum ich diese Frage nicht beantworten kann.“

- Denken Sie immer daran: Niemand weiß alles, und eine nicht beantwortete Frage ist kein Beinbruch, keine Katastrophe, kein Weltuntergang.

Effizientes Verhalten in Prüfungssituationen[10]

Allgemeine Prüfungstipps

- Ändern Sie nicht kurz vor der Prüfung Ihren gewohnten Lebensrhythmus.
- Soweit überhaupt erforderlich, nehmen Sie vor Prüfungen nur Medikamente ein, deren Wirkung Sie bereits ausprobiert haben.
- Stimmen Sie sich ohne Hektik auf den „Tag X“ ein. Nehmen Sie sich die Zeit, das Gebäude und wenn möglich auch den Raum, in dem die Prüfung stattfindet, schon vor dem eigentlichen Prüfungstag zu „erleben“.
- Kommen Sie rechtzeitig und ausgeschlafen zur Prüfung, damit Sie nicht unnötig in zusätzlichen Stress geraten.
- Verscheuchen Sie angstmachende Gedanken durch positives Denken: „Ich schaffe es“.
- Entspannen Sie sich in der Wartezeit dadurch, dass Sie an ein schönes Erlebnis – z. B. aus dem letzten Urlaub – denken.
- Lernen Sie, mit Ihrer Angst alternativ umzugehen. Versuchen Sie nicht, aufsteigende Ängste zu unterdrücken, sondern bedienen Sie sich des positiven Denkens und versuchen Sie, die Situation realistisch einzuschätzen.
- Fangen Sie, wenn Sie die Möglichkeit haben, ein nettes Gespräch mit anderen Prüfungskandidaten an und gestehen Sie dabei offen Ihre Angst ein; das verbindet. Schämen Sie sich nicht Ihrer Angst, weil Sie gesellschaftliche Geringschätzung

[10] Ceh, J.: Besser denken, besser lernen. So meistern Sie jede Prüfung, München/Landsberg am Lech 1988, S. 131ff.

fürchten. Denken Sie daran, dass Angst – entwicklungsgeschichtlich gesehen – eine lebenserhaltende Funktion hat.

- Um negative Auswirkungen auf Ihr Prüfungsergebnis zu vermeiden, sollten Sie „Angstmachern“, d. h. anderen Prüfungskandidaten, die ein Versagensklima schaffen, möglichst aus dem Weg gehen bzw. sich ihnen notfalls durch „Flucht“ entziehen. Angstverbreitende Konkurrenten können zum Beispiel sein: „Gerüchtestreuer“ („Die Durchfallquoten waren noch nie so hoch!“), „Besserwisser“ (solche Menschen wissen bereits im Voraus, dass alles „schiefgehen“ wird), „Propheten“ (sie versuchen jemandem so lange einzureden, dass er ein Versager ist, bis der Misserfolg tatsächlich eintritt), „Musterexemplare“ (sie haben alle Prüfungen, die hinter ihnen liegen, angeblich mit bestem Erfolg bestanden und bieten meist untaugliche Ratschläge feil), „Tratschtanten“ und „Schadenfrohe“.
- Vergessen Sie nicht: Prüfungsangst kann als „hausgemachte Angst“ in Ihrem Kopf durch negative Gedanken (z. B. Vorstellung des eigenen oder fremden Misserfolgs) ebenso entstehen wie durch unrealistische Einschätzung der Konsequenzen eines nicht bestandenen Examens.

Schriftliche Prüfungen

- Bringen Sie das erforderliche „Handwerkszeug“ und die zugelassenen Hilfsmittel zur Prüfung mit.
- In den Prüfungsräumen herrscht kurz vor schriftlichen Prüfungen mit zahlreichen Kandidaten oft eine starke Nervosität und Hektik. Lassen Sie sich nicht davon anstecken. Betreten Sie den Prüfungsraum rechtzeitig, aber nicht zu früh.
- Lesen Sie die Aufgaben in Ruhe durch (zwei- bis dreimal).
- Stellen Sie Aufgaben, die Sie „verwirren“, zunächst zurück.
- Nur Ihre eigene Arbeit ist wichtig. Lassen Sie sich nicht von anderen Prüfungsteilnehmern verunsichern und ablenken, die

bereits kurze Zeit nach dem Austeilen der Aufgabenblätter hektisch mit dem Schreiben beginnen.

- Grenzen Sie die Aufgaben ab und bilden Sie Schwerpunkte.
- Legen Sie einen Ablaufplan für Ihr Vorgehen fest.
- Stellen Sie einen groben Zeitplan auf. Etwa 10 % der Arbeitszeit sollten Sie für Kontrollen vorsehen. Planen Sie die Zeit für eine Überprüfung des Niedergeschriebenen am Schluss der Prüfung ein.
- Versuchen Sie, sich Erfolgserlebnisse zu verschaffen, indem Sie mit den leichteren Aufgaben beginnen.
- Achten Sie bei Ihrer schriftlichen Prüfungsarbeit auf ein ansprechendes Äußeres: gut lesbare Schrift, Gliederung in Absätze, übersichtliche Darstellung, ausreichender Rand.
- Verzichten Sie auf Täuschungsversuche. Bedenken Sie die Folgen.
- Halten Sie sich an Ihre Gliederung. Verfehlen Sie das Thema nicht.
- Wenn Sie bei einer Aufgabe – trotz großer Anstrengung – nicht weiterkommen, so „beißen" Sie sich nicht fest, sondern wenden Sie sich der nächsten Fragestellung zu. Vielleicht bleibt Ihnen zum Schluss noch Zeit für die „Knacknuss".
- Schalten Sie Entspannungsphasen ein (Kurzentspannung, Atemtechnik).
- Geben Sie Ihre Gliederung und evtl. nur skizzierte Überlegungen zu den Lösungswegen mit ab.
- Nummerieren Sie Ihre Blätter durch. Vermerken Sie die Gesamtseitenzahl Ihrer Arbeit auf der ersten Seite neben Ihrem Namen.

Mündliche Prüfungen

- Vermeiden Sie ungepflegte und unpassende Kleidung, die u. U. auf den Prüfer provozierend oder brüskierend wirken kann.
- Grüßen Sie beim Betreten des Prüfungsraumes freundlich.

- Überdenken Sie die gestellten Fragen ohne Hektik; reden Sie nicht sofort los. Strukturieren Sie Ihre Antwort.
- Beantworten Sie die gestellten Fragen; rezitieren Sie nicht ganze Lehrbücher.
- Bitten Sie bei nicht verstandenen Fragen um Wiederholung der Fragen bzw. ggf. um Klärung der Fragestellung.
- Machen Sie – wenn irgend möglich – entsprechende Skizzen an die Wandtafel im Prüfungsraum oder auf ein Blatt Papier.
- Werden Sie mit einer allgemeinen Fragestellung konfrontiert, so versuchen Sie nicht sofort mit Ihrem Detailwissen zu „glänzen", sondern geben Sie zunächst nur einen Überblick.
- Wenn Sie zu leise sprechen, sich häufig räuspern oder dem Blick des Prüfers permanent ausweichen, deuten Sie eigene Unsicherheit an.
- Flüchten Sie sich nicht in Ausreden, wenn Sie etwas nicht wissen („Gerade eben habe ich es noch gewusst ...", „Mir liegt es auf der Zunge ...").
- Tragen Sie dazu bei, dass die Prüfung ein Gespräch wird und kein Frage-Antwort-Spiel.
- Sie können den Ablauf der Prüfung mitbestimmen. Gehen Sie auf die Fragestellungen des Prüfers exakt und erschöpfend ein. Solange Sie nicht abschweifen und Ihre Antworten korrekt sind, fragt der Prüfer in der Regel nicht weiter.
- Ohne in Rechthaberei zu verfallen, sollten Sie Ansichten, von deren Richtigkeit Sie überzeugt sind, im Prüfungsgespräch mit Nachdruck vertreten.
- Passen Sie sich – in Ihrem eigenen Interesse – an die Art des Prüfers an. Fragen Sie ihn ggf. bereits in der Vorbereitungsphase, worauf er Wert legt. Bedienen Sie sich nach Möglichkeit der Erfahrungen von Bekannten, die sich bereits einer solchen Prüfung unterzogen haben.
- Denken Sie bei Gruppenprüfungen auch dann mit, wenn andere gefragt werden.

Vorstellungsgespräche

Ein Ziel, das sich jeder Bewerber setzt, heißt: „In die engere Auswahl kommen." Die Einladung zur persönlichen Vorstellung ist ein Zeichen dafür, dass dieses Ziel erreicht wurde. Beim Vorstellungsgespräch treten Sie erstmals persönlich in Erscheinung. Oft ist der erste Eindruck ausschlaggebend für Sympathie oder Antipathie.

Zur Vorbereitung des Gespräches gehört die Einstellung auf die Vorzimmeratmosphäre, die schon manchen Bewerber zermürbt hat und „weich" werden ließ. Gelegentlich ist das sogar der Zweck der Übung: Man will sehen, ob sich ein Stellenbewerber nervös machen oder entmutigen lässt. In den meisten Fällen muss jedoch ganz einfach deshalb gewartet werden, weil die Frau oder der Mann, auf die es bei der Entscheidung ankommt, noch keine Zeit hat.

Als Bewerber müssen Sie versuchen, sich so gut wie möglich zu „verkaufen", auch „sich effektiv vorstellen" lässt sich erlernen. Sondieren Sie sorgfältig, welche thematischen Konstellationen in dem bevorstehenden Gespräch auftreten können.

Wer über die Einstellung entscheidet, wird nach Antworten auf eine Reihe von Fragen suchen:

- Welche Schwachstellen hat der berufliche Werdegang des Bewerbers?
- Gab es fachliche oder persönliche Schwierigkeiten bei seinen bisherigen Arbeitgebern? Warum traten gegebenenfalls diese Probleme auf?
- Ist der Bewerber auch für einen Aufstieg geeignet oder nur für die ausgeschriebene Stelle?

Ihr Gesprächspartner hat in der Regel Ihren Lebenslauf vor sich liegen. In den meisten Fällen wird er sich ihn aber noch einmal vortragen lassen. Dabei wird das Ziel verfolgt festzustellen, wo der Bewerber in der Schilderung seines Werdeganges Schwerpunkte setzt. Machen Sie sich bei der Vorbereitung des Vorstellungsgesprächs dazu entsprechende Gedanken.

Die Antwort auf die Frage, warum man den bisherigen Arbeitgeber verlassen will, muss gut überlegt und eventuell sorgfältig eingeübt werden. Sie sollten im Vorstellungsgespräch ohne Zögern dazu Stellung nehmen und den beabsichtigten Wechsel mit Ihrem Berufs- und/oder Lebensplan begründen.

Skeptisch werden Personalexperten, wenn ein Arbeitgeber zwar die vielseitigen Fähigkeiten und Qualifikationen eines Mitarbeiters herausstreicht, sich jedoch nicht über die tatsächlich gezeigten Leistungen äußert. Für den Fall, dass in Werdegang und Zeugnissen Phasen schwächerer Leistung erkennbar sind, empfiehlt sich Offenheit. Wo Erklärungsbedarf besteht, sollte man ihn auch decken.

Lassen Sie sich – besonders wenn es um Führungspositionen geht – unbedingt den Betrieb zeigen; Sie bekunden damit Ihr ernsthaftes Interesse.

Respektieren Sie im Gespräch Distanzzonen. Beobachten Sie in diesem Zusammenhang einmal das Verhalten von Menschen, die zum Beispiel in Aufzügen oder öffentlichen Verkehrsmitteln ungewollt ihre Distanz verringern müssen. Wie reagieren Sie selbst in solchen Situationen? (Unlust, Aggressivität, Vermeidung von Blickkontakten, Entschuldigungen ...).

Man unterscheidet vier Distanzzonen:

- Intimdistanz: Abstand 50 cm
- Gesprächsdistanz: Abstand 100–150 cm
- Wahrnehmungsdistanz: Abstand 200–300 cm
- öffentliche Distanz: Abstand 400–800 cm

Mit Ausnahme der Situation beim Händedruck wird die Intimdistanz im Allgemeinen als unangenehm empfunden. Ein längeres Verweilen in dieser Entfernung führt häufig zu Unruhe und Unsicherheit; ein

Blickkontakt, der länger als ca. 3 Sekunden dauert, gilt als „ungehörig".

Bei „personenorientierten" Gesprächen wählt man meist den unteren Grenzwert der Gesprächsdistanz (Vertrautheit, Vertraulichkeit). Der obere Grenzwert dieser Distanz markiert die Zone „sachbezogener" Gespräche.

Innerhalb der Wahrnehmungsdistanz wird ein anderer Mensch als physisch anwesend empfunden; jeder Gesprächspartner hat das Gefühl, im „Revier" des anderen zu sein. Im Bereich der öffentlichen Distanz wird der Sozialkontakt nur durch „Anblicken" aufrechterhalten. Außer den bereits angesprochenen Hinweisen sollten Sie für Ihr Vorstellungsgespräch folgende Ratschläge beachten:

- Bereiten Sie sich gewissenhaft auf das Bewerbungsgespräch vor. Informieren Sie sich möglichst genau über die Firma, in die Sie eintreten wollen, und über die ausgeschriebene Position.
- Ein Vorstellungsgespräch unterliegt bestimmten Ritualen, meist sitzt man nicht nur einem Interviewer gegenüber. Stellen Sie sich darauf ein.
- Prägen Sie sich die Namen Ihrer Gesprächspartner gut ein.
- Rechnen Sie mit Routinefragen, die in diesem Zusammenhang häufig gestellt werden:
    - Welche Tätigkeiten üben Sie jetzt aus?
      Beschreiben Sie sie möglichst ausführlich und sagen Sie, was Ihnen daran gefällt und was Sie sich anders wünschen.
    - Welche Ihrer Fähigkeiten, Kenntnisse und Fertigkeiten können Sie bei diesen Tätigkeiten besonders gut verwerten?

- Welche Fähigkeiten, Kenntnisse und Fertigkeiten, die Sie besitzen, können Sie in Ihrer bisherigen Stellung *nicht* ausnützen?
- Wie ist Ihr Ausbildungsgang in chronologischer Reihenfolge?
- Welche Schulen haben Sie besucht? Welche Lieblingsfächer hatten Sie?
- Wie stellen Sie sich den Posten vor, der hier zur Disposition steht, und inwiefern glauben Sie, dass Sie der richtige Mann (die richtige Frau) dafür sind?
- Welche Meinung hat Ihre Ehefrau (Ihr Ehemann) zu dem geplanten Stellungs- und eventuellen Ortswechsel?
- Warum wollen Sie die bisherige Stelle wechseln?
- Warum haben Sie sich gerade bei dieser Firma beworben?
- Welches Berufsziel haben Sie?
- Was waren Ihre größten bisherigen beruflichen Erfolge und Misserfolge?
- Was haben Sie in jüngster Zeit freiwillig für Ihre Weiterbildung getan?
- Wie würden Sie Ihren letzten Vorgesetzten charakterisieren?
- Welche Eigenschaften eines Vorgesetzten würden Ihnen am meisten Schwierigkeiten machen?
- Wenn Sie sich einen Stellvertreter aussuchen könnten, auf welche Eigenschaften würden Sie besonders achten?
- Was tun Sie fachlich besonders gern (ungern)? Warum?
- Wie verbringen Sie Ihre Freizeit?

- Achten Sie auf Ihr Äußeres. Sie müssen weder wie eine „graue Maus“ auftreten, noch müssen Sie um jeden Preis auffallen. Orientieren Sie sich bei der Wahl Ihrer Garderobe daran, welche Kleidung man von Ihnen erwarten würde, wenn Sie die zu besetzende Stelle bekämen.
- Halten Sie sich genau an den vereinbarten Gesprächstermin.
- Wenn Sie nach Ihrem Werdegang gefragt werden, so erkundigen Sie sich danach, wie viel Zeit Ihnen für diese Selbstdarstellung eingeräumt wird. Stellen Sie Ihre bisherigen Tätigkeiten und Erfahrungen sachlich und knapp dar. Überlegen Sie sich Gründe, die Sie zu Ihren verschiedenen Schritten bewogen haben.
- Gehen Sie im Gespräch situationsgerecht auf die in der Stellenanzeige genannten Anforderungen ein.
- Nennen Sie Ihre Qualifikationen in Bezug auf das Anforderungsprofil der vakanten Stelle.
- Üben Sie sich in der Kunst des Zuhörens.
- Äußern Sie sich nicht negativ über Ihre letzte Firma, das Betriebsklima dort und über Ihre bisherigen Vorgesetzten und Kollegen.
- Geben Sie sich so natürlich wie möglich; schauspielern Sie nicht.
- Sparen Sie nicht mit Freundlichkeit und Höflichkeit.
- Treten Sie nicht devot auf, sondern selbstbewusst und gelockert, allerdings auch nicht „überzogen“ oder aufdringlich. Lassen Sie sich nicht total „überformen“, d. h. von der Situation allein lenken.

- Vermeiden Sie Unsicherheitsgesten: Räuspern, Nicht-in-die-Augen-sehen-Können, häufig mit den Händen übers Haar streichen ...

- Interviewer schätzen es i. A., wenn Bewerber Gegenfragen stellen. In einer Zeit permanenter Innovation besteht nur begrenzter Bedarf an „Ja-Sagern".

- Denken Sie daran: Bei einem Vorstellungsgespräch haben auch Sie ein Angebot zu prüfen.

- Brechen Sie ein Vorstellungsgespräch nicht ab, wenn aus irgendwelchen Gründen die Firma, bei der Sie sich beworben haben, als Möglichkeit ausscheidet. Die in einem solchen Gespräch erworbene Routine kann Ihre Selbstpräsentation evtl. entscheidend verbessern.

- Lernen Sie aus Absagen! Bemühen Sie sich bei der nächsten Bewerbung, Ihre fachliche und menschliche Eignung besser zu dokumentieren.

Praktische Prüfungen

- Bewegungsabläufe müssen automatisiert werden, deshalb: üben, üben und nochmals üben.
- Denken Sie daran, dass Ihnen die „Blockbildung" Zeit, Lernaufwand und Speicherplatz im Gehirn erspart. Trainieren Sie sinnvolle Blöcke, z. B. im Zusammenhang mit dem Autofahren: Anfahren, Anhalten, Überholen, Einparken, Abbiegen ... Üben Sie über das erste Beherrschen der Vorgänge hinaus noch weiter, um sicher sein zu können, dass der Vorgang der Automatisierung auch tatsächlich abgeschlossen ist.
- Ggf. können Sie Bewegungsfolgen auch mental trainieren, indem Sie sich den Ablauf in allen Einzelheiten vorstellen.

- Beachten Sie:
  Das Bewusstsein kann automatisierte Vorgänge stören. Über bereits automatisierte Verhaltensabläufe sollten Sie deshalb nicht weiter nachdenken. Wenn ein Tausendfüßler über die Koordination der Bewegungsabläufe seiner Beine nachdenken könnte, käme er sicher ins Stolpern („Tausendfüßler-Effekt").

Reduktion von Prüfungsangst[11]

Im Zusammenhang mit Angst vor Prüfungen entsteht häufig ein Teufelskreis: Negative Gedanken („Ich schaffe es nicht" ...) und unangenehme Gefühle, begleitet von entsprechenden körperlichen Symptomen (Verspannungen, Zittern, Erröten, Schwitzen ...), führen zu Leistungsminderung und zu negativem Feedback (schlechte Noten, abfällige Kommentare des Prüfers oder der Umgebung ...). Dadurch verstärken sich bereits vorhandene problematische Einstellungen, und es können neue negative Gedanken entstehen („Ich habe mich für alle Zeiten blamiert" ...). Der Misserfolg bestätigt die negative Selbsteinschätzung; es besteht sogar die Gefahr der Generalisierung, d. h. die Möglichkeit der Ausdehnung der negativen Erwartungshaltung auf andere Lebensbereiche.

Häufig fördert übersteigertes unkritisches Konkurrenz- und Leistungsdenken die Furcht vor Misserfolg und Versagen. Viele oder gar die meisten Menschen in unserer Gesellschaft – vielleicht mehr als die Angehörigen jeder anderen bisher existierenden Gesellschaft – glauben, sie seien wertlos und müssten sich in eine Ecke verkriechen und sterben, wenn sie nicht in jeder möglichen Hinsicht – oder zumindest auf einem wichtigen Gebiet – tüchtig, kompetent und leistungsfähig seien.

Denken Sie daran:

Überfordern Sie sich nicht, und setzen Sie sich nicht übermäßig unter Druck. Üben Sie sich in Gelassenheit: Es gibt noch andere, wichtigere Dinge als eine Prüfung.

---

[11] Ceh, J.: Besser denken, besser lernen. So meistern Sie jede Prüfung, München/Landsberg am Lech 1988, S. 137ff.

Analysieren Sie nun – bevor Sie sich mit den Möglichkeiten der Reduktion von Prüfungsangst befassen – zunächst Ihre individuelle diesbezügliche Problemsituation (Arbeitsblatt – Tabelle 5).

Was macht mich ängstlich? **Situationen**	**Wie ist mein inneres Befinden?** **Gefühle, Gedanken ...**	**Welche Körperempfindungen nehme ich wahr?** **Verkrampfungen, Zittern ...**	**Wann festgestellt?**

Tabelle 5: Arbeitsblatt – Analyse Ihrer Prüfungsangst

Psychoanalyse

Die psychoanalytische Behandlungsmethode – der erste und in der Öffentlichkeit wohl bekannteste psychotherapeutische Ansatz – wurde von Sigmund Freud entwickelt und u. a. von seinen Schülern Alfred Adler und C. G. Jung abgeändert.

Das Verhalten des Menschen wird nach Meinung der Tiefenpsychologen wesentlich vom Unbewussten, d. h. zum Beispiel durch „verdrängte“ Konfliktsituationen der frühen Kindheit, bestimmt. In der Psychoanalyse wird nun versucht, diese verdrängten Inhalte (Komplexe) freizulegen und sie dem Klienten bewusst zu machen. Er wird dazu aufgefordert, frei zu assoziieren, sich also in seinen Vorstellungen „gehenzulassen“ und auch Gedanken, die er als störend oder deplatziert empfindet, mitzuteilen. Der Klient setzt sich dabei in der Regel durch unbewusste Widerstände (Abwehrmechanismen) gegen die Aufdeckung der Konflikte zur Wehr.

Aufgabe des Therapeuten ist es, die Träume und frei assoziierten Vorstellungen des Klienten zu deuten. Dabei müssen die Widerstände aufgelöst und die unbewussten Motive bewusst gemacht werden. In diesem Zusammenhang gilt die Regel: „Keine Sinndeutung, wenn eine Widerstandsdeutung notwendig ist.“

Oft überträgt der Klient Erfahrungen aus konflikthaften Bindungen seiner frühen Kindheit auf die Therapiesituation, weil er z. B. durch den Analytiker an seinen eigenen Vater erinnert wird. Der Therapeut muss nun versuchen, solche Übertragungen mit dem Klienten zu analysieren und aufzuklären.

Schon Freud erkannte, dass auch Gefühle vom Analytiker auf den Klienten übertragen werden können (Gegenübertragung). In einer Lehranalyse, der sich jeder Analytiker während seiner Ausbildung unterziehen muss, wird der angehende Therapeut mit seinen eigenen unbewussten Motiven konfrontiert. Dadurch wird versucht, der Gegenübertragung vorzubeugen.

Die Therapieform setzt also einen entsprechend ausgebildeten Analytiker voraus und bringt für den Klienten eine starke zeitliche und in der Regel auch eine erhebliche finanzielle Belastung mit sich. Die Psychoanalyse ist keine Selbsthilfemethode gegen Ängste, und sie soll deshalb in diesem Zusammenhang nicht weiter dargestellt werden.

Transaktionsanalyse

Das Verhalten vieler Menschen wird beeinflusst durch innere „Einreden". Darunter versteht man Sätze, die sie sich vorsagen oder die ihnen spontan in bestimmten Situationen „durch den Kopf gehen"; Formulierungen, mit denen sie auf andere Menschen, auf Missgeschicke, auf Anforderungen in der Arbeit u. a. reagieren. Beispiele für negative Einreden sind:

„Das ist zu schwer für mich."

„Ich habe keinen Mut."

„Warum immer ich und nicht die anderen?"

„Ich kann das nicht."

Um den Gegensatz zu verdeutlichen, seien einige positive Einreden aufgeführt:

„Davon geht die Welt nicht unter."

„Take it easy."

„Es kann nicht immer schönes Wetter sein."

„Ich schaffe es."

„Das nächste Mal geht es besser."

Es hängt mit der Grundeinstellung zum Leben zusammen, welche Art von Einreden bei einem Menschen überwiegt. Eines ist sicher:

Negative Einreden wirken lähmend, sie fixieren uns in einer negativen Meinung, sie rauben uns Lebensenergie, und oft genug geht von ihnen eine krankmachende Wirkung aus.

Eine moderne Richtung der Psychologie, die sogenannte Transaktionsanalyse, weist den Einreden eine entscheidende Bedeutung zu. In der Transaktionsanalyse (TA) unterscheidet man drei Ich-Zustände:

- Das Eltern-Ich (EL)
  Gleichsam wie auf einem Tonband sind die Befehle, Gedanken und Verhaltensweisen unserer Eltern in unserem Gehirn gespeichert. In unserem EL denken und fühlen wir wie unsere Eltern. Dieser Ich-Zustand wird unterteilt in ein nährendes (lobendes, ermunterndes, bestätigendes) und ein kritisches oder kontrollierendes EL.
- Das Erwachsenen-Ich (ER)
  Dieser Ich-Zustand wird charakterisiert durch objektive Beobachtung und Beurteilung der Situation und durch nüchterne und sachliche Entscheidungsfindung.
- Das Kind-Ich (K)
  Im Kind-Ich sind unsere Wünsche, Bedürfnisse und Gefühle präsent. Diesem Ich-Zustand entsprechende Verhaltensmuster wurden aus der Kindheit beibehalten. K wird unterteilt in das angepasste und in das freie, natürliche Kind-Ich, das spontan handelt wie ein Kind.

Unsere Beziehungen zu uns selbst und zu anderen Menschen sind in Ordnung, wenn wir in einem der jeweiligen Situation angemessenen Ich-Zustand agieren oder reagieren. Inwieweit Ihnen das jeweils gelingt, hängt vor allem von Ihrer Grundhaltung ab. In der TA unterscheidet man vier Grundhaltungen, Grundmuster des Denkens und Fühlens:

- „Ich bin o.k. – Du bist o.k.“ (gesunde Haltung)
- „Ich bin nicht o.k. – Du bist o.k.“ (depressive Grundhaltung)
- „Ich bin o.k. – Du bist nicht o.k.“ (beziehungsgestörte Haltung)
- „Ich bin nicht o.k. – Du bist nicht o.k.“ (katastrophale Grundhaltung)

Die dominierende Grundhaltung eines Menschen – und damit der Blickwinkel, unter dem er sich und seine Mitmenschen betrachtet – hängt weitgehend von seinem individuellen „Lebensmanuskript“ ab. Dieses Lebensmanuskript wird vor allem durch Botschaften geschrieben, die Eltern bzw. deren Vertreter durch ihr Reden, ihre Blicke, ihre Handlungen und ihr Denken dem Kind übermitteln. Besonders verhängnisvoll können sich in diesem Zusammenhang die sogenannten „Einschärfungen“ auswirken, Sätze, die dem Kind die für seine Gesundheit so notwendigen Erlaubnisse vorenthalten.
Beispiele für solche Einschärfungen, die das Lebensskript eines Kindes prägen können, sind:

- „Sei nicht.“
  („Wie gut hätte ich es, wenn du nicht wärest!“)
- „Sei nicht du!“
  (Ein Mädchen hätte ein Junge sein sollen.)
- „Sei kein Kind.“
- „Komme mir nicht zu nahe!“
- „Fühle nicht.“
- „Du schaffst es nicht!“
- „Du bist nicht gesund.“
- „Bei dir stimmt etwas nicht, du bist verrückt.“

Die Transaktionsanalyse unterscheidet verschiedene *Skriptarten,* jeweils charakterisiert durch bestimmte Wortfolgen, die im Bewusstsein oder Unterbewusstsein ständig wiederholt werden. Beispiele für solche Leitsätze, die über dem Leben eines Menschen stehen können und ihn immer wieder zu gleichen Verhaltensmustern treiben:

Das Niemals-Skript:

„Das schaffe ich nie."

„Ich werde das niemals kapieren."

Das Immer-Skript:

„Ich falle immer wieder rein."

Das Bevor- und Danach-Skript:

„Bevor du nicht für deine Eltern gesorgt hast, darfst du nicht an dein Vergnügen denken."

„Das dicke Ende kommt noch."

„Erst die Arbeit, dann das Vergnügen."

Von den *Individual-Skripts* sind zu unterscheiden die sogenannten *„Kollektivskripts"*, z. B. *„Wir* tun so etwas nicht!"

Wenn Sie Ihr Lebensskript ändern wollen, müssen Sie es zunächst analysieren, d. h. erforschen, wie es entstanden ist, und herausfinden, welche Sätze für Sie charakteristisch sind. Sie werden dabei nicht nur auf Einschärfungen stoßen, mit denen Ihre Bezugspersonen gearbeitet haben, sondern auch auf „Gegeneinschärfungen" („Antreiber"); Sätze, mit denen Eltern die negativen Wirkungen von Einschärfungen stoppen oder beseitigen wollen, wenn diese bereits zu Entwicklungsstörungen beim Kind geführt haben.

Solche Antreiberformulierungen, mit deren Hilfe die Eltern dem Kind „normale" Verhaltensweisen aufzwingen wollen, sind:

- „Sei perfekt!"
- „Beeile dich!"
- „Strenge dich an!"
- „Mache es mir recht!"
- „Sei stark!"

Vom Standpunkt des Kindes aus betrachtet, kommen alle diese Aufforderungen aus der Grundhaltung des „Ich bin nicht o.k.“.

Die Skriptanalyse ist der erste Schritt in Richtung Änderung des Lebensskripts. Wer die Einschärfungen und Antreiber durchschaut, die in seinem Leben eine Rolle spielen, bekommt bereits eine gewisse Distanz zu ihnen. Für weitergehende Änderungen ist es jedoch notwendig, dass man positive Sätze dagegensetzt, sie quasi „in sich hineinnimmt“, damit sie verhaltensbestimmend werden können: Die Antreiber des kontrollierenden Eltern-Ichs sollen durch Erlauber des natürlichen EL ersetzt werden.

Beispiele:

Antreiber des kontrollierenden Eltern-Ichs	*Erlauber des natürlichen Eltern-Ichs*
„Sei perfekt!“	„Du darfst auch Fehler machen.“
	„Du darfst auch schwach sein.“
„Beeil dich!“	„Du hast Zeit, das zu tun, was du tun möchtest.“; „Eile mit Weile.“

Durch das permanente „innere Vorsagen“ von Erlauber-Sätzen, d. h. Formulierungen, die das Positive in einem Menschen wachrufen und verstärken, kann man aus dem Teufelskreis herauskommen, in den man durch die Antreiber gezwungen wurde. Die innere Automatisierung von Erlaubersätzen entmachtet die Antreiber, befreit den Menschen von seiner Nicht-o.k.-Haltung und vermittelt ein positives Grundgefühl.

Wer sich selbst für o.k. hält, hat es nicht mehr nötig, seine Mitmenschen durch Gefühlsmaschen (Verwirrung, Depression, Ohnmacht) zur Zuwendung zu zwingen. Über die Methode der Einübung positiver Botschaften kann man sein nährendes Eltern-Ich stärken und dadurch das kontrollierende EL in sich abschwächen. Wer auf diesem Weg das Ziel erreicht, sich selbst für o.k. zu halten, kann auch anderen den O.K.-Status zubilligen.

Rational-emotive Therapie

Sehr viele seelische Probleme entstehen durch nicht rationale Einstellungen dem Leben gegenüber. Der amerikanische Therapeut A. Ellis hat eine Reihe solcher unvernünftiger Annahmen aufgedeckt[12] (vgl. Tabelle 6). Bemühen Sie sich darum, nicht rationale Einstellungen durch vernünftige zu ersetzen. Wenn Ihnen das gelingt, werden Sie in der Lage sein, sich und Ihre Umwelt nüchtern sowie ohne Vorurteile zu sehen und zu akzeptieren. Auf diesem Weg kann Selbstvertrauen entstehen, das Ihnen in Prüfungssituationen Stress, Verkrampfung und die Furcht vor dem Versagen erspart.

[12] Ellis, A.: Die rational-emotive Therapie, München 1977

Unvernünftige Annahmen	**Konsequenzen**	**Vernünftige Annahmen**
Ich bin nur dann wertvoll, wenn ich in jeder Hinsicht tüchtig und leistungsfähig bin.	Stress, Verkrampfung, Furcht vor Versagen, Fehlern und Risiken.	Ich erledige eine Aufgabe, weil sie mir Spaß macht. Ich halte es für vernünftig, sich um Erfolg zu *bemühen,* aber für unvernünftig, *zu fordern,* dass ich Erfolg haben muss.
Es ist schrecklich, wenn die Dinge nicht so sind, wie ich sie gerne haben möchte.	Je mehr ich mich aufrege, desto unfähiger werde ich, mich und meine Umwelt erfolgreich zu verändern. Bei dieser Grundeinstellung könnte ich nur bei Erfüllung *aller* meiner Wünsche glücklich werden.	Es wäre zwar schön, wenn manche Dinge anders wären; ich lasse mich deshalb jedoch nicht aus dem Gleichgewicht bringen. Auch unter schlechten Bedingungen kann ich etwas aus meinem Leben machen.
Ich muss mir über tatsächliche oder eingebildete Gefahren ständig Sorgen machen.	Permanente Angst und Sorge verhindern, dass ich mich im Ernstfall tatkräftig einsetzen kann. Ich kann reale und bloß eingebildete Gefahren nicht mehr auseinanderhalten.	Angst und Sorge beseitigen in keiner Weise die Wahrscheinlichkeit von Krankheit und Tod. Die meisten Ereignisse sind bei weitem nicht so schlimm, wie sie in der Befürchtung aussehen. Ich tue gerade das, wovor ich mich am meisten fürchte
Es ist leichter, bestimmten Schwierigkeiten auszuweichen, als sich ihnen zu stellen.	Passivität kann sehr quälend sein: Zweifel, Hin- und Herüberlegen, Verringerung des Selbstvertrauens (Erfolgserlebnisse fehlen).	Leben ist Handeln. Selbstvertrauen entsteht nur durch eigene Aktivität, nicht durch Unterlassungen. Zufrieden kann ich nur werden, wenn ich mich einer Aufgabe oder anderen Menschen verpflichtet fühle.

Tabelle 6: Unvernünftige Annahmen – Konsequenzen – vernünftige Annahmen (nach A. Ellis)

Paradoxe Intention

Denken Sie an den Teufelskreis: Erwartungsangst, d. h. die Furcht vor dem tatsächlichen Eintreten des Misserfolgs, erhöht die Wahrscheinlichkeit des negativen Ausgangs.

Der Wiener Psychiater Viktor Frankl stellte in diesem Zusammenhang fest, dass Vorgänge, die üblicherweise spontan ablaufen, verhindert werden, wenn man sie *absichtlich* herbeiführen will. Zum Beispiel ist der forcierte Wunsch (Befehl) einzuschlafen ein relativ sicheres Mittel, um wachzubleiben.

In diesem Zusammenhang stellt sich die Frage: Könnte man die Angst vor dem Versagen (Erwartungsangst) nicht gerade dadurch verhindern, dass man sich genau das wünscht, was man in seinen Ängsten so krankhaft fürchtet?

Das wäre gleichsam ein „umgekehrter Wunsch", eine „paradoxe Intention". Dass das möglich ist, zeigen langjährige positive Erfahrungen mit einer auf Frankl (1947) zurückgehenden entsprechenden Methode. Man arbeitet dabei mit *übertriebenen humoristischen* und *selbstironisierenden* Formulierungen, um zu vermeiden, dass es zu einer Autosuggestion angstmachender Vorstellungen kommt.

Wie könnte man nun mit Hilfe dieser Methode bei Prüfungsangst vorgehen?

„Gemäß der paradoxen Intention müsste der Betroffene ... angehalten werden, sich ein möglichst schlechtes Prüfungsergebnis zu wünschen und sich dementsprechend vorzunehmen, bei der Prüfung nur Unrichtiges zu Papier zu bringen. Damit es ein bisschen humoristischer klingt, könnte er bei sich selbst denken, er wolle einen ‚Durchfall-Rekord' aufstellen (man beachte die doppelsinnige Bedeutung dieses Begriffes, d. Verf.), insofern, als kein anderer Prüfling mit einer so hohen Fehlerzahl durchfallen solle wie er. Eine solche paradoxe Haltung könnte er natürlich nicht ernst nehmen, sie würde ihn höchstens zum Lachen bringen – aber schon darüber lachen zu können, würde ihn emotional freispielen für die höchstmögliche Konzentration in der Prüfung. Durch den paradoxen Wunsch schwindet die Angst, und die Prüfung fällt entsprechend der Leistung aus, weil keine Angst-Blockade das Ergebnis verschlechtert. ... Man distanziert sich von seiner Angst, indem man sie auslacht.“[13]

Gedankenstopp

Werden Sie schon Tage oder Wochen vor einer Prüfung von ängstlichen Gedanken überfallen, die ein eventuelles Versagen zum Inhalt haben? Wenn Sie sich zum Beispiel häufig einreden: „Sobald ich dem Prüfer gegenübersitze, werde ich bestimmt durch meine Angst blockiert sein“, besteht – im Sinne einer self-fulfilling-prophecy – die Gefahr, dass tatsächlich das eintritt, wovor Sie sich so fürchten. Häufig entwickelt sich daraus eine ganze Kette negativer Gedanken verbunden mit antizipatorischen Angstgefühlen.

Verhindern Sie, dass sich diese Angstgedanken in Ihnen breitmachen. Eine Möglichkeit zur Unterbrechung einer solchen negativen Gedankenkette – bevor sie sich zu einem circulus vitiosus schließt – ist das sog. Gedankenstoppen. Die Unterbrechung oder Zerstörung der negativen Vorstellungen erfolgt hierbei durch den Befehl „Stopp!“, den Sie sich selber geben.

Sie können dieses Verfahren systematisch trainieren:

- Machen Sie es sich in Ihrem Sessel bequem.
- Lassen Sie eine Ihrer Erwartungsangstvorstellungen kommen.
- Befehlen Sie sich laut: „Stopp!“
  Sie können dieses Kommando am Anfang Ihres Übens dadurch unterstützen, dass Sie sich gleichzeitig mit Ihrer flachen Hand kräftig auf den Oberschenkel schlagen und/oder

[13] Lukas, E.: Auch Dein Leben hat Sinn, Freiburg im Breisgau 1971, S. 80

sich das Wort „Stopp!“ in signalfarbiger Schrift auf einem Plakat bildhaft vorstellen.

- Denken Sie die Formel: „Ich bin vollkommen ruhig und gelassen“.
- Entspannen Sie jetzt ganz bewusst Ihre Muskeln.
- Lenken Sie sich nun ab, indem Sie sich in Gedanken mit einer angenehmen Situation beschäftigen.

Es wird Ihnen wahrscheinlich nicht gelingen, Ihre Angstvorstellung im ersten Durchgang zu bewältigen. Wiederholen Sie das Ganze. Wenden Sie sich dann dem nächsten angstmachenden Gedanken zu. Wichtig ist, dass Sie dieses Verfahren sofort anwenden und jedes Mal praktizieren, wenn Ihnen ein negativer Gedanke bewusst wird. Nach einiger Übung benötigen Sie für die Sequenz:

Angstmachender Gedanke – „Stopp!“ –
„Ich bin vollkommen ruhig und gelassen“ – Entspannung, Ablenkung

weniger als eine Minute.

Medikamente gegen Angststörungen

Grundsätzlich gilt: Medikamente und Psychotherapie schließen sich nicht aus, Medikamente machen sogar nicht selten eine Psychotherapie erst möglich. Nach dem Absetzen der Medikamente kehrt die Angst allerdings häufig schnell wieder zurück, wenn nicht gleichzeitig eine Psychotherapie stattfindet. Nur in der Therapie lernen die Betroffenen, wie sie mit der Angst angemessen anders umgehen können.

Psychopharmaka sind Arzneimittel, die – durch Abschwächung der Symptome und/oder Phasenverkürzung – auf die menschliche Psyche einwirken.

Die medikamentöse Behandlung zielt auf die Normalisierung gestörter Funktionen im Gehirn, die auf eine Verschiebung der Botenstoffe (Neurotransmitter) zurückzuführen sind. Psychopharmaka regulieren die Biochemie außer Kontrolle geratener Vorgänge im zentralen Nervensystem. Sie führen nicht zu Persönlichkeitsveränderungen und nicht zur Abhängigkeit. Ausnahme: Die Gruppe der Benzodiazepine führt bei längerer Anwendung zur Gewöhnung und Abhängigkeit. Benzodiazepine werden deshalb nur zur kurzfristigen Behandlung akuter Zustände eingesetzt.

Welchen Wirkstoff der behandelnde Arzt verordnet, hängt von der Art der Angststörung und anderen individuellen Gegebenheiten (z. B. weiteren Erkrankungen, sonstigen Medikamenteneinnahmen ...) ab. Überwiegend werden zwei Substanzklassen von Medikamenten zur Behandlung von Angstzuständen verwendet: Antidepressiva und Benzodiazepine.

Antidepressiva

Sie heißen so, weil sie überwiegend bei Behandlung von Depressionen eingesetzt werden. Zudem haben sie eine angstlösende (anxiolytische) und beruhigende Wirkung.

Besonders gut haben sich dabei Antidepressiva aus der Gruppe der selektiven Serotonin-Wiederaufnahmehemmer (SSRI) und der selektiven Serotonin-Noradrenalin-Wiederaufnahmehemmer (SNRI) bewährt. Sie greifen regulierend in den Stoffwechsel der Nervenbotenstoffe ein und können so angstlösend wirken. Sie zielen darauf ab, die Konzentration der Botenstoffe Serotonin und Noradrenalin im sogenannten synaptischen Spalt zwischen den Nervenzellen zu erhöhen und so das „Ungleichgewicht" dieser Botenstoffe bei Angsterkrankungen wieder auszugleichen.

SSRI: z. B.	Fluoxetin (FLUCTIN u. a.)
	Citalopram (CIPRAMIL u. a.)
	Escitalopram (CIPRALEX)
	Fluvoxamin (FEVARIN u. a)
	Paroxetin (PAROXAT u. a.)
	Sertralin (ZOLOFT u. a.)
SNRI: z. B.	Duloxetin (CYMBALTA u. a.)
	Venlafaxin (EFEXOR, TREVILOR u. a.)
	Milnacipran (JONICA, IXEL u. a.)

Wiederaufnahme-Hemmer blockieren die Rezeptoren, die für das Reuptake von Serotonin bzw. Noradrenalin zuständig sind. Im Gegensatz dazu wirken Medikamente aus der seltener eingesetzten Gruppe der trizyklischen Antidepressiva (TZA) auf mehrere Transmittersysteme gleichzeitig ein. Die Nebenwirkungen bei trizyklischen Antidepressiva sind deshalb auch erheblich umfangreicher.

TZA: z. B. Imipramin (TOFRANIL)

Amitriptylin (SAROTEN u. a.)

Desipramin (PERTOFRAN u. a.)

Doxepin (APONAL u. a.)

Clomipramin (ANAFRANIL u. a.)

Notriptylin (NOTRILEN u. a.)

Opipramol (INSIDON u. a.)

Trimipramin (STANGYL u. a.)

Eine Besonderheit bei allen Antidepressiva ist, dass ihre volle Wirksamkeit erst nach zwei bis drei Wochen einsetzt. Sie müssen also so lange eingenommen werden, um beurteilen zu können, ob sie hilfreich sind oder nicht.

Bei allen Antidepressiva können Nebenwirkungen auftreten, die meist in den ersten Wochen der Einnahme am stärksten sind und danach allmählich wieder zurückgehen. Häufigste Nebenwirkungen bei SSRI- und SNRI-Einnahme sind Magen-Darm-Beschwerden (Übelkeit, Durchfall, Appetitlosigkeit, Erbrechen). Weiterhin können auch Schlafstörungen und sexuelle Funktionsstörungen auftreten.

Benzodiazepine

Benzodiazepine sind Arzneimittel, die auf der Ebene des Neurotransmitters Gamma-Amino-Buttersäure (GABA) ansetzen. Sie können Angst schnell und wirkungsvoll lindern, führen jedoch schnell zur Abhängigkeit. Daher sollten sie nur wenn unbedingt notwendig und immer nur für kurze Zeit in genauer Absprache mit dem Arzt eingenommen werden. Sie dürfen nicht abrupt abgesetzt werden, sonst kann es zu starken Entzugserscheinungen (Schlaf-Störungen, Unruhe, Angst ...) kommen. Mittel der Wahl ist, die Dosis schrittweise zu reduzieren.

Häufig verordnete Benzodiazepine:

Diazepam (VALIUM u. a.), Chlordiazepoxid (LIBRIUM u. a.), Chlorazepat (TRANXILIUM u. a.), Lorazepam (TAVOR u. a.) und Oxazepam (ADUMBRAN u. a.)

Betablocker

Manchmal werden bei starken Ängsten auch Betablocker verschrieben. Sie wirken zwar nicht direkt auf Ängste, führen jedoch dazu, dass die Wirkung des Stresshormons Adrenalin auf den Körper, insbesondere auf das Herz, verringert wird. Stress und Angst lassen dann Herzfrequenz und Blutdruck weniger stark ansteigen. Das kann dazu beitragen, dass der Teufelskreis zwischen körperlichen Symptomen und Angst unterbrochen wird. Betablocker reduzieren hauptsächlich die körperlichen Begleiterscheinungen der Angst (z. B. Zittern, Schwitzen, Magen-Darm-Beschwerden ...). Betablocker führen nicht zur Abhängigkeit.

Rezeptfreie Medikamente gegen Angststörungen

Johanniskraut

Johanniskraut (Hypericum perforatum) wird als Extrakt zum Einnehmen eine stimmungsaufhellende und angstlösende Wirkung zugesprochen. Die Studienlage zu den Wirkungen ist allerdings widersprüchlich.
Johanniskraut kann die Wirkung einiger Medikamente reduzieren oder sogar blockieren. Wer gleichzeitig mehrere Medikamente einnimmt, sollte mögliche Wechselwirkungen beachten.

Bachblüten-Notfalltropfen (Bach Rescue Tropfen)

Die Wirkung von Bachblüten-Tropfen tendiert – rein naturwissenschaftlich – gegen null. Der Gehalt an Wirkstoffen in den Auszügen ist zu gering, um eine biochemische Reaktion im Körper auszulösen.

Trotzdem hat die Bachblüten-Therapie einen festen Platz in der Naturheilkunde.
Nicht selten wurden bei den Anwendern erstaunliche Ergebnisse festgestellt.

Innere Ruhe und Gelassenheit lernen

Entspannung contra Stress: Das 3-Ebenen-Verständnis der Reaktions- und Verhaltensbereiche[14]

Die Stress Reaktion hat den Zweck, den Organismus für Muskelarbeit bereit zu machen, das heißt ihm – bei physischer Gefahr – Angriff oder Flucht als Gegenmaßnahmen zu ermöglichen. Obwohl wir selbstverständlich nicht zwischen Körper, Geist und Seele trennen können, bietet sich eine Einteilung als methodisch sinnvolles und die Übersicht förderndes – allerdings willkürlich gewähltes und damit akademisches – Arbeitsschema zur Klassifizierung menschlicher Reaktionen in drei Ebenen an:

Motorische Ebene

In Stresssituationen beobachten wir eine Anspannung der willkürlichen Körpermuskulatur. Chronische Verspannungen im Nackenbereich zum Beispiel sind häufige Folgen von Dauerstress. Solche Reaktionen sind Überbleibsel aus der Urzeit des Menschen.

Muskelspannung signalisiert die Bereitschaft zu Flucht oder Kampf. Der Steinzeitmensch musste schnell und wirksam auf plötzliche Gefahren reagieren, um sein Überleben zu sichern. Da der zivilisierte Mensch in der Regel weder körperlich kämpft, noch vor der Gefahr flieht, werden die erhöhten Muskelspannungen nicht abgebaut und es besteht die Gefahr, dass es zu Dauerspannungen kommt, die sich zum Beispiel in Spannungskopfschmerzen äußern können. Nicht immer

[14] Ceh, J.: Entspannen jederzeit! Techniken zur besseren Streßbewältigung, München/Landsberg am Lech 1991 (2. Auflage 1995), S. 75ff.

führt Stresseinwirkung zu einem verspannten Nackenbereich. Es können zum Beispiel auch die Rücken-, Hand- oder Armmuskeln, die Bauchmuskulatur oder die Muskeln in den Beinen sein, die sich verkrampfen.

Physiologische Ebene

Auch auf der physiologischen Ebene wird der Organismus durch die Einwirkung von Stressoren auf Kampf oder Flucht eingestellt; so wird etwa die Herzfrequenz erhöht und die Atmung beschleunigt. Die Schweißdrüsensekretion verstärkt sich, um – im Hinblick auf die vom Organismus erwartete physische Belastung – einen Kühleffekt zu sichern. Weitere psychosomatische Korrelate der Erregung und der Angst sind: Steigerung der kortikalen Aktivität, Erhöhung des Blutdrucks, hormonelle Veränderungen …

Subjektiv-kognitive Ebene

Zu diesem Funktionsbereich gehören: Vorgänge des Wahrnehmens und der Verarbeitung der Wirklichkeit, inklusive der ihnen zu Grunde liegenden Bedingungen sowie verbale Äußerungen über eigene psychische Befindlichkeiten. Im geistig-seelischen Bereich beeinträchtigen Stress-Reaktionen zum Beispiel das Denkvermögen und die Konzentrationsfähigkeit und sind von Gefühlen der unterschiedlichsten Art – etwa von leichtem Unbehagen bis hin zu panischer Angst – begleitet.

Gefühle sind nicht nur seelische, sondern auch körperliche Empfindungen. Bei jedem Gefühl sind alle drei angesprochenen Ebenen beteiligt: Wer zum Beispiel Angst hat und sich selbst beobachtet, spürt diese psychische Befindlichkeit – bedingt durch Reaktionen des vegetativen Nervensystems und der angeschlossenen Organe – auch körperlich, und gleichzeitig weiß er, dass er Angst hat (kognitive Ebene).

Die Reaktionen, die in den drei Funktionsbereichen ablaufen, sind nur teilweise voneinander unabhängig; sie beeinflussen sich wechselseitig (vgl. Abbildung 5).

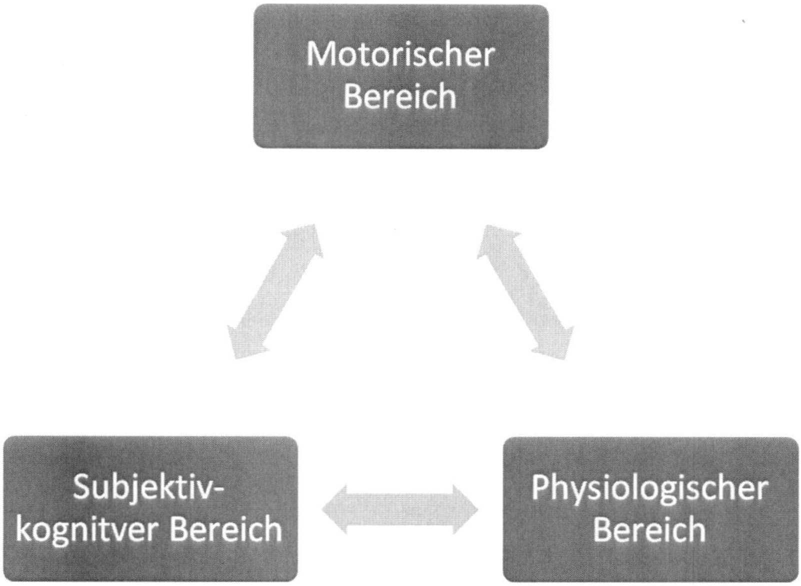

Abbildung 5: Wechselseitige Beeinflussung der Reaktions- und Verhaltensbereiche

Beispiele:

- Die subjektiv-kognitive Wahrnehmung des eigenen Rotwerdens in als peinlich empfundenen Situationen kann auf dem Wege über dieses Feedback die physiologische Reaktion des Rotwerdens verstärken.
- In Angstsituationen kommt es zu Muskelverspannungen, die auch physiologische Prozesse beeinflussen und auf der kognitiven Ebene die Intensität des Angsterlebnisses steigern können. Umgekehrt gilt: Muskuläre Entspannung ist mit subjektiv erlebter Angst unvereinbar.

Jeder der drei Funktionsbereiche kann durch rückkopplungsbedingte Interaktionsvorgänge die beiden anderen zusätzlich erregen. Umgekehrt wirkt sich eine Ruhigstellung eines Bereiches auch sedierend auf die beiden anderen aus. In eine vollständige Entspannung müssen also alle drei Reaktions- bzw. Verhaltensebenen einbezogen werden.

Von den in Stresssituationen aktivierten drei Systemen kann nur der Muskelapparat willkürlich und bewusst beeinflusst werden. Ein Einstieg in das Entspannungsgeschehen ist deshalb über muskulär entspannende Techniken besonders wirksam und lernökonomisch möglich; auch aus einem Zustand weitgehender Verspannung oder Verkrampfung heraus. Im Gegensatz dazu setzen suggestive Techniken wie das Autogene Training bereits einen Zustand relativer Entspannung und Konzentrationsfähigkeit voraus, um darauf aufbauend im Laufe der Übungen noch entspannter und konzentrationsfähiger werden zu können.

Methodische Ansätze zur Entspannung und zur Erregungsreduktion

Aus den bisherigen Ausführungen ergibt sich, dass ein psychologisch sinnvoller und methodisch und lernökonomisch günstiger Weg zur Erreichung des Lernzieles „Entspannung der Gesamtperson“ über folgende Stationen verlaufen kann:

- Erlernen einer muskulär entspannenden Technik (Progressive Muskelrelaxation). Ziel ist die Ruhigstellung und Entspannung des gesamten motorischen Systems. Gleichzeitig wird die Selbstbeobachtung und Wahrnehmungsfähigkeit für die psycho-physiologischen Phänomene „Ruhe“, „Schwere“, „Wärme“ und „Entspannung“ geschult. Systematische Übung wird bereits auf dieser Stufe als unabdingbare Voraussetzung für den Erfolg solcher Lernprozesse erlebt.
- Erwerb suggestiver Techniken (wie Autogenes Training)

Eine Entspannung des motorischen Systems schafft optimale Voraussetzungen für eine vegetativ-physiologische Desaktivierung und Entspannung auf suggestiver Grundlage.

- Aneignung meditativer Techniken
  Ein abgesenktes Erregungsniveau der motorischen und physiologischen Ebene und die damit verbundene Reduzierung der Aufmerksamkeit gegenüber Außenreizen und psychischen Befindlichkeiten wie Nervosität, Ärger und Angst stellen die Basis für eine wirksame Ruhigstellung des subjektiv-kognitiven Systems dar.

Der skizzierte methodische Ansatz zur Entspannung des Gesamtorganismus ist in Tabelle 7 übersichtlich dargestellt.

Reaktions- bzw. Verhaltensbereich	**Anspannungs- und/ oder Erregungsreaktion**	**Techniken zur Entspannung und Reduktion von Erregung**	
Motorischer Bereich	Anspannung der Körpermuskulatur, Verspannungen	Muskulär entspannende Techniken (Progressive Muskelrelaxation)	
Physiologischer Bereich (Vegetativum)	Physiologische Erregung	Suggestive Techniken (z.B. Autogenes Training)	**Integriertes Entspannungstraining**
Subjektiv-kognitiver Bereich	Kognitive Erregung (Gedanken, Gefühle)	Meditative Techniken (Beeinflussung der Wahrnehmung und der gedanklichen Konzentration)	

Tabelle 7: Methodischer Ansatz zur Entspannung des Gesamtorganismus und zur Erregungsreduktion

Auch verschiedene Yoga-Praktiken lassen sich im Sinne dieses „3-Ebenen-Verständnisses" einordnen: „Die Methoden unterscheiden sich stark voneinander, ihre Zielsetzung ist jedoch identisch ... So betont Hatha-Yoga die körperliche Komponente (ohne die anderen Komponenten dabei ausschließen zu wollen); ... Bhakti-Yoga spricht besonders die Gefühlswelt an, und Inana-Yoga stützt sich auf die intellektuelle Kraft und Beweglichkeit."[15]
Ähnlich wie die Körperübungen des Hatha-Yoga im Gesamtsystem des Yoga als Vorstufen zu den eigentlichen geistigen Versenkungsübungen angesehen werden, kann die Lockerung und Entspannung der Körpermuskulatur als Voraussetzung für eine weiterreichende vegetativ-physiologische und kognitive Entspannung betrachtet werden. Im Zustand tiefgreifender Entspannung des motorischen und des vegetativen Systems erlebt der Übende gelegentlich Bewusstseinszustände, wie sie für meditative Praktiken charakteristisch sind. Auch von daher bietet es sich an, als letzte Stufe eines integrierten Entspannungstrainings, meditative Übungen vorzusehen; die Endstufe zur Entspannung der Gesamtperson stellt somit quasi eine systematische „autogene Meditation" dar.

[15] Olvedi, U.: Buddhismus – Religion der Zukunft?, München 1973, S. 29f.

Progressive Muskelrelaxation[16]

Bei der Progressiven Muskelrelaxation handelt es sich um ein von E. Jacobson 1938 eingeführtes, relativ leicht erlernbares Verfahren der Muskelentspannung; es beruht auf dem Gegensatz von Anspannung und Entspannung. Durch intensives Anspannen der Muskeln tritt Ermüdung ein. Neben diesem Ermüdungseffekt dient das schrittweise Anspannen und nachfolgende Entspannen der Wahrnehmungsschulung für Spannungsunterschiede.
Auf diese Weise entwickeln wir ein Gefühl für Entspannung, werden gleichsam sensibilisiert für körperliche Spannungszustände, und wir werden in die Lage versetzt, Anspannungen frühzeitig wahrzunehmen; wir können Entspannung – ebenso wie „Verspannungen“ – ganz konkret beobachten.
Ziel ist die Entspannung des Körpers. Dazu teilt man – ein lernpsychologisch sinnvolles Vorgehen – den „Lernstoff“ in kleine, nach ihrem Schwierigkeitsgrad angeordnete Portionen. Die einzelnen Muskeln und Muskelgruppen werden nacheinander Schritt für Schritt geübt.

Die folgenden Übungen zur Muskelentspannung sollten Sie nicht durchführen, wenn Sie einen sehr niedrigen Blutdruck haben oder unter Herzrhythmusstörungen oder sonstigen gravierenden Herz-Kreislauf-Beschwerden leiden.

Suchen Sie für Ihr Training einen ruhigen, nicht zu hellen Raum auf und sorgen Sie dafür, dass Sie während des Übens nicht gestört werden.

---

[16] Ceh, J.: Ihr Weg zu mehr Selbstbewusstsein. So bringen Sie sich wirksam auf Erfolgskurs, München/Landsberg am Lech 1989 (3. Auflage 1996), S. 51ff.

Trainieren Sie zweimal täglich, zunächst im Liegen, später auch im Sitzen, bis Sie das Verfahren in allen Einzelheiten beherrschen. Schließen Sie einen kleinen Kontrakt mit sich selbst: Schreiben Sie für jeweils eine Woche im Voraus auf, wann, wo und wie Sie üben werden.

Tragen Sie während der Übungen bequeme Kleidung, und legen Sie alles ab, was Sie beengen könnte. Wenn Sie Brillenträger sind, nehmen Sie bitte auch die Brille ab. Die Übungen sollten aus einer möglichst bequemen Grundhaltung heraus begonnen werden; Sie können im Liegen und im Sitzen trainieren. Den meisten Menschen fällt es leichter, sich im Liegen zu entspannen. Um den Einsatz des Trainingsprogramms in Realsituationen zu erleichtern, sollten Sie, nachdem Sie die Technik im Liegen erlernt haben, anschließend abwechselnd im Sitzen und Liegen üben, bis Sie die Methode voll und ganz beherrschen.

Körperhaltung im Liegen

Legen Sie sich flach und entspannt auf den Rücken; benutzen Sie eine Wolldecke als Unterlage. Ihre Beine sind gestreckt, die Fersen sind etwa eine Handbreit voneinander entfernt. Ihre Arme liegen locker neben dem Körper, die Hände sind leicht geöffnet. Verändern Sie Ihre Körperhaltung so lange, bis Sie ganz bequem liegen. Der Körper sollte völlig gleichmäßig – möglichst ohne wahrnehmbare Druckunterschiede – aufliegen.

Körperhaltung im Sitzen

Im Folgenden wird eine Körperhaltung beschrieben, die J. H. Schultz den Berliner Droschkenkutschern abgeschaut haben soll („Droschkenkutschersitz").

Setzen Sie sich bequem auf einen Sessel. Lassen Sie – ohne sich anzulehnen – Ihre Wirbelsäule aus der aufrechten Haltung wie ein Fotostativ in sich zusammensinken. Die Arme liegen locker auf den Oberschenkeln. Die Hände baumeln zwischen den in leichter Grätschstellung stehenden Beinen. Ober- und Unterschenkel bilden etwa einen rechten Winkel. Ihre Füße stehen entspannt auf dem Boden. Die Knie sind leicht geöffnet. Ihre Fußspitzen zeigen nach außen. Der Kopf wird im Nacken leicht nach vorn gebeugt. Wenn Sie diese Droschkenkutscherhaltung für sich als nicht optimal erleben, versuchen Sie es einmal damit, Ihren Kopf locker an die Rückenlehne des Sessels anzulehnen. Wählen Sie für sich eine Haltung aus, bei der möglichst wenige Muskeln in Anspannung gehalten werden müssen. Wenn Sie das Gefühl haben, dass Sie Ihre Muskelanspannung völlig aufgeben könnten, ohne aus dem Sessel zu fallen, sitzen Sie richtig. Eine wesentliche Voraussetzung für den Erfolg Ihrer Bemühungen, Entspannung zu lernen, ist Ihre Bereitschaft, regelmäßig, systematisch und intensiv zu üben.

Ablauf der Übungen

Lenken Sie Ihre Gedanken jeweils auf die Muskelpartien, die Sie „innerlich ansprechen". Spannen Sie die betreffenden Muskeln an, halten Sie diese Spannung einige Sekunden, und lassen Sie sie anschließend auf Kommando wieder los. Verfolgen Sie, wie die Spannung aus Ihren Muskeln entweicht, und beobachten Sie den Kontrast zwischen An- und Entspannung. Aus der nachfolgenden Auflistung sind die Reihenfolge der anzuspannenden Muskeln und das Vorgehen bei den einzelnen Übungen zu entnehmen.

Muskeln der folgenden Körperteile	**... werden angespannt, indem Sie 15 Sekunden lang**	**... werden anschließend 15 Sekunden lang entspannt**
Hände	Fäuste ballen	entspannen
Oberarme	Beide Oberarme seitlich gegen den Brustkorb pressen	entspannen
Schultern	Beide Schultern so weit wie möglich nach oben ziehen	entspannen
Nacken	Ihr Kinn gegen das Brustbein drücken	entspannen
Stirn	Die Augenbrauen nach oben ziehen und die Stirn runzeln	entspannen
Augen	Die Augenbrauen nach unten ziehen und die Augen fest zukneifen	entspannen
Mund	Beide Lippen zusammenpressen	entspannen
Bauch	Den Bauch einziehen und die Bauchdecke hart machen	entspannen
Oberschenkel	Die Knie gegeneinanderdrücken	entspannen
Waden	Beide Beine ausstrecken und die Zehenspitzen zu sich hinzeigen lassen	entspannen

Tabelle 8: Anspannen – Entspannen

Aus lernpsychologischen Gründen beginnen Sie am besten mit der Langform des Trainings, bei der jede der genannten Muskelpartien für sich angespannt und wieder entspannt wird. Nicht immer haben

Sie die Zeit und die Gelegenheit, die Entspannungsübungen in dieser Form zu praktizieren. Wesentlich schneller geht es, wenn Sie möglichst viele Muskeln Ihres Körpers auf einmal anspannen, die Spannung einige Sekunden halten und dann auf Kommando entspannen.

Kurzform der Übung[17]

Im Alltag stehen Ihnen oftmals nur wenige Minuten für Ihre Entspannung zur Verfügung. Wenn Sie die Langform des Entspannungstrainings beherrschen, wird es Ihnen – nach einiger Übung – gelingen, sich auch mit wesentlich weniger Zeitaufwand vollständig zu entspannen.

Bei der Kurzform der Progressiven Muskelrelaxation, die Sie an vielen Orten problemlos durchführen können, spannen Sie nicht – wie bei der Langform – jede Muskelgruppe einzeln an, sondern es wird möglichst der *ganze* Körper

- auf einmal angespannt,
- diese Spannung wird einige Sekunden gehalten,
- anschließend wird durch ruckartiges Loslassen wieder entspannt.

Die Methode kann im Liegen, Sitzen oder Stehen – also in verschiedenen realitätsentsprechenden Körperhaltungen – praktiziert werden.

Setzen Sie sich bitte auf einen Stuhl und führen Sie die Übungen auf die im Folgenden beschriebene Weise durch:

- Hände *ohne* Druck zu Fäusten ballen;
- Arme locker anheben, als ob Sie sie hinter dem Kopf verschränken wollten, so dass sich die Fäuste hinter Ihrem Kopf

[17] Ceh, J.: Keine Angst vor Prüfungen. In Leistungssituationen souveräner werden, München/Landsberg am Lech 1993, S. 71f.

berühren. Erst nachdem Sie diese Körperhaltung (locker, ohne Anspannung) eingenommen haben, werden die Muskeln des ganzen Körpers in folgender Reihenfolge angespannt:

- verstärken Sie die Spannung in Ihren Fäusten;
- drücken Sie die Ellbogen so weit als möglich nach hinten;
- pressen Sie Zähne und Lippen aufeinander;
- strecken Sie die Beine vor;
- drücken Sie die Fußspitzen nach unten;
- atmen Sie ein und halten Sie die Luft an;
- pressen Sie die Bauchdecke nach außen.

Stellen Sie sich nun darauf ein, Ihre Anspannung auf Ihr Kommando „Jetzt" vollständig loszulassen und auszuatmen. Sie nehmen wahr, wie die Spannung allmählich entweicht. Sie registrieren in Ihrem Körper – bedingt durch die verstärkte Durchblutung beim Entspannen – ein Kribbeln und ein Wärmegefühl.

Rücknahme der Muskelschwere [18]

Wollen Sie sich nach dem Training wieder dem normalen Alltagsleben zuwenden, müssen Sie den Zustand der Entspannung und Schwere – und damit die verminderte Aktivität – zurücknehmen, um wieder auf Ihr normales Erregungsniveau zu kommen.

- Wenn Sie sich das Kommando: „Arme strecken und beugen!“ geben, ballen Sie beide Hände kraftvoll zu Fäusten, strecken die Arme energisch vom Körper weg, beugen anschließend die

[18] Ceh, J.: Ihr Weg zu mehr Selbstbewusstsein. So bringen Sie sich wirksam auf Erfolgskurs, München/Landsberg am Lech 1989 (3. Auflage 1996), S. 55

Ellenbogen und pressen die Unterarme fest gegen die Oberarme.

- Erteilen Sie sich nun den Befehl: „Tief atmen!“ Atmen Sie dreimal tief ein und aus.
- Öffnen Sie bei der Zurücknahme der Muskelschwere Ihre Augen erst, wenn Sie sich selbst das Kommando: „Augen auf!“ gegeben haben.
- Sollten Sie vor dem Einschlafen trainieren, brauchen Sie die Schwere selbstverständlich nicht zurückzunehmen; Sie können dann die Entspannung in den Schlaf übergehen lassen.

Beachten Sie:

- Üben Sie nicht unter Zeitdruck.
- Lange Übungszeiten gleichen verteiltes Üben nicht aus.
- Stellen Sie sich innerlich auf Entspannung ein.
- Entspannung lässt sich nicht erzwingen; falscher Ehrgeiz und krampfhaftes Wollen verhindern die Entspannung.
- Je kräftiger Sie jeweils anspannen, umso deutlicher werden Sie die Empfindung von Entspannung als Kontrast wahrnehmen; *verkrampfen Sie jedoch dabei nicht.* Die Anspannung sollte nicht so weit gehen, dass Schmerzempfindungen auftreten.

Entspannung durch richtige Atmung[19]

Sie wissen aus Erfahrung: In Stresssituationen atmen Sie meist unregelmäßig, kurz und flach – vor Angst halten Sie vielleicht gelegentlich sogar den Atem an. Wenn Sie richtig atmen, beeinflussen Sie auch Ihre Ausstrahlung anderen gegenüber positiv. Die Menschen unseres Kulturkreises neigen dazu, die Einatmung in den Vordergrund zu stellen.

Einatmen ist „aufladen" und „spannen", Ausatmen ist „befreien" und „lösen". Wer sich verstärkt der Ausatmung überlässt, kann nicht nur den Atem loslassen, er wird in seiner ganzen Haltung gelassener. Bei den meisten Menschen überwiegt die Brustatmung gegenüber der Bauchatmung. Nur durch die Bauchatmung jedoch kann sich Ihre Lunge optimal ausdehnen; Ihr Körper wird bestmöglich mit Sauerstoff versorgt, und das Zwerchfell – Ihr Hauptatemmuskel – wird gekräftigt.

Lernen Sie wieder, in einer wirklich gelassenen Haltung aus dem Bauch heraus zu atmen. Beim Einatmen wölbt sich die Bauchdecke nach vorn, weil das Zwerchfell von der Lunge, die sich mit Luft füllt, nach unten gedrückt wird. Sie haben dabei das Gefühl, dass sich Ihr Körperschwerpunkt nach unten – in den Bauchraum – verlagert. Wenn Sie eine Hand auf Ihren Bauch legen, können Sie Ihren strömenden Atem spüren. Normalerweise sollte man durch die Nase ein- und ausatmen.

Registrieren Sie beim Einatmen die leichte Kühle-Empfindung an den Innenflächen Ihrer Nase. Immer, wenn Ihre Gedanken abschweifen wollen, lenken Sie Ihre Aufmerksamkeit auf diese Kühle-Empfindung.

---

[19] Ceh, J.: Ihr Weg zu mehr Selbstbewusstsein. So bringen Sie sich wirksam auf Erfolgskurs, München/Landsberg am Lech 1989 (3. Auflage 1996), S. 56ff.

Verfolgen Sie, wie die eingeatmete Luft durch Nase, Rachen, Kehlkopf und Luftröhre in Ihre Lunge strömt. Stellen Sie sich vor, wie der Sauerstoff über die Lungenbläschen an das Blut abgegeben wird und sich dadurch im ganzen Körper verteilt. Entspannung durch richtiges Atmen lässt sich durch die Verwendung von *Signalwörtern* (Entspannungsformeln) einleiten:

- Wenn Sie einatmen, denken Sie das Wort: „*Ein*“.
- Wenn Sie ausatmen, sagen Sie innerlich zu sich: „*Ruhig*“.

Üben Sie das gleichmäßige Atmen unter Benutzung der „Ein-Ruhig-Formel“ so lange, bis Sie damit die Entspannung unter Realbedingungen auslösen können, und beobachten Sie, wie sich mit jedem Ausatmen Ihre Entspannung vertieft.

Entspannung durch angenehme Vorstellungen („Entspannungsbilder")[20]

Als Signal zur Einleitung der Entspannung können Sie auch eine Ihnen angenehme Vorstellung benutzen.

Aus Erfahrung wissen wir: Die Erinnerung ist das einzige Paradies, aus welchem wir nicht vertrieben werden können. Erinnern Sie sich in diesem Zusammenhang an eine Situation aus Ihrer Vergangenheit, die Sie als ausgesprochen wohltuend und friedlich erlebt haben; eine Phase, in der Sie wirklich zufrieden und glücklich waren.

Vielleicht fällt Ihnen ein heißer Sommertag ein, als Sie sich auf einer Luftmatratze liegend in einer stillen Meeresbucht treiben ließen; die Matratze schaukelte angenehm und beruhigend in den sanften Wellen. Machen Sie die Situation allen Ihren Sinnen zugänglich: Sie sehen, hören, riechen, spüren, Sie schmecken das Salz des Meerwassers. Möglicherweise denken Sie an einen schulischen oder beruflichen Erfolg und Sie erinnern sich, wie Menschen, die Ihnen nahestanden, stolz auf Sie waren, als Sie öffentlich gelobt wurden. Malen Sie sich Ihr Bild der Ruhe und Zufriedenheit plastisch aus. Denken Sie sich in das Bild, das Sie sich vorstellen, hinein.

Wenn Sie Ihr persönliches Entspannungsbild imaginieren, können Sie bei jedem Atemzug gleichzeitig die „Ein-Ruhig-Formel" verwenden. Beim Einatmen sagen Sie innerlich zu sich: „Ein"; wenn Sie ausatmen, denken Sie das Wort: „Ruhig". Sobald Sie das Entspannungsbild und die „Ein-Ruhig-Formel" zur Übung immer wieder im ungestressten Zustand anwenden, bekommen diese Vorstellungen die Kraft, allein

---

[20] Ceh, J.: Ihr Weg zu mehr Selbstbewusstsein. So bringen Sie sich wirksam auf Erfolgskurs, München/Landsberg am Lech 1989 (3. Auflage 1996), S. 56ff.

Entspannung auszulösen; Sie fördern damit die Generalisierung auf Alltagsbedingungen.

Sensibilisieren Sie sich für Körpergefühle, die Hemmungen, Ärger, Unsicherheit, Schüchternheit oder Angst anzeigen, und schalten Sie bei solchen Empfindungen um auf Entspannung, indem Sie bereits die „Vorboten“ für das Auftreten negativer emotionaler Befindlichkeiten als Signale für das Abrufen der Entspannung umdefinieren.

Techniken zur schnellen Entspannung

Es gibt eine ganze Reihe solcher Techniken. Zwei altbewährte Methoden, die man sich selbst – in verhältnismäßig kurzer Zeit – aneignen kann, sind zum Beispiel die Atem-Entspannung und das Palmieren.

Wir können unsere Atmung in Grenzen steuern. Ängste sind meist mit raschen, flachen Atemzügen verbunden. Normalerweise atmen wir 8- bis 12-mal pro Minute ein und aus. Wenn Sie in einer Angstsituation nur 6-mal/Minute (oder weniger) atmen, werden Sie angenehm überrascht sein, wie unmittelbar beruhigend das wirkt. Die Konzentration auf die Atmung lenkt zugleich von Angstreizen und ängstigenden Gedanken ab („Dereflexion"). Durch gezieltes, ruhiges Atmen kann man den Organismus in einen entspannten Zustand versetzen. Besonders wichtig ist eine lange und tiefe Ausatmung. Sie wirkt intensiv entspannend und sollte mindestens doppelt so lange dauern wie die Einatmung. Atmen Sie möglichst immer bei geschlossenem Mund durch die Nase ein. Wenn Sie die Luft dabei gleichsam „einschnüffeln" (schnuppern, riechen), unterstützen Sie automatisch die (gesündere) Bauchatmung. Lassen Sie beim Ausatmen die Luft durch die leicht geschlossenen bzw. minimal geöffneten Lippen entweichen („Lippenbremse"). Diese Technik verlangsamt die Ausatmung und fördert wesentlich die Entspannung. Durch die Nase ein- und durch den Mund ausatmen, vermittelt das Gefühl des Aus-dem-Bauch-, Aus-der-Mitte-Atmens.

Lassen Sie nach dem Ausatmen einen Moment der „Atemstille" zu, bis Ihr Körper wieder nach Einatmung verlangt („Atempause-Konzentration"). Die Konzentration auf die Atempause ist ein außerordentlich effektives Entspannungssignal. Also:

- Durch die Nase einatmen.
- Ohne Pause („in einem Bogen") durch den Mund (doppelt so lang) ausatmen.

- Eine Atempause einlegen. Finden Sie selbst heraus, welche Zeitdauer für Sie am angenehmsten ist (zählen Sie in Gedanken zum Beispiel von 1001 bis 1006).
- Einatmen, Ausatmen, Atempause usw.

Durch Lesen, Schreiben und vor allem durch Bildschirmarbeit werden besonders unsere Augen stark beansprucht. Beim Entspannen der Augen hilft wirkungsvoll das sog. *„Palmieren“*.

- Reiben Sie beide Hände, bis Wärme entsteht.
- Legen Sie Ihre Handflächen sanft über die geschlossenen Augen, so dass Ihre Finger sich auf der Stirn überkreuzen und die Handballen auf den Wangenknochen aufliegen. Die Handflächen bilden kleine Kuppeln über den geschlossenen Augen. Es soll kein Licht mehr einfallen.
- Versenken Sie sich 10-20 Atemzüge in diesen Vorgang.
- Wenn Sie die Übung beenden, halten Sie die Augen weiter geschlossen und zählen Sie langsam von 10 bis 1 rückwärts.
- Lösen Sie die Hände von den Augen und gewöhnen Sie sich mit geschlossenen Augen wieder an das Licht.
- Öffnen Sie die Augen und lassen Sie die durch das Abdecken entstandene Schwärze und Wärme wirken. Wiederholen Sie das Prozedere zwei- bis dreimal.

Übungen zur Achtsamkeit (mindfulness)

Ein Weiser des Ostens wurde einst von seinen Schülern gefragt, warum er so in sich ruhe und trotz seiner vielen Beschäftigungen derart glücklich sei und in solchem Maße viel Liebe ausstrahle. Er antwortete:
„Wenn ich stehe, dann stehe ich, wenn ich gehe, dann gehe ich, wenn ich sitze, dann sitze ich, wenn ich esse, dann esse ich, wenn ich liebe, dann liebe ich." Da fielen ihm die Fragesteller ins Wort und sagten: „Das tun wir doch auch, aber was machst du darüber hinaus?" Er sagte: „Das tut ihr eben nicht. Wenn ihr sitzt, dann steht ihr schon, wenn ihr steht, dann lauft ihr schon, wenn ihr lauft, dann seid ihr schon am Ziel. Ihr seid sehr selten bei dem, was ihr gerade tut."
Wir leben oft so, als hätten wir einen Autopiloten eingeschaltet. Wir fahren mit dem Auto zur Arbeit, sind aber die ganze Zeit gedanklich noch bei dem Familienstreit, den wir beim Frühstück hatten. Wir laufen vom Parkhaus zum Büro, sind aber im Geist schon längst bei der Sitzung, die erst einige Stunden später stattfinden wird. Oft sind wir mit unseren Gedanken noch in der Vergangenheit oder schon in der Zukunft statt im gegenwärtigen Augenblick. Weil wir darüber grübeln, was wir hätten anders machen sollen, weil wir uns ausmalen, was zukünftig alles schiefgehen könnte, weil wir all unsere Hoffnung auf die Zukunft setzen und uns bildhaft vorstellen, wie glücklich wir sein werden – weil wir all das tun, versäumen wir die schönen Momente, die uns die Gegenwart bietet.

Dazu passt auch eine kleine Geschichte von der „Langsamkeit der Seele", die Nossrat Peseschkian[21] erzählt. „Damals, als noch keine Straßen das Land durchschnitten und es noch keine Autos gab, die Menschen so schnell wie der Wind vom Meer in die Berge bringen, kämpfte sich ein Missionar mit einer Schar von Trägern durch den

---

[21] Peseschkian N.: Der nackte Kaiser, München 1997

afrikanischen Busch. Er hatte es eilig und trieb seine Führer zu immer schnellerem Gehen an, denn in drei Tagen wollte er sein Ziel erreichen. Der dritte Morgen zog herauf, strahlend stand die Sonne am Himmel, die Luft flimmerte, das hohe Gras bewegte sich sacht und die Vögel sangen. Der Missionar drängte zum Aufbruch, aber die Träger lagerten und wollten nicht aufstehen. Kein Zureden half, kein Befehl, kein Drohen. Endlich fragte er nach dem Grund ihres Zögerns und erhielt zur Antwort:
„Unsere Körper sind zwar hier, aber wir müssen warten, bis unsere Seelen nachgekommen sind“. Und wo haben wir unsere Orte, an denen unsere Seele nachkommen kann?

„Wenn ich gehe, dann gehe ich!“ Diese Aussage verdeutlicht exemplarisch, worum es bei der Praxis der Achtsamkeit geht. Sie brauchen weder täglich stundenlang zu meditieren, noch müssen Sie sich in ein Kloster zurückziehen, um Achtsamkeit zu erlernen. Notwendig sind nur der Wunsch und die Zielvorstellung, wach und präsent durchs Leben zu gehen, und die Bereitschaft, sich dafür etwas Zeit zu nehmen.

Orientieren Sie sich an dem Motto: „Tue alles, was du tust, ganz, so findest du mitten im Alltag den Weg in die Tiefe.“

Meister Eckhart rät: „Die wichtigste Stunde ist immer die Gegenwart, der bedeutendste Mensch ist immer der, der dir gerade gegenübersteht, das notwendigste Werk ist stets die Liebe.“
Das Konzept der Achtsamkeit besteht aus Aufmerksamkeit und Akzeptanz. Akzeptanz bedeutet aber nicht, alles auf Dauer hinzunehmen, sondern nur es für den jetzigen Moment anzunehmen. Aus dieser Haltung heraus können notwendige Veränderungsprozesse erkannt und weitere Schritte eingeleitet und umgesetzt werden. Akzeptanz ist die wichtigste Grundhaltung der Achtsamkeit. Ziel ist es, sich selbst und anderen eine wertfreie und interessierte Offenheit entgegenzubringen.

Achtsamkeit (engl. mindfulness) ist eine spezielle Form der Aufmerksamkeitslenkung. Es ist das absichtsvolle, unabgelenkte, annehmende Beobachten und Gewahrwerden dessen, was im Augenblick der jeweiligen gegenwärtigen äußeren und inneren Erfahrung geschieht, ohne irgendeine Bewertung positiver oder negativer Art.

Achtsamkeit als eigenständiges Konzept wurde Ende der 1970er Jahre von dem US-amerikanischen Molekularbiologen Jon Kabat-Zinn formuliert. Im psychotherapeutischen Kontext wird Achtsamkeit inzwischen bisweilen bereits als „3. Welle der Verhaltenstherapie" bezeichnet (1. Welle: Behaviorismus ... Verhalten; 2. Welle: Kognition ... Denken).

Achtsamkeit ist auch das zentrale Thema im Zen, eine Meditationsform, die im 6. Jahrhundert in China entwickelt wurde. Zen umfassend zu praktizieren bedeutet: im Augenblick zu leben, ohne ihn zu beurteilen, den Geist zu beruhigen, konzentriert zu handeln, nichts erreichen zu wollen und von allem unabhängig zu sein.

Die beschriebenen, nachgewiesenen und vielfach dokumentierten Wirkungen von Achtsamkeit sind äußerst vielgestaltig. Regelmäßig, systematisch und lang dauernd praktizierte Achtsamkeit bewirkt demnach eine anhaltende Verminderung von körperlichen und psychischen Beschwerden, eine Verringerung von Stress, Angst und anderen „toxischen" Emotionen (z. B. Ärger, Missgunst, Neid, Wut ...), eine Verbesserung der Selbstwirksamkeit und eine Förderung der Resilienz und der Empathie.

Es entwickelt sich eine gelassene, positive Lebenseinstellung und ein stabiles psychisches Gleichgewicht. Achtsamkeit ist erlernbar. Das strukturierte MBSR-Programm (Mindfulness Based Stress Reduction) von Jon Kabat-Zinn hat sich außerordentlich gut bewährt. Es besteht aus formalen Achtsamkeitsübungen wie Körperwahrnehmung (Body-Scan), Sitz- und Gehmeditation und Anleitungen zur Integration von Achtsamkeit in den Alltag.

Chronos und Kairos

„Ihr habt die Uhren, wir die Zeit."

Afrikanisches Sprichwort

„Das einzige Mittel, Zeit zu haben, ist, sich Zeit zu nehmen."

Bertha Eckstein

„Carpe diem!"

Horaz

Zeit gehört zu den wertvollsten Geschenken, die wir uns und anderen machen können.

In der griechischen Mythologie gibt es zwei Götter der Zeit: Chronos und Kairos. Chronos entthronte seinen Vater Uranos im Himmel. Um demselben Schicksal zu entgehen, verschlang Chronos seine Kinder. Nur Zeus wurde durch eine List gerettet und besiegte seinen Vater.

Chronos steht für die fließende Zeit, für die Vergänglichkeit und Endlichkeit, aber auch für die messbare Zeit, die mit Hilfe von Uhren bestimmt werden kann. Hier geht es vor allem um die Quantität: Wie viel Zeit habe ich. Wie viel Zeit bleibt mir?

Kairos war der jüngste Sohn des Zeus und damit Enkel des Chronos. Er galt als Gott des rechten Augenblickes und der günstigen Gelegenheit. Dargestellt als junger Mann mit Flügeln an den Füßen, denn die Gelegenheit ist schnell verpasst. Kahl am Nacken, doch mit einem Haarschopf an der Stirn, denn die Gelegenheit will beim Schopf gepackt werden. Wer jedoch nicht schnell genug zugreift und den richtigen Augenblick beim Schopf packt – eben am Fronthaar – der kriegt nichts mehr zu fassen, weil ein Zupacken am Hinterkopf unmöglich ist. Kairos hält eine Waage in der einen Hand, um die Zeit zu wägen, und ein scharfes Messer in der anderen, um Bindungen zu zerschneiden, die uns in der Vergangenheit gefangen halten.

Kairos steht für die günstige Zeit, den flüchtigen Augenblick des richtigen Moments. Kairos kommt unangekündigt – und er ist schnell wieder weg. Während Chronos die Quantität der Zeit und die Erfahrungen der Vergangenheit repräsentiert, ist Kairos das Jetzt.

Kairos ist nicht einplanbar. Bleiben Sie daher auch offen für den günstigen Augenblick. Wer den vorbeieilenden Kairos nicht erkennt und nicht zugreift, wird am kahlen Hinterkopf abgleiten. Wer aber die Gelegenheit beim Schopf packt, kann die Gunst der Stunde nutzen – für sich und andere.

Möglichkeiten zur Steigerung von Konzentration und Leistung

Ganz bei der Sache sein

Vor dem Hintergrund der Hektik unseres Alltags und der ständigen Reizüberflutung, der wir ausgesetzt sind, gewinnt das Thema „Konzentration“ immer mehr an Bedeutung. Was ist das eigentlich für eine Fähigkeit, die man so oft vermisst, wenn man arbeitet oder lernt und dabei nicht so recht vorwärtskommt? Konzentration (lat. concentra, „zusammen zum Mittelpunkt“) ist schlechthin eine Schlüsselfähigkeit und bedeutet: Die Aufmerksamkeit willentlich auf ein und nur ein Objekt zu fokussieren, ganz bei der Sache zu sein, für eine Weile den Rest der Welt völlig auszublenden. Wenn wir uns konzentrieren, werden – gleichsam wie Sonnenstrahlen durch ein Brennglas – die „Strahlen“ unseres Bewusstseins auf einen einzigen Punkt, auf eine Mitte hin, gesammelt. Gedanken und Wahrnehmungen werden gebündelt und auf einen Zielpunkt konzentriert. Jede Zerstreuung, jede Abschweifung führt in diesem Zusammenhang zu Leistungsverlusten und vermindert unsere Effektivität und unsere Erlebnisdichte.

Durch den Einsatz des Willens kann die Konzentration entscheidend beeinflusst werden. Daneben wirken sich aber auch Motive (Bedürfnisse) und Gefühle auf die Konzentration – und in noch stärkerem Maße auf die nicht-willentlich gesteuerte Aufmerksamkeit – aus. Das Interesse an Neuem (Neugiermotiv) ist z. B. eine der bedeutendsten motivationalen Grundlagen der Konzentration. Dass Emotionen wie Traurigkeit, Freude oder gar Hass die Konzentration beeinflussen können, wissen Sie sicher aus eigener Erfahrung.

Die Konzentration hängt wesentlich vom Interesse an der Sache ab. Auch Sie haben gewiss schon erlebt, dass Sie von einer Sache – etwa einem spannenden Buch – so „gefesselt“ waren, dass Sie nichts anderes mehr wahrgenommen haben. Registriert wird das, was am meisten interessiert. Wenn Ihre geistige Arbeit Ihr Interesse nicht genügend wecken kann, sind Sie „zerstreut", d. h., Ihre Aufmerksamkeit ist „gestreut".

Weitere Feinde der Konzentration sind Angst, Müdigkeit, Schmerzen, Krankheit, Lärm, zu wenig Schlaf, beengte Wohnverhältnisse, Sorgen, Nervosität, Träumereien ... Kurzum: Alles, was Sie seelisch aus dem Gleichgewicht bringt, stört gleichzeitig auch Ihre Konzentrationsfähigkeit.
Entgegen der weit verbreiteten Ansicht, das Lernen mit digitalen Medien in frühester Kindheit mache unseren Nachwuchs geistig leistungsfähiger, vertritt zum Beispiel der Hirnforscher Manfred Spitzer pointiert und prägnant die Gegenthese: Aufmerksamkeitsdefizite und andere Lernstörungen seien gerade erst die Folge eines digitalen Zeitvertreibs bereits im Kindergartenalter.

Eine der umstrittensten menschlichen Gehirnfunktionen ist das Multitasking, die Fähigkeit mehrere Tätigkeiten (z. B. Schreiben einer E-Mail, einem Bericht zuhören, die Tagesschau im Fernsehen verfolgen) zur gleichen Zeit oder abwechselnd in kurzen Zeitabständen durchzuführen. Multitasking ist jedoch ein Mythos (vgl. auch S. 264). Niemand kann mehrere komplexe Tätigkeiten zeitsparend und fehlerfrei gleichzeitig ausführen. Es gibt ganz eindeutig keine „parallelen Aufmerksamkeiten", der Mensch kann nur zwischen zwei Konzentrationsobjekten hin und her wechseln. Wenn er das tut, gehen allerdings wichtige Informationspartikel verloren und die Energie, die für konzentriertes Arbeiten notwendig ist, ist schnell erschöpft. Also: Das Gehirn wechselt einfach nur rasant hin und her, alles gleichzeitig funktioniert nicht. Ein unfallträchtiges Beispiel: Auto fahren und telefonieren mit und erst recht ohne Freisprechanlage.

Verbesserung der Konzentrationsfähigkeit

- Nehmen Sie sich die „Feinde" Ihrer Konzentrationsfähigkeit der Reihe nach vor und versuchen Sie, diese auszuschalten.

- Erledigen Sie immer eins nach dem andern, arbeiten Sie immer nur an einer Sache.
  Ihr Zeit- und Arbeitsplan gibt Ihnen die Sicherheit, dass Sie nichts versäumen, wenn Sie sich ganz dieser einen Sache widmen. Bismarck wird die Äußerung zugeschrieben: „Das Geheimnis meines Erfolges ist, dass ich immer nur einen Hasen jage." Arbeiten Sie in Ihrer persönlichen „Primetime". Die körperliche und geistige Leistungsfähigkeit schwanken im Tagesverlauf. Legen Sie die wichtigsten Aufgaben in Ihre Hochphasen. Es ist viel effizienter in diesen wenigen Stunden intensiv zu arbeiten als den ganzen Tag ein bisschen. „Work smarter not harder."
- Leben und arbeiten Sie im Hier und Jetzt; lassen Sie sich nicht von Vergangenem und Zukünftigem ablenken.
- Erstellen Sie eine Prioritätenliste der Wichtigkeit Ihrer Aufgaben; arbeiten Sie danach.
- Vermeiden Sie Unordnung am Arbeitsplatz. Äußere Ordnung erleichtert Ihnen „inneres Aufgeräumtsein".
- Beseitigen Sie Ablenkungen und Störfaktoren.
- Nutzen Sie den konditionierten Gewöhnungseffekt von festen Arbeitszeiten und einem festen Arbeitsplatz.
- Eine Reihe von Untersuchungen haben gezeigt, dass Menschen bei einem mittleren Anspannungsniveau – d. h., wenn sie weder zu entspannt noch zu angespannt sind – die höchste Leistungsfähigkeit zeigen.
- Maddox (1963) stellte fest, dass eine leichte Muskelanspannung die Geistestätigkeit positiv beeinflusst. Im Zustand vollständiger Entspannung können Sie sich schwer konzentrieren. Verzichten Sie deshalb bei Ihrer geistigen Arbeit auf Sitzgelegenheiten, die mehr zum Ausruhen als zur geistigen Anstrengung einladen. Versuchen Sie Ihre Lese-Arbeit nicht im Liegen zu bewältigen.

- Stellen Sie sich gelegentlich das Endziel Ihrer Arbeit als „Finalbild“ vor.
- Bemühen Sie sich beim Lernen um möglichst bildhafte Vorstellungen von Sachverhalten; sie sind einprägsamer als Worte. „Der Mensch denkt in Bildern.“
- Lassen Sie sich nicht unter Zeitdruck setzen.
- Wechseln Sie im Fortgang Ihrer Arbeit Arbeitsgebiete (z. B. verschiedene Fächer) und Tätigkeiten (Lesen, Schreiben, Hören ...).
  Abwechslung beim Lernstoff erhöht die Konzentration. Sie lernen konzentrierter, wenn Sie nicht den ganzen Tag dasselbe Thema pauken. Besser ist, am Morgen und am Nachmittag verschiedene Inhalte zu „beackern“. Wer den ganzen Tag dasselbe macht, ermüdet schneller.
  Gestalten Sie die einzelnen Lerneinheiten möglichst abwechslungsreich. Nicht etwa den ganzen Vormittag ein Lehrbuch lesen, sondern zum Beispiel: 45 Minuten lesen und dann 20 Minuten den Stoff schriftlich zusammenfassen – etwa in Form einer Mindmap. Planen Sie bei Ihrer Tätigkeit Pausen ein, die Sie unbeschwert von Gedanken an Ihre Arbeit genießen können.
- Legen Sie rechtzeitig Pausen ein – am besten sogar mit ein wenig Bewegung. Auch am Arbeitsplatz lässt sich mit Gymnastik und Entspannungsübungen viel erreichen. Ausgiebige, arbeitsfreie Mittagspausen an der frischen Luft beleben Körper und Geist und aktivieren den Stoffwechsel. 20 Minuten spazieren gehen ist Balsam für die Leistung.
- Wenn es mit der Konzentration nicht mehr funktioniert, können Sie eine „Notfallübung“ aus der Atemtherapie praktizieren: aufrecht auf dem Stuhl sitzen, die Füße hüftbreit auseinander auf den Boden stellen, die Fersen in den Boden drücken. Der Atem geht ins Becken, der Kopf wird wieder frei, „Fersenbewusstsein“ beruhigt.

- Nutzen Sie die stressreduzierende Wirkung von Entspannungsmethoden (Progressive Muskelrelaxation, Autogenes Training ...)
- Lernen Sie meditieren; zum Beispiel ist eines der drei Ziele des Zen, die „Entwicklung der Kraft der Konzentration".
- Ein altes Heilmittel steigert auch die Konzentrationsfähigkeit. Neuere Untersuchungen lassen den Schluss zu, dass Baldrian nicht nur die Nerven beruhigt, ohne die Wachheit zu dämpfen, sondern zugleich auch die Konzentrations- und Leistungsfähigkeit steigert. Am deutlichsten zeigt sich dieser Effekt bei dem natürlichen Mischungsverhältnis der Substanzen, wie es in der Baldrianwurzel vorliegt. Da die Valepotriate – die im Baldrian enthaltenen auch konzentrationsfördernden Stoffe – fettlöslich sind, sind sie in den traditionellen Baldriantinkturen jedoch praktisch nicht enthalten.
- Machen Sie regelmäßig Konzentrationsübungen. Meist handelt es sich dabei um systematische Beobachtungsübungen.
- Stärken und verfeinern Sie Ihr Wahrnehmungsvermögen. Betrachten Sie einen bestimmten Gegenstand (z. B. Ihre Armbanduhr). Schließen Sie die Augen und stellen Sie sich dieses Objekt genau vor. Zeichnen Sie anschließend den Gegenstand auf, ohne ihn vorher noch einmal anzusehen.
- Machen Sie sich alltägliche Vorgänge bewusst. Trainieren Sie Ihre Achtsamkeit.
  Beispiel: Kaffeetrinken
  Sie sehen die Tasse, berühren den Henkel, heben die Tasse an, Ihre Lippen berühren den Rand der Tasse, die Flüssigkeit benetzt Ihre Lippen, Sie spüren die Wärme, Sie empfinden den Geschmack, Sie schlucken und stellen die Tasse wieder ab.
- Blicken Sie auf eine Seite eines Buches. Zählen Sie z. B. alle „i" auf dieser Seite.

Ritalin als Mittel zur Konzentrations- und Leistungssteigerung?

Ritalin ist der Markenname eines verschreibungspflichtigen Medikaments des Unternehmens Novartis Pharma. Der Hauptinhaltsstoff ist der amphetaminartige Wirkstoff Methylphenidat, der dem Betäubungsmittelgesetz unterstellt ist. Ritalin wird als Arzneimittel in der Psychiatrie eingesetzt.

Als Kind nennt man sie „Zappelphilipp". Sie sind unkonzentriert, hibbelig, verträumt. Als Erwachsene wirken sie vergesslich, unaufmerksam, chaotisch: Menschen mit ADHS – der Aufmerksamkeitsdefizit- und Hyperaktivitätsstörung.

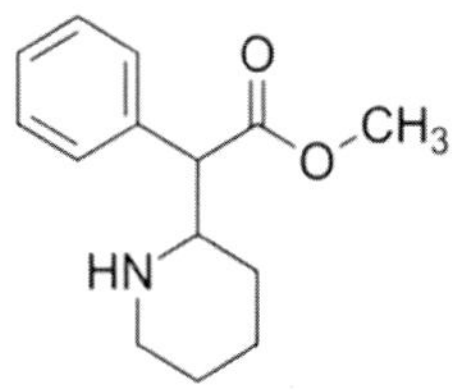

Abbildung 6: Ritalin

Früher schrieb man diese Auffälligkeiten nur Kindern zu und dachte, Unkonzentriertheit und Unruhe würden sich „auswachsen". Mittlerweile weiß man aber: Bei etwa 60 Prozent der Betroffenen bleibt die Störung auch im Erwachsenenalter bestehen. Diagnose und Hintergründe von ADHS und ADS sind umstritten. Das Aufmerksamkeitsdefizit-Syndrom (ADS) muss nicht zwangsweise mit Hyperaktivität verbunden sein. Die diesbezügliche Forschung steckt immer noch in den Kinderschuhen. Seit 2003 ist ADHS als Krankheit auch bei Erwachsenen anerkannt. ADHS und ADS sind medizinische Anwendungsgebiete von Ritalin.

Zwar wird der Wirkstoff seit über 50 Jahren eingesetzt, doch erst in den letzten Jahren geriet er in Deutschland in die Kritik, da es zu

einem extremen Anstieg der Verordnungen kam; zwischen 1993 und 2001 haben sie um das 20-fache zugenommen. In diesem Zusammenhang wurde vermutet, dass es vermehrt zu Fehldiagnosen bzw. Fehlverordnungen kommt, die eine missbräuchliche Verwendung des Arzneimittels nach sich ziehen könnten.
Beim nicht bestimmungsgemäßen, missbräuchlichen Konsum wird Ritalin wegen seiner anregenden Wirkung zur Vertreibung von Müdigkeit und zur Aufmerksamkeitssteigerung eingenommen. Man kann dann leichter z. B. nächtelang studieren oder feiern und erlebt eine euphorisierende Wirkung. In der Drogenszene wird Ritalin auch als „Ersatz-Speed" gehandelt. Es wird oral eingenommen, nasal konsumiert oder in Wasser aufgelöst injiziert. Beim Spritzen können die nicht löslichen Füllstoffe der Tablette kleine Blutgefäße verstopfen.

Beim bestimmungsgemäßen Gebrauch (nach ärztlicher Verordnung und in der verordneten Dosierung) treten als Nebenwirkungen des Arzneimittels häufig Schlafstörungen, verstärkte Reizbarkeit, Appetitlosigkeit, Magenbeschwerden, Übelkeit und Erbrechen auf. Bei Angsterkrankungen soll – nach Angaben des Herstellers – kein Ritalin eingenommen werden.

Bei nicht bestimmungsmäßigem Gebrauch können Überdosierungen zu Krampfanfällen, Herzrhythmusstörungen, Kopfschmerzen und Verwirrtheit führen. Auch mit Angstzuständen, Wahnvorstellungen oder ausgeprägter Aggressivität muss gerechnet werden. Die aktuelle Forschung berichtet in diesem Zusammenhang auch von Halluzinationen und plötzlichen Todesfällen.

Motivation und Umgang mit Misserfolgen

Wie wichtig ist die richtige Motivation für den Lernerfolg?

Wenn wir nach der *Motivation* fragen, stellen wir die Frage nach dem *Warum* menschlichen Verhaltens und Erlebens. Unter Motiv (lat. movere – „bewegen, antreiben“) versteht man den Beweggrund, Antrieb, Drang, Impuls, das Bedürfnis oder die Triebfeder menschlichen Verhaltens. Motive sind relativ überdauernde, isolierte Beweggründe (Hunger, Durst, Bedürfnis nach Macht oder Geltung ...). Sie werden meist erlernt, können aber auch – wie zum Beispiel die physiologischen Grundbedürfnisse – angeboren sein.

Unter Motivation versteht man die Aktualisierung von Motiven in einer konkreten Handlung durch Wechselwirkung zwischen den Beweggründen und den äußeren Bedingungen einer Situation. Eine hohe Motivation stellt den wirksamsten Antrieb – gleichsam das Schwungrad – etwa für Lernvorgänge dar. Erfolgreiches Lernen ist meist eine Frage der richtigen Motivation. Je nach Orientierungsrichtung der Motive spricht man von extrinsischer oder intrinsischer Motivation. Für den extrinsisch (sachfremd) Motivierten ist Lernen Mittel zum Zweck. Er will z. B. eine ausgesetzte Belohnung bekommen oder eine drohende Strafe vermeiden. Bei dieser Art der Motivation besteht, da Belohnung bzw. Bestrafung im Vordergrund steht, verstärkt die Gefahr, dass jemand versucht, Anstrengungen in der Sache möglichst zu vermeiden und seine Ziele mit unlauteren Mitteln (Unterschleif, „Spicken“) zu erreichen.

Extrinsisch motiviert wird im Berufsleben über Geld, Prämien und Boni. Auch hier gilt: *Belohnungen motivieren belohnt zu werden.* Sie verdrängen die Bindung an die Sache durch Bindung an die Belohnung. Die Forderung von Extra-Cash wird im Arbeitsalltag zur Regel. Wenn man die Eigenmotivation und Eigeninitiative der Mitarbeiter erhalten und fördern will, muss man sich von dieser Praxis, Anreize zu setzen, radikal verabschieden.

Wenn es Ihnen im Gegensatz dazu Freude macht, sich mit einem Problem auseinanderzusetzen und wenn Sie deshalb an einer Antwort auf eine Fragestellung im Zusammenhang mit dem Problem interessiert sind, lernen Sie um der Sache willen. Man spricht in diesem Zusammenhang von intrinsischer oder sachbezogener Motivation.

Möglichkeiten zur Förderung sachbezogener Motivation:

- Fragen Sie sich: „Warum lerne ich?" Erforschen und überprüfen Sie Ihre Lerngründe und -hemmnisse. Vielleicht geht die Abneigung gegen einen bestimmten Lernstoff nicht von dessen Inhalten aus, sondern die Ursache dafür liegt z. B. in einem gestörten Verhältnis zu Ihrem Lehrer/Kursleiter oder im organisatorischen Bereich.
- Setzen Sie sich realistische Ziele.
- Planen Sie Ihre geistige Arbeit.
- Suchen Sie die aktive Auseinandersetzung mit Problemen, z. B. durch Mitdenken, Mitplanen und Mitmachen in Lehrveranstaltungen.
- Schaffen Sie Querverbindungen zwischen dem aktuellen Lernstoff und Ihren anderen Prüfungsfächern sowie Ihren privaten und beruflichen Lebensbereichen.
- Aktivieren Sie Ihre Neugier. Stellen Sie Warum-Fragen.
- Erfolgserlebnisse durch Fremdverstärkung in Maßen können auch dazu führen, dass durch Tätigkeiten, die ursprünglich um eines anderen Zweckes willen (Belohnung) ausgeführt wurden, das Interesse an der Sache selbst erwacht.
- Anerkennung ist der mächtigste Motivator im menschlichen Gehirn. Allerdings: Bei Kindern zum Beispiel nur Intelligenz und Bestnoten anzuerkennen, kann dazu führen, dass sie mit Rückschlägen nicht fertig werden und Versagensängste entwickeln. Loben Sie deshalb bei Kindern vor allem Fleiß und

Arbeitseifer. Damit lenken Sie die Konzentration auf gute Lernstrategien und realistische Ziele.

- Versuchen Sie gelegentlich, Lernerfolge zu antizipieren; etwa in der Form, dass Sie sich das damit zu erreichende erstrebenswerte Ziel gedanklich in Einzelheiten ausmalen (visualisieren, Finalbild mit allen Sinnen erfassen). Damit wird der künftige Erfolg zum Verstärker, und Sie werden in Ihren Bemühungen angespornt.
- Sie sollten sich weder über- noch unterfordern. Orientieren Sie sich an einem – auf Ihre Verhältnisse und Ihre Situation bezogenen – mittleren Schwierigkeitsgrad. Die Hoffnung auf Erfolg und die Furcht vor Misserfolg in einer Leistungssituation halten sich – durchschnittliches Anspruchsniveau vorausgesetzt – in der Regel bei mittelschweren Aufgaben die Waage. Bei dieser Konstellation ist das Bestreben, gute Leistungen zu erbringen (Leistungsmotivation), am stärksten ausgeprägt.
- Misserfolg in Leistungssituationen muss geistig und seelisch angemessen verarbeitet werden, damit die psychische Stabilität nicht gefährdet wird. Häufig liegt die Ursache für den Misserfolg nicht in mangelnder Eignung oder Begabung, sondern in einer falschen Einstellung zur eigenen Leistungsfähigkeit; vielleicht hatten Sie sich unrealistische Ziele gesetzt. Stellen Sie sich in diesem Fall zunächst einmal leichtere Aufgaben, durch deren erfolgreiche Bewältigung Ihr Selbstvertrauen und Ihr Anspruchsniveau positiv beeinflusst werden.
- Das individuelle Leistungsverhalten wird – außer vom persönlichen Anspruchsniveau – von der Stärke des Leistungsmotivs (im Vergleich zu anderen Motiven wie z. B. zum Machtmotiv) und von der jeweiligen Erwartungshaltung bestimmt. Bezüglich dieser Erwartungshaltung unterscheidet man zwei Tendenzen: „Hoffnung auf Erfolg“ (erfolgszuversichtlich, erfolgsmotiviert, erfolgsorientiert) und „Furcht vor Misserfolg“

(misserfolgsängstlich, misserfolgsmotiviert, misserfolgsorientiert).
Unter *Kausalattribuierung* versteht man die Ursachenzuschreibung oder Ursachenerklärung, die jeder Mensch für sich unwillkürlich – z. B. im Zusammenhang mit Erfolg und Misserfolg – vornimmt.
Erfolgszuversichtliche und misserfolgsängstliche Menschen unterscheiden sich in ihrer Kausalattribuierung grundsätzlich voneinander. Im Falle des Erfolgs betonen die Erfolgszuversichtlichen die internalen Faktoren („Ich bin nun mal so tüchtig", „Ich habe mich eben entsprechend angestrengt" ...), die Misserfolgsängstlichen die externalen Aspekte („Die Aufgabe war so leicht", „Glück gehabt!" ...). Tritt Misserfolg ein, sehen die Erfolgsorientierten überwiegend variable Faktoren als Ursache („Pech gehabt", „Das nächste Mal werde ich mich mehr anstrengen" ...), die Misserfolgsorientierten führen demgegenüber eher stabile Faktoren als Begründung an („Ich bin nun mal dumm", „Die Aufgabe war zu schwer" ...). Durch diese unterschiedliche Art der Ursachenzuschreibung wirken auf den Erfolgsorientierten sowohl Erfolg als auch Misserfolg motivierend, während der Misserfolgsängstliche weder aus Erfolg – er betrügt sich ja quasi um sein Erfolgserlebnis – noch aus Misserfolg neue Energien für seine weitere Arbeit freimachen kann.

Wenn Sie überwiegend erfolgsorientiert sind, so freuen Sie sich darüber. Wenn Sie zu den eher Misserfolgsorientierten gehören, sollten Sie versuchen, sich Einsicht in die Zusammenhänge Ihrer Ursachenzuschreibung zu verschaffen, denn: Eine kognitive Korrektur der negativen Ursachenzuschreibungsmechanismen kann langfristig eine Reduktion der Leistungsangst bewirken.

Bemühen Sie sich um die Reduktion von *kognitiven Dissonanzen*. Jeder Mensch ist bestrebt, seine kognitiven Elemente (Meinungen, Überzeugungen, Einstellungen) in Konsonanz, d. h. in logischer Widerspruchsfreiheit, zu halten und Dissonanzen zu vermeiden.
Beispiele:
Für Konsonanz: „Ich habe viel gelernt“ und „Ich habe in der Prüfung gut abgeschnitten.“
Für Dissonanz: „Ich habe viel gelernt“ und „Ich habe in der Prüfung versagt.“

Welche Möglichkeiten zur Dissonanzreduktion kommen in diesem Zusammenhang in Betracht?
Man kann eines der Elemente verändern, indem man zum Beispiel nach gründlicher Analyse zur Erkenntnis kommen könnte: „Ich habe, da ich unkonzentriert gearbeitet habe, wohl doch nicht genug gelernt.“
Man könnte – wiederum nach gewissenhafter Betrachtung der Gesamtsituation – ggf. neue kognitive Elemente hinzufügen, die das Gesamtverhältnis in Richtung Konsonanz verschieben, z. B. „Die Lernunterlagen waren schlecht“, „Die Lerninhalte sind schwer verständlich“, „Der Unterricht war unzureichend organisiert“ ...

- Vermeiden Sie *Motivkonflikte*
  Motivkonflikte haben Sie sicher auch schon im Zusammenhang mit Ihrer geistigen Arbeit erlebt, wenn Sie z. B. lernten, obwohl Sie lieber ins Schwimmbad gegangen wären. In solchen Fällen ist es aus Gründen der Ablenkung insgesamt gesehen meist günstiger, entweder die angenehmere Alternative zeitlich vorzuziehen – d. h. also hier, eine vertretbar lange Zeit ins Schwimmbad zu gehen – oder die für Sie erfreulichere Möglichkeit als Belohnung für das vorherige Erledigen der weniger angenehmen Arbeit auszusetzen (PREMACK-Prinzip).

- Versuchen Sie, Motive miteinander zu verknüpfen.
  Reisen Sie gern? Das Lernen einer Fremdsprache fällt Ihnen leichter, wenn Sie es mit Ihrer Reiselust in Verbindung bringen.
- Denken Sie beim Lernen gelegentlich an eine Aussage von Max Eyth: „Glücklicherweise wird alles interessant, womit man sich ernstlich beschäftigen muss."
- Intuition ist der Hauptmotivator für jede unserer Handlungen. Nach Daniel Kahneman, dem einzigen Wissenschaftler, der je einen Nobelpreis für psychologische Forschung erhielt, wird menschliches Handeln durch eine Kombination aus Intuition und Intelligenz gesteuert – wobei die Rolle der Intuition besonders bedeutend ist: „Ohne dass wir es merken, werden wir von unserer Intuition regiert." Ein spektakuläres Beispiel für die Macht der Intuition ist das Phänomen der Spontanremission, der eigenständigen Rückbildung eines Tumors, der für den Patienten eigentlich den Tod bedeutet hätte. Spontanremission tritt statistisch betrachtet bei einer von 100.000 Krebserkrankungen auf.
- „Willenskraft" ist eine der Schlüsselqualifikationen für ein erfolgreiches Leben. Die gute Nachricht ist: Sie lässt sich trainieren. Roy Baumeister, der an der Florida State University lehrt, vergleicht die Willenskraft mit einem Muskel – bei ausgewogenem Training stellen sich Erfolge ein. Umgekehrt führt eine übermäßige dauernde Beanspruchung zu einem Zustand – Baumeister nennt ihn „Ego-Erschöpfung" –, in dem wir unser Verhalten schlechter kontrollieren können oder Gefahr laufen, unser Ziel aufzugeben.
  Ein englisches Sprichwort besagt, dass der Weg zur Hölle mit guten Vorsätzen gepflastert ist. Nur 13 Prozent der Menschen, die an Silvester gute Vorsätze fassen, schaffen es – so das Ergebnis einer Studie des Instituts für Demoskopie in Allensbach – ihr selbst gestecktes Ziel zu erreichen.

Machen Sie keine Liste mit guten Vorsätzen fürs neue Jahr. Unsere Willenskraft ist nachweislich begrenzt. Nehmen Sie sich lieber nur *eine* Sache vor und halten Sie sich daran. Das reicht vollkommen aus.
Bereits Kinder unterscheiden sich statistisch signifikant darin, inwieweit sie Impulse kontrollieren und Versuchungen z. B. im Zusammenhang mit angebotenen Süßigkeiten widerstehen können. Ende der 60er-Jahre führte Walter Mischel, damals Professor an der Stanford-Universität, ein bahnbrechendes willenspsychologisches Experiment („Marshmallow-Test") zur Impulskontrolle durch (vgl. auch S. 240ff.). Vierjährige wurden vor die Wahl gestellt, eine Süßigkeit sofort zu bekommen oder aber die doppelte Menge, wenn die Kinder 20 Minuten darauf warteten.
Dieselben Kinder wurden Jahre später erneut getestet. Die Probanden, die die Disziplin aufbrachten, auf die größere Belohnung zu warten und der Verlockung zu widerstehen, hatten wesentlich bessere Schulleistungen als ihre ungeduldigen Altersgenossen. Noch deutlicher zeigten sich die Unterschiede zwischen den Versuchsteilnehmern im Erwachsenenalter. Die Selbstbeherrschten hatten mehr Erfolg im Beruf, ein ausgeprägteres Selbstbewusstsein, intaktere soziale Beziehungen und sie waren weniger suchtanfällig.
Offensichtlich verfügen wir über unterschiedliche Selbstregulierungsfähigkeiten. In den 70er und 80er Jahren des letzten Jahrhunderts glaubte die Psychologie, der Lebenserfolg sei sehr stark vom Selbstbewusstsein abhängig. Nach den Erkenntnissen von Roy Baumeister ist das eher eine Wirkung als eine Ursache.
Es gibt keine unterschiedlichen Willenskräfte für verschiedene Bereiche und Tätigkeiten. Selbstkontrolle ist also eine universelle Fähigkeit. Gezieltes Training unserer Selbstkontrollfähigkeiten kann die Willenskraft aufbauen und stärken.

Trainieren kann man zum Beispiel alte Gewohnheiten abzulegen und sie durch neue zu ersetzen, indem man etwa vier Wochen konsequent nicht die dominante Hand einsetzt.
Eine erhebliche Steigerung der Willenskraft lässt sich mit einer Methode erreichen, die auf Peter Gollwitzer („Motiviert mit Methode“) zurückgeht. Gollwitzer arbeitet mit „Wenn-dann-Plänen“. Ein solcher Plan könnte lauten: „Wenn ich morgens aufstehe, dann ziehe ich gleich die Laufkleidung an und gehe joggen.“ Wenn-dann-Pläne sollen dabei helfen, das Verhalten zu automatisieren.

- Auch die Motivationspsychologin Gabriele Oettingen (New York University) hat sich zu der Thematik Gedanken gemacht. Ihre These lautet: Sich die Zukunft rosig auszumalen reicht nicht, man muss die Wirklichkeit gegenüberstellen. Wenn man das gewünschte Ergebnis kennt und die Hürden auf dem Weg dorthin, kann man sein Ziel besser verfolgen – und erreichen. „Mentales Kontrastieren“, MCII (Mental contrasting with Implementation Intensions) nennt sie das.

Mentales Kontrastieren fußt darauf, sich die erwünschte Zukunft in den schönsten Farben gedanklich auszumalen – und dann einem „Hindernis-Check“ zu unterziehen. Wenn ich weiß, was mich wirklich von der Erreichung meiner Ziele abhält, dann komme ich weg von Ausreden. Im Zusammenhang mit dem Wunsch nach mehr Bewegung und einem fitten Körper könnte eine solche Analyse beispielsweise lauten: „Was hält mich davon ab, mehrmals in der Woche zu joggen?“, „Fehlt es an der richtigen Kleidung für schlechtes Wetter?“, „Wäre es mir lieber Sport im Team zu treiben?“

Bewährt hat sich die Formulierung sog. „Durchführungsvorsätze“, verbunden mit der Visualisierung konkreter Bilder. Ein Beispiel: „Mittwoch und Freitag jogge ich. Wenn ich müde bin, ziehe ich trotzdem meine Sportschuhe an und gehe los“.

Andere Beispiele: „Wenn ich Hunger verspüre, dann trinke ich ein Glas Wasser“, „Wenn ich Lust auf Süßes habe, dann esse ich eine Karotte“.

Durch Mentales Kontrastieren wird nach Oettingen die Zielbindung (goal commitment) gestärkt. Durch das Abwägen zwischen Wunsch und Wirklichkeit findet man leichter heraus, welche Ziele Erfolg versprechend sind und welche nicht. An Ziele, die erstrebenswert und erreichbar sind, bindet man sich. Ziele, die unrealistisch erscheinen, werden aufgegeben. Goal Commitment gleicht einer Energiebündelung für Wünsche, die umsetzbar sind – also für „kluge“ Wünsche.

In der Praxis können Sie so vorgehen: Benennen Sie Ihr derzeit wichtigstes Problem (z. B. ein Konflikt mit einem Ihrer Lehrer/Kollegen/Kommilitonen). Denken Sie dann an die von Ihnen gewünschte Zukunft und schreiben Sie vier positive Punkte auf, die mit einer erfolgreichen Problemlösung einhergehen (z. B. bessere Noten, weniger Ärger, gute Laune ...). Kontrastieren Sie nun diese Zukunft mit den realen Widerständen und notieren Sie dementsprechend vier Hürden, die Ihre Wunscherfüllung behindern könnten (z. B. Angst vor einem klärenden Gespräch ...). Formulieren Sie schließlich nach einem Hindernis-Check zwei der positiven Zielaspekte und zwei der Hürden mit mehreren Sätzen aus.

Wie Misserfolge bewältigen?

„Auch aus Steinen, die einem in den Weg gelegt werden, kann man Schönes bauen."

Johann Wolfgang von Goethe

Suchen Sie nach Gründen für Ihr Scheitern. Haben äußere Umstände dazu beigetragen oder müssen Sie sich „an die eigene Nase fassen"?

Erfolgsorientierte Menschen suchen die Ursachen für das Misslingen mit Vorliebe außerhalb des eigenen Verantwortungsbereiches.

„Das Leben ist keine Blumenwiese", lautet ein ziemlich dämlicher Spruch, was nichts anderes bedeutet, als dass Misserfolge auch zum Leben gehören. Die Kunst ist, daraus das Beste zu machen, um wieder zum Erfolg zu kommen.

Es ist im Studium, Beruf und Privatleben wie im Sport: Verlieren tut weh! Zuerst einmal geht es in diesem Zusammenhang darum, den Misserfolg zu verdauen und die damit verbundenen negativen Gefühle adäquat zu verarbeiten. Das ist ganz wichtig, denn negative Erfahrungen werden viel stärker im Gedächtnis verankert als positive. Negatives bleibt kleben, Positives ist flüchtig. Aber auch wenn alles schiefläuft, sollten Sie sich nicht unterkriegen lassen und weiter an sich glauben, denn: Misserfolge können auch stark machen.

Misserfolgsorientierte Personen hingegen suchen die Gründe für ihr Scheitern vor allem bei sich selbst. Nun fragen Sie sich einmal selbst, überwiegt bei Ihnen die Hoffnung auf Erfolg oder die Furcht vor Misserfolg? Sind Sie ein Verfechter der Opferlammtheorie? Vertuschen Sie Niederlagen, um nicht als Loser abgetan zu werden? Machen Sie sich klein und verkriechen Sie sich in ein Schneckenhaus?

Oder gelingt es Ihnen, Ihre Misserfolge im Nachhinein so zu deuten, dass alles nur noch halb so schlimm erscheint? In der Psychologie bezeichnet man dies als „Reframing". Reframing schafft neue Perspektiven. Dabei gibt man einem Gegenstand, einem Bild oder einer Erfahrung einen neuen oder anderen Rahmen (frame) – man betrachtet ein Problem unter einem anderen Blickwinkel, aus einer anderen Perspektive.

Worte erfahren in diesem Zusammenhang einen Bedeutungswechsel bzw. eine Neudefinition. „Ich bin ungeduldig“ klingt zum Beispiel ganz anders als „Ich gebe nicht auf, bevor ich etwas erreicht habe“, „spontan“ hört sich anders an als „unbeständig“ oder gar „verantwortungslos“.

Die Bedeutung, die hinter den Worten steht, hat sich geändert, weil der Rahmen – sprich: die Lebenssituation – ein anderer geworden ist. Analoges Verhalten wurde aus einer neuen Perspektive interpretiert. Sie werden sehen: Niederlagen helfen, andere Blickwinkel zu entdecken, denn: In jeder Krise steckt eine Chance. So manche Niederlage stellt sich später als Wink des Schicksals heraus.

„Ein Mensch bleibt steh'n
und schaut zurück und sieht:
Sein Unglück war sein Glück.“

Eugen Roth

Misserfolge sind Erfahrungen und Erfahrungen machen klug, aber nur, wenn man sich mit dem, was passiert ist, auseinandersetzt und sich in Ruhe überlegt, was hinter den Misserfolgen steckt. Hilfreich ist es dabei zunächst, geistig einen Schritt vom Geschehen zurückzutreten, um Abstand zu gewinnen. Angesagt ist das Erkennen eigener Schwächen, kontraproduktiv wäre es in diesem Zusammenhang zu verdrängen und „weiterzuwursteln“.

„Auch ein Schritt zurück
ist oft ein Schritt zum Ziel.“

Reinhard Kempter

Speziell in Deutschland brauchen wir eine andere Fehlerkultur, d. h. eine andere Art und Weise, wie wir mit Fehlerrisiken und Fehlerfolgen umgehen. Versagen und Niederlagen werden bei uns überwiegend negativ gesehen. Eine unternehmerische Pleite zum Beispiel ist bei uns oft ein ökonomisches und gesellschaftliches Stigma, eine Kreditvergabe wird schwierig. In den USA hingegen werden Fehler meist viel eher verziehen. Menschen bekommen dort oft wieder eine neue Chance. „Aus Fehlern lernen“ hat in Amerika eine viel stärkere positive Bedeutung.

Manchmal wiegt eine gute Idee hundert Irrtümer auf. Und auf dem Weg zum Erfolg sind oft viele Irrtümer notwendige Etappenziele. Nachdem Thomas Alva Edison endlich die Glühlampe erfunden hatte, äußerte er: „Ich bin nicht gescheitert, ich habe nur tausende von Möglichkeiten probiert, die nicht funktioniert haben.“

„Was mich nicht umbringt,
das macht mich stärker.“

Friedrich Nietzsche

Misserfolge kommen fast nie aus heiterem Himmel. Fragen Sie sich daher: Was habe ich dazu beigetragen? Lag es zum Beispiel an zu geringem eigenem Engagement, am übertriebenen Harmoniebedürfnis, an Konfliktscheue, an einer unrealistischen Einschätzung der Wirklichkeit, an zu geringer Flexibilität oder an zu großer Verbissenheit?

Lernen Sie (wieder) an Ihre Stärken zu glauben. Erstellen Sie dazu – als Motivationskick – eine Liste Ihrer Stärken und positionieren Sie sie so, dass sie Ihnen immer wieder vor Augen kommt. Was können Sie besonders gut? Welches waren Ihre größten Erfolge in Ihrem bisherigen Leben? Glauben Sie an sich selbst, orientieren Sie sich am Prinzip: Selbstkritik ja, Selbstzweifel nein. Erkennen und wertschätzen Sie die Ihnen innewohnenden, aber ungenutzten Fähigkeiten, entdecken Sie Ihre verborgenen Kraftquellen.

Kurzum: Nutzen Sie Ihr Potential, denn Sie haben alle Ressourcen, um das zu erreichen, was Sie möchten!

Resilienz – Stoßdämpfer gegen Schicksalsschläge

Resilienz ist die Fähigkeit von Menschen, Krisen im Lebenszyklus unter Rückgriff auf persönliche Ressourcen zu meistern und diese Krisen als Anlass für persönliche Entwicklungen zu nutzen – ein Stoßdämpfer gegen Schicksalsschläge. Resilienz als „seelische Elastizität" lässt Menschen sich – wie ein Stehaufmännchen – immer wieder aufrichten, egal, was ihnen widerfährt.
Wie verschiedene Studien belegen, zeichnen sich resiliente Menschen durch eine effiziente Kombination von bestimmten Eigenschaften aus. Sieben Indizien – quasi Schutzfaktoren – gelten als Säulen der Resilienz:

Gefühlsstabilität: Lernen Sie Emotionen derart zu steuern und Ihre Aufmerksamkeit so zu kanalisieren, dass Sie hohe Belastungen nicht als Stress, sondern als Herausforderung empfinden.

Optimismus: Sagen Sie sich mit Überzeugung, dass sich die Dinge – früher oder später – zum Positiven wenden werden. Sagen Sie sich zum Beispiel: „Diesmal hatte ich keinen Erfolg, nächstes Mal klappt es".

Analysestärke: Versuchen Sie immer, die Ursachen eines negativen Erlebnisses zu identifizieren, zu analysieren und damit zukunftsorientiert umzugehen. Nicht selten ergeben sich daraus alternative, oft bessere Lösungen.

Realismus: Orientieren Sie sich an realistischen Zielen und denken Sie langfristig. Ignorieren Sie gravierende Risiken und Hindernisse nicht, sondern bereiten Sie sich gedanklich bereits auf das „Danach" vor.

Handlungskontrolle: Reagieren Sie auf entsprechende Verhaltensanreize kontrolliert und überlegt. Dazu gehört auch die Bereitschaft, auf sofortige Belohnungen zugunsten eines höheren Ziels in der Zukunft zu verzichten.

Selbstbewusstsein/Selbstwirksamkeit: Glauben Sie an Ihre eigenen Kompetenzen. Ausgeprägtes Selbstvertrauen befähigt Sie, wirksame Problemlösungen zu entwickeln. Seien Sie überzeugt, selbst etwas bewirken zu können, und schlüpfen Sie nicht in die Opferrolle, sondern werden Sie selbst aktiv.

Kontaktfreude: Entscheidend sind ausgeprägte soziale Kompetenzen. Lernen Sie zu kommunizieren und zeigen Sie Bereitschaft, andere in Anspruch zu nehmen, wenn Sie Unterstützung benötigen oder die Sache es erfordert. Helfen Sie anderen mit Selbstverständlichkeit in gleichem Maße. Versuchen Sie zudem, sich gegen unangemessene Forderungen oder überzogene fremde Erwartungen wirkungsvoll abzugrenzen.

Gute Vorsätze möglichst auf Dauer in die Tat umsetzen

Ein Vorsatz ist das, was wir uns als neues wünschenswertes Verhalten vor Augen halten. Viele Menschen beschließen, Dinge zu tun, aber sie tun sie dann doch nicht. Viele gute Vorsätze scheitern,

- weil sie zu hohe Erwartungen beinhalten,
- weil sie leichtfertig, ohne Beachtung der Kosten (im allumfassenden Sinn) für eine Veränderung, gefasst werden,
- weil viele Menschen zu ungeduldig sind und bei Vorsätzen den schnellen Erfolg wollen.

„Ich glaube, dass die Ungeduld, womit man seinem Ziel zueilt, die Klippe ist, woran gerade oft die besten Menschen scheitern."

Friedrich Hölderlin

„Der Ungeduldige fährt sein Heu nass ein."

Wilhelm Busch

„Was langsam wächst, das wird doppelt stark."

Conrad Ferdinand Meyer

Die Gehirnregion, die verrät, wie wir uns in Zukunft bewusst verhalten werden, ist der mittlere präfrontale Cortex. Er ist Teil des Frontallappens der Großhirnrinde, liegt etwa zwischen den Augenbrauen und ist für unsere Selbstreflexion zuständig. Den größten Teil unserer Entscheidungen treffen wir jedoch gar nicht bewusst. Unser Bewusstsein steht in der neuronalen Hierarchie nicht ganz oben, sondern unbewusste Prozesse, die in tiefer liegenden und entwicklungsgeschichtlich älteren Teilen des Gehirns ablaufen, stehen darüber. Wir tun vieles „aus dem Bauch heraus".

Bestimmte Denk- und Verhaltensmuster prägen sich als Gewohnheiten ein. Über Synapsen bilden sich in unserem Gehirn Leitungsbahnen heraus, die mit der Häufigkeit ihrer Erregung gestärkt werden. Man spricht bei diesen „Datenautobahnen" flapsig von „Neuronalen

Trampelpfaden". Genau darin liegt der Grund, warum es uns so schwerfällt, uns zu verändern: Unser Unterbewusstsein vertraut den bewährten neuronalen Autobahnen oft mehr als neuen Trampelpfaden, die erst noch getreten werden müssen. Die Autobahnen sind so breit und so bequem, dass wir sie irgendwann automatisch benutzen. Ehe wir uns versehen, läuft alles ganz fix hierüber ab – und wir haben wieder nach altem Muster reagiert oder gehandelt. Einmal gebahnte Reaktionswege können zudem nicht mehr aufgelöst werden, d. h., geknüpfte synaptische Verbindungen bleiben ein Leben lang bestehen.

Um eine gelernte (gebahnte) Verhaltensweise (zum Beispiel eine Angstreaktion!) aufzugeben, muss man die alte Bahnung hemmen. Will man (gleichzeitig) ein neues Verhalten begründen, muss man eine Neubahnung herstellen, also spezifische Neuronen neu verknüpfen. Damit die neue neuronale Verknüpfung stabil wird, ist die häufige Wiederholung des angestrebten Verhaltens notwendig. Je öfter wir eine entsprechende Reaktion wiederholen, desto mehr entsprechende Neuronen verbinden sich und je selbstständiger läuft die Reaktion schließlich ab. „Seine neuronalen Strukturen zu ändern, ist ganz und gar nicht leicht, denn die meisten davon, und ganz besonders die, die Schwierigkeiten machen, sind sehr gut gebahnt und laufen darüber hinaus ohne Bewusstsein ab." (Klaus Grawe) „Das Gehirn trachtet immer danach, Dinge zu automatisieren, Gewohnheiten auszubilden, und besetzt dies mit deutlichen Lustgefühlen." (Gerhard Roth)

Am Bewährten festzuhalten vermittelt zudem das Gefühl der Sicherheit und Geborgenheit und dämpft die Furcht vor der Zukunft. Jede Verhaltensänderung stellt dagegen ein gewisses Risiko dar. Veränderung bedeutet, die bequeme Komfortzone zu verlassen. Wenn wir uns verändern wollen, müssen wir Neues lernen (bzw. hinzulernen).

Jedes Mal, wenn wir etwas Neues lernen, entstehen neue Verbindungen in unserem Gehirn – Lernvorgänge führen also zu neuen neuronalen Vernetzungen. Verändern heißt, sich aufmachen, um einen neuen

Weg zu gehen. Auf dem Weg der Veränderung sind viele kleine Schritte notwendig.

Wie schwierig und fallenreich eine wirklich radikale Lebenswende ist, hat zum Beispiel der Kirchenlehrer Augustinus in seinen „Confessiones“ eindrucksvoll geschildert. Als er sich zum Christentum bekehrte, entnahm der bis dahin lebenslustige junge Mann den Briefen des Apostels Paulus den Auftrag, künftig in Gottesliebe und Keuschheit zu leben: „Da sprach ich in meines Herzens Grunde zu mir: Bald, bald wird es geschehen! ... Fast tat ich's und tat's doch nicht. ... Zurück hielten mich die Nichtigkeiten und Eitelkeit. Meine alten Freundinnen zerrten mich am Mantel meines Fleisches und flüsterten mir zu: Was, du willst uns verlassen?“

Patentrezepte für das Einhalten guter Vorsätze gibt es schon deshalb nicht, weil die menschlichen Persönlichkeitsstrukturen zu unterschiedlich sind. Einige psychologische Strategien können jedoch dabei helfen, durchzuhalten. Wer eine Angewohnheit aufgeben möchte, sollte zuerst ergründen, warum er diese Angewohnheit hat. Ein Mensch, der zum Beispiel jeden Tag eine Tafel Schokolade isst, weil er frustriert ist, muss – wenn er seinen Verzicht-Vorsatz durchhalten will – die Frustrationsquelle suchen und „trockenlegen“. Zudem sollte er sich überlegen, was er – als für ihn positive Alternative – machen möchte. Statt zur Tafel Schokolade zu greifen, könnte er zum Beispiel für sich Tee kochen, wenn er ein Freund dieses Getränkes ist.

Setzen Sie sich realistische Ziele. Gute Vorsätze scheitern oft daran, dass sie nicht konkret genug sind, man selbst nicht wirklich dahintersteht (es macht nicht unbedingt glücklich, die Ziele anderer zu verwirklichen!) oder man sich zu viel vornimmt (das Einhalten einer ganzen Litanei von Vorsätzen überfordert kräftemäßig!).

Formulieren Sie Vorsätze positiv. Wenn Sie sich verbieten Schokolade zu essen, denken Sie den ganzen Tag an diese Süßigkeit und der Heißhunger wird immer größer. Einen Vorsatz umzusetzen fällt leichter, wenn damit positive Gefühle verbunden werden. Also statt: „Keine Schokolade mehr!", könnten Sie sich vornehmen: „Ich erlaube mir jeden Tag mit Genuss einen Riegel Schokolade!"

Es macht keinen Sinn, das Verhalten ändern zu wollen, wenn man angespannt, gestresst oder krank ist.

Verhaltensänderungen kosten nun einmal viel Kraft. Schon bei Ignatius von Loyola findet sich der Rat, nichts in der Krise zu entscheiden. Vieles gelingt leichter, wenn man sich Verbündete sucht: der Freund, der einen zum Sport abholt, die Selbsthilfegruppe, die sich gegenseitig Tipps gibt ... Wer sich für das, was er geschafft hat, selbst auf die Schulter klopft, motiviert sich zum Durchhalten. Kleine Belohnungen zwischendurch spornen ebenfalls an: „Wenn ..., dann ..."

Eine sehr wirksame Methode, ins Auge gefasste Ziele zu erreichen, ist das „Mentale Kontrastieren", das auf die Motivationspsychologin Gabriele Oettingen zurückgeht (vgl. S. 128f.).

Schlechte Zeugnisse – lange Ferien – faulenzen oder lernen?

Zeugnisse verderben oft die Urlaubsstimmung in den Familien. Was ist zu tun, wenn ein Kind ein schlechtes Zeugnis nach Hause bringt? Die Thematik stellt sich regelmäßig bei der Ausgabe von Halbjahres- und Jahreszeugnissen.

Was nicht tun? Zornesausbrüche, Drohungen, Strafen, in Panik verfallen, als Eltern dem Kind seine „eigene große Enttäuschung" signalisieren, Liebesentzug.

Stattdessen:

Kühlen Kopf bewahren, gelassen reagieren, das Ganze relativieren: Es ist keine Katastrophe, erst recht kein Weltuntergang.

Jedoch:

Dem Kind durchaus klarmachen: „Ich bin mit deiner Leistung nicht einverstanden und ich bin bereit, mich damit auseinanderzusetzen und dir zu helfen."

Summa summarum – Mittel der Wahl:

Auf schlechtes Zeugnis angemessen reagieren. Wichtige Entscheidungen nicht in Stress- oder Ausnahmesituationen treffen, sondern seine Optionen in ruhiger Umgebung nüchtern abwägen.

Was ist überhaupt ein schlechtes Zeugnis?

Was ein schlechtes Zeugnis ist, ist Sache der individuellen Bewertung und hängt von der Differenz zwischen persönlicher Erwartung und eingetretenem „Erfolg" ab. Wobei das Wort „Erfolg" von „erfolgen" kommt, also vor allem Konsequenz eines bestimmten Verhaltens ist. Für den einen sind Vierer im Zeugnis, mit denen das Klassenziel erreicht wurde, ein Anlass zur reinen Freude, für den anderen sind bereits Zweier eine bittere Enttäuschung, weil sie den Zugang zu einem bestimmten Studium verunmöglichen. Wenn der Schulerfolg

(Versetzung) im kommenden Schuljahr in Frage gestellt ist, dann besteht sicherlich Handlungsbedarf.

Was lässt sich aus langjähriger Erfahrung Eltern und Schülern raten?

Gespräch mit Kindern suchen – dazu angenehme Atmosphäre und Vertrauen schaffen, die Situation entspannen. Erst eine Nacht darüber schlafen, inzwischen hat sich der Ärger meist etwas gelegt und man ist in der Lage objektiver zu urteilen.

Ehrliche Ursachenanalyse betreiben – woher kommen die schlechten Noten?

Gemeinsam mit Kindern Gründe für ein schlechtes Zeugnis finden, nach entsprechenden Lösungsvorschlägen suchen und sie umsetzen.

Dabei: Schuld nicht auf andere schieben, sich nicht zum Opfer machen (lassen)!

Gespräch mit dem Kind mit einem Lob beginnen – Ärger zunächst runterschlucken und Kind als Erstes loben. Vielleicht hat es eine gute Note in Sport oder Kunst erhalten oder es hat sich in einem Fach verbessert. Lob stärkt das Selbstbewusstsein und lenkt den Blick auf eigene Talente.

Stärken des eigenen Kindes betonen und deutlich ansprechen. Der Blick auf gute Zeugnisnoten erweitert das Wissen dahingehend, was das Kind tun muss, um gut zu sein.

Dem Kind helfen, den Kreislauf („Teufelskreis"): schlechte Noten → vermindertes Selbstwertgefühl → Versagensangst und mangelnde Lernmotivation („Ich kann's ja eh nicht!") → noch schlechtere Noten zu durchbrechen.

Vielleicht das Wichtigste: Dem Kind Zuneigung zeigen – unabhängig von Noten. Schulleistungen sind nur *eine* Facette der Persönlichkeit.

Differenzieren zwischen Haben und Sein (Erich Fromm): Ich habe gerade schlechte Leistungen erbracht, aber ich bin kein schlechter Mensch.

Ich habe vielleicht versagt, aber ich bin kein Versager.

Dem Kind bedingungslos signalisieren: *„Du bist trotzdem in Ordnung und wir mögen dich!“*

Im Übrigen gilt:

„Umwege erhöhen die Ortskenntnis“ (Kurt Tucholsky). Man kann – trotz „Sitzenbleiben“ – Bundespräsident (Christian Wulff), Ministerpräsident (Stoiber, Kretschmann) oder bedeutender Dichter (Hermann Hesse, Thomas Mann) werden.

Jedoch: Vielleicht wären diese Prominenten alle noch „besser“ geworden, wenn man sie rechtzeitig bei der Hand genommen und ihnen über die damals aktuellen schulischen Hürden geholfen hätte.

Sitzenbleiben kann eine massive negative – vielleicht sogar traumatisierende – Erfahrung sein; im positiven Fall jedoch auch eine Chance, eine Herausforderung, die Kräfte freimacht.

Lernen braucht Motivation. Wie soll das gehen, wenn alle anderen die Ferien genießen? In der Psychologie spricht man hier von Appetenz-Aversions-Konflikt (Annäherungs-Vermeidungs-Konflikt) – ein intrapsychischer Konflikt. Das erwünschte Ereignis (Annäherung) hat nicht nur positive Folgen, sondern es beinhaltet auch Unangenehmes, das man zu vermeiden sucht.

Was also tun?

Sachbezogene Motivation stärken:

- Sich fragen: Warum lerne ich?
- Neugier aktivieren
- Realistische Ziele setzen
- Geistige Arbeit planen

- Querverbindungen zwischen Lerninhalten schaffen
- Lernerfolge antizipieren und visualisieren – Sich weder unter- noch überfordern.
- *Das rechte Maß finden* – „Discretio“ nennt Benedikt das in seiner Regel.

Ein „Zauberwort“ heißt „Belohnungsaufschub“: Zuerst lernen, dann „Früchte“ ernten. Nach den Ergebnissen des berühmten „Marshmallow-Tests“ (vgl. S. 240ff.), ist die Fähigkeit zum Belohnungsaufschub entscheidend wichtig für den emotionalen, sozialen und ökonomischen Erfolg einer Person.

Wenn schon in den Ferien lernen, dann Spaß am Lernen in den Vordergrund stellen.

Beispiele:

- Üben von Fremdsprachen bei Auslandsaufenthalt
- Besuch eines fremdsprachigen Kinofilms
- Besuch Deutsches Museum → Naturwissenschaft und Technik werden spielerisch vermittelt.
- Familienausflug in die Natur → Querverbindungen zur Biologie

Erziehungspersonen sollten eher zurückhaltend bei Verboten sein: z. B. den Zugang zum Computer nur dann reglementieren, wenn ausgiebiges Computerspielen der Grund für miserable Noten war.

Wenn sich Eltern über das gesamte Schuljahr hinweg für die schulischen Leistungen ihres Kindes interessieren, ihm soweit möglich bei den Hausaufgaben helfen und sich Arbeiten und Tests zeigen lassen, ist das Abschlusszeugnis keine böse Überraschung.

Mittel der Wahl: Kontakt mit den Lehrern halten und dem Kind über das gesamte Schuljahr hinweg zeigen, dass es nicht allein ist.

Was ist sinnvoller und zielführender: ein Kind mit (dauernder) Nachhilfe auf einer weiterführenden Schule zu belassen oder es die Schule wechseln zu lassen?

„Dauernde Nachhilfe" ist sicher keine gute Lösung. Im Übrigen: Baden-Württemberg zum Beispiel hat (noch) ein Schulsystem mit fast optimaler horizontaler und nahezu optimaler vertikaler Durchlässigkeit. Im Mittelpunkt der Entscheidung sollte das Wohl des Kindes und nicht die Interessen und der Ehrgeiz der Eltern stehen.

Gute Stimmung ist lernfördernd. Gibt es diesbezüglich einen Geheimtipp?

Es gibt dafür eine Reihe von nützlichen Ratschlägen.

Beispiele:

- Nutzen des Zusammenhangs zwischen Gedanken und Gefühlen (vgl. auch S. 14ff. ; S. 35; S. 188).
  Denken und Fühlen sind eng miteinander verbunden. Schon vor 2000 Jahren wussten die Stoiker (Epiktet): „Es sind nicht die Dinge selbst, die uns beunruhigen, sondern unsere Vorstellungen und Meinungen von den Dingen." Die Art und Weise, wie ich über Dinge denke, bestimmt, wie ich mich fühle und wie ich handle. Unsere Gefühle sind quasi die Auftragsarbeit unserer Gedanken.
- Nutzen der eigenen Körpersprache.
  Man kann seine Gefühle ändern, wenn man seine Körpersprache ändert. Durch Mimik, Gestik und Körperhaltung hat man einen direkten „Draht" zu seinen Gefühlen. Die Verbindungen zwischen unserem Gehirn und unserer Gesichtsmuskulatur zum Beispiel sind zweigleisig angelegt, funktionieren also in beide Richtungen: Wir lächeln, weil wir uns gut fühlen, und wir fühlen uns gut, weil wir lächeln.

- Gute-Laune-Aktivitäten können jemand aus seiner negativen Stimmung herausreißen und positive Gefühle erzeugen. Beispiel: Bewegung in frischer Luft.
- „Dankbarkeit hilft gegen alles" (Jörg Splett) – gegen Neid, Vergleichen mit anderen, Unzufriedenheit, Frustration, Kränkungen, ... Dankbarkeit ist ein echtes Powergefühl.
  Wer sich ins Bewusstsein ruft, wofür er dankbar sein kann – auch bei schlechten Zeugnisnoten gibt es noch genug Gründe dafür! – wird seine Stimmung spontan aufhellen und verbessern.

Entscheidungen treffen

Mal Intuition, mal Strategie – Rational oder intuitiv entscheiden?

Nicht selten steht man vor der Frage: „Wie entscheide ich am besten?“

Als Antwort werden die unterschiedlichsten Ratschläge gegeben: „Lass deinen Verstand walten!“ heißt es traditionell und ebenso häufig: „Höre auf dein Herz!“ – oder platter: „Höre auf deinen Bauch!“

Es gibt Bücher, die simple Entscheidungsweisen – Heuristiken genannt – anpreisen und gleichzeitig bietet zum Beispiel die „Theorie der rationalen Entscheidung“ (rational choice theory) immer kompliziertere Formeln zur Berechnung der besten Entscheidung an.

Wie findet man sich da noch zurecht?

„Mir persönlich gefällt’s ja, aber ich möchte das nicht aus dem Bauch heraus entscheiden!“ Diesen Satz bekommt man von Entscheidern oft zu hören, wenn es etwa um die Beurteilung von betriebswirtschaftlichen Belangen geht. Intuitiv zu entscheiden fällt im internationalen Vergleich besonders uns Deutschen eher schwer. Als rationale Menschen trauen wir lieber einer Zahlenreihe als dem eigenen Gefühl. Mit dem Begriff „German Angst“, der sich als „Germanismus“ in die englische Sprache eingebürgert hat, wird im angelsächsischen Sprachraum die als charakteristisch empfundene kollektive Verhaltensweise der typisch deutschen „Zögerlichkeit“ bezeichnet.

Klar ist: Je komplexer die Sachlage, desto mehr sehnt man sich nach einem Rechtfertigungsgerüst für seine Entscheidungen. Wenn die Zahlen einem den Entschluss abnehmen, ist man am Ende nicht schuld, wenn’s schiefgeht. Selbst Internet-Online-Partnerportale operieren mittlerweile mit pseudowissenschaftlichen „Matching-Tests“.

In unserem Alltag gibt es ganz verschiedene Entscheidungssituationen, die ganz unterschiedliche Arten von Entscheidungsweisen bedingen: „Große Dinge“ (Partner-, Berufs-, Arbeitsplatzwahl, schwerwiegende geschäftliche Entscheidungen ...) und eher alltägliche Dinge (Einkaufen, Speisen- und Getränkeauswahl in einem Restaurant, Verhalten im Straßenverkehr ...).

Der Hirnforscher Gerhard Roth unterscheidet *fünf Haupttypen von Entscheidungen*, die durch spezielle Teile des Gehirns gesteuert werden und ganz unterschiedlich ablaufen. Die einen sind eher bewusst, die anderen eher unbewusst, die einen sind eher rational, die anderen eher emotional.

- *Automatisierte Entscheidungen*
  Dazu gehören die meisten Entscheidungen unseres täglichen Lebens. Wir treffen sie – mehr oder weniger – unbewusst, in jedem Fall aber ohne größeres Nachdenken.
- *Bauchentscheidungen I*
  Das sind spontane, affektive Entscheidungen, die den automatisierten Entscheidungen ähnlich sind und unter Zeitdruck getroffen werden.
- *Bauchentscheidungen II*
  Dabei geht es um emotionale Entscheidungen ohne Zeitdruck. Hierbei gibt man sich ganz dem Gefühl hin und verzichtet bewusst oder notgedrungen darauf, sich über die Konsequenzen des Handelns klar zu werden.
- *Reflektierte (rationale) Entscheidungen*
  Sie sind der krasse Gegensatz zu Bauchentscheidungen. Gefühle gelten hierbei als störendes Beiwerk. Man überlegt intensiv und wägt zwischen Alternativen und ihren Konsequenzen ab. Fakt ist, dass bei diesen Entscheidungen ein Kampf zwischen Verstand und Gefühl, zwischen Motiven und Gegenmotiven stattfindet, dass es also gar keine rein rationalen Entscheidungen geben kann (Gerhard Roth: „Die reine Vernunft

ist wirkungslos."). Die Letztentscheidung wird immer emotional getroffen.
Der Sozialpsychologe Ap Dijksterhuis erforscht die mentalen Prozesse, die sich bei komplexen Entscheidungen im Gehirn des Menschen abspielen. Seine diesbezügliche These: Je schwieriger eine Wahl zu treffen ist, desto mehr sollte man seinem Unbewussten vertrauen.

- *Aufgeschobene intuitive Entscheidungen*
  Intuition ist eine Fähigkeit, die uns auf der Basis gemachter und gelebter Erfahrungen Muster erkennen lässt, die wir rational nicht fassen können, die aber dennoch mehr sind als bloßer Instinkt. Dieser Entscheidungstyp eignet sich für relativ komplexe Situationen. Man beherzigt dabei den Rat: „Vertraue deiner Intuition!"
  Der Ablauf ist folgender: eine Zeit lang über den Sachverhalt, der zur Entscheidung ansteht, nachdenken, dann die Angelegenheit für ein paar Stunden oder Tage ruhen lassen und sich anschließend relativ spontan entscheiden.

Die Informationsverarbeitung in unserem Gehirn erfolgt in drei Ebenen: Bewusstsein, Unbewusstes, Vorbewusstes. Das Bewusstsein ist in der Großhirnrinde lokalisiert, Unbewusstes und Vorbewusstes sind im limbischen System beheimatet. Ins Vorbewusste abgesunken ist alles, was aktuell nicht bewusst ist, aber einmal bewusst war und unter bestimmten Umständen wieder bewusst gemacht werden kann.

Dieses Vorbewusste ist – im Gegensatz zu dem, was wir bewusst verarbeiten können – schier unbegrenzt, weil wir praktisch alles behalten, was wir erlebt haben, ohne uns jedoch an alles erinnern zu können. Dieser Sachverhalt begründet die besondere Problemlösungsfähigkeit des Vorbewussten.

Das Bewusstsein schafft es im Vergleich dazu gerade mal 40 Sinneseindrücke gleichzeitig zu verwalten. Der Rest muss schon aus purem Mangel an Verarbeitungskapazität dem Autopiloten im Kopf überlassen werden. Manchen Laien mag die Verlässlichkeit intuitiver Entscheidungen ein wenig erstaunen. Jeder hat wohl schon mal die Erfahrung gemacht, dass eine plötzliche Eingebung sich allen Abwägungen der Vernunft als überlegen erwies.

Für Hirnforscher indes galt lange uneingeschränkt das Primat der Ratio. Sigmund Freuds Gerede vom „Unterbewussten" war ihnen suspekt. Ein Naturwissenschaftler, der bis in die fünfziger und sechziger Jahre des vorigen Jahrhunderts dieses Wort in den Mund nahm, wurde in seinen Kreisen „schief angeguckt". Hirnforscher können heute recht genau beschreiben, wo und wie Verstand und Gefühl beim Treffen einer komplexen Entscheidung zusammenwirken.

Bei der sogenannten funktionellen Kernspintomographie kann man zum Beispiel sehen, welche Regionen unter der Schädeldecke etwa beim blitzartigen Abwägen von Entscheidungsalternativen eine Rolle spielen. Neben der groben Unterscheidung zwischen der eher analytischen linken und der eher gefühlsbezogenen rechten Gehirnhälfte betrachten Hirnforscher vor allem das Stirnhirn und das limbische System.

Das Stirnhirn – besonders seine linke Seite – gilt als zentrale Schaltstelle des Verstandes. In seinem oberen Bereich sind Fähigkeiten wie planvolles Handeln, das Erfassen von Sachlagen und das Entwickeln von Zielvorstellungen lokalisiert. Der untere, knapp über dem Auge liegende Teil überprüft die längerfristigen Folgen unseres Tuns. Beide Stirnareale sind mit dem limbischen System im Inneren des Gehirns verknüpft, dem Sitz der Emotionen. „Das limbische System hat gegenüber dem rationalen das erste und das letzte Wort." (Gerhard Roth).

„Habt den Mut, eurer Intuition zu folgen. Bleibt hungrig, bleibt verrückt!" Diesen Rat gab Steve Jobs – Mitgründer und langjähriger CEO von Apple Inc. – Hochschulabsolventen.

2001 war der Zeitpunkt für die Markteinführung des iPods denkbar ungünstig: Die New Economy war gerade zusammengebrochen, und das neue Gerät galt Experten als viel zu teuer. Viele Analysten hatten Steve Jobs von dem riskanten Schritt abgeraten, den digitalen Musikplayer auf den Markt zu bringen. Doch Jobs ließ sich nicht beirren, vertraute seinem Bauchgefühl und revolutionierte mit dem „Walkman für das 21. Jahrhundert" die Musikwelt.

Woher wissen wir, ob eine Entscheidung richtig ist, ob wir eine gute, eine kluge Wahl getroffen haben und welches der beste Zeitpunkt ist, um etwas zu verändern?

Die wichtigste Erkenntnis in diesem Zusammenhang ist, dass wir diese Gewissheit nicht „herstellen" können. Ein Immer-Mehr an Informationen, an Kriterien und Pro- und Kontra-Listen führt leider nicht zwangsläufig zu einer richtigen Entscheidung, sondern oft genug zur totalen Verwirrung. Das liegt daran, dass die Dinge meist viel weniger in strategischen Wenn-Dann-Überlegungen oder gut strukturierten und mit Gewichtungsfaktoren versehenen Listen und Tabellen unterzubringen sind, als uns lieb ist.

Kein Mensch entscheidet wie ein anderer, selbst wenn es von außen betrachtet so aussieht. Jeder bringt seine eigene Geschichte, seine Perspektiven mit ins Spiel. Gute Entscheidungen setzen deshalb voraus, dass wir uns selbst gut kennen und wissen, was wir können und wollen, aber auch, was wir nicht können, welche Wahlmöglichkeiten einfach eine Nummer zu groß für uns sind, nicht zu uns passen oder einfach noch nicht an der Zeit sind. Alles im Leben hat bekanntlich seine Zeit – und braucht seine Zeit.

Die Angst davor, sich falsch zu entscheiden

Wie kann man seine Entscheidungskompetenz verbessern?

Etymologisch – also von der Wortherkunft her – hat „Entscheiden" etwas mit „Scheiden", also mit „Loslassen" zu tun und manchmal wird vergessen, dass die Entscheidung *für* etwas immer gleichzeitig die Entscheidung *gegen* etwas anderes ist.

Unser ganzes Denken ist eine permanente Abfolge von Entscheidungen. Amerikanische Psychologen haben herausgefunden: Pro Tag fällen wir bis zu 100.000 Entscheidungen, der allergrößte Teil davon erfolgt automatisch, d. h. unbewusst. Klug entscheiden zu können ist eine Schlüsselqualifikation, die fächerübergreifend viele Türen öffnet.

Kopf oder Bauch – entscheidet die Neurochemie?

Bei dieser Frage geht es um das Zusammenwirken von Großhirn und „Reptilienhirn". In unserem Bauchbereich befindet sich zudem ein neuronales Netzwerk, das eine ähnliche Struktur hat wie unser Gehirn. Bei Entscheidungen ist immer ein ganzer Cocktail von Botenstoffen beteiligt.

Um klug entscheiden zu können, brauchen wir i. d. R. Verstand *und* Gefühl, denn: „Die reine Vernunft ist wirkungslos." (Gerhard Roth). Es gibt zwar reine Bauchentscheidungen (rein emotionale Entscheidungen), aber: Es gibt keine reinen Kopfentscheidungen. Ohne unsere Intuition wären wir jedenfalls im täglichen Leben „aufgeschmissen".

Im Vergleich mit dem Tier – mit seinen in der Evolution geschärften Instinkten – verfügt der Mensch lediglich über Instinktresiduen. „Im Gegensatz zum Tier sagen dem Menschen keine Instinkte, was er muss; und dem Menschen von heute sagen keine Traditionen mehr, was er soll, und oft scheint er nicht mehr zu wissen, was er eigentlich will." (Viktor E. Frankl)

Der portugiesische Neurowissenschaftler Antonio Damasio postulierte, dass alle Erfahrungen eines Menschen (im Laufe seines Lebens) in einem emotionalen Erfahrungsgedächtnis gespeichert werden. Nach dieser Theorie werden sämtliche Erfahrungen emotional bewertet und nach einem einfachen Prinzip im Gehirn abgelegt: Positive Erfahrungen werden mit einem guten Gefühl markiert, negative mit einem schlechten.

Nach Damasio teilt sich dieses Erfahrungsgedächtnis über ein körperliches Signalsystem (sog. „Somatische Marker“) mit, das dem Menschen bei der Entscheidungsfindung hilft („Schmetterlinge im Bauch“, „Bauchweh“, „Kalte Füße“...). Man bekommt auf diese Weise zwar einen Hinweis darauf, WIE man sich entscheiden soll, aber man weiß nicht WARUM. Solche Entscheidungen sind anderen Menschen argumentativ nicht vermittelbar und wenn es „schief geht“, tut man sich schwer, daraus zu lernen. Jedoch: Gefühle können auch in die Irre leiten, der „Bauch“ sendet manchmal falsche Signale. Ein ungutes Bauchgefühl zum Beispiel kann total berechtigt oder aber völlig irrational (z. B. bei Umstellung auf Linksverkehr im Ausland) sein.

Der Verstand sollte jedenfalls spätestens dann zugeschaltet werden, wenn es darum geht, längerfristige Konsequenzen des Handelns abzuschätzen. Allerdings: „Das lange Nachdenken und Abwägen von Handlungsalternativen ergibt nicht automatisch eine gute Entscheidung.“ (Gerhard Roth)

Mittel der Wahl ist in vielen Fällen die sog. „Aufgeschobene intuitive Entscheidung“ (nach rationaler Abwägung mindestens eine Nacht darüber schlafen). Dadurch bringt man rationales Vorgehen und emotionales Erfahrungswissen in Einklang (vgl. auch S. 147).

Ab und an beeinträchtigen *„Blinde Flecken“* (Systemfehler) in unserem Denken unser Entscheidungsvermögen.

Beispiele:

Beim *„Hindsight Bias“* (Rückschaufehler) verändern spätere Informationen unser Bild von der Vergangenheit. Wir reden uns eine getroffene Entscheidung im Nachhinein schön.

Unter *„Frequency-Validity-Effekt“* ist die Wirkung zu verstehen, dass uns eine Aussage umso glaubwürdiger (gültiger) erscheint, je häufiger (frequenter) wir sie zur Kenntnis nehmen.

„Thorndikes Effektgesetz“ entspricht der simplen Regel: Folgt auf eine Handlung ein angenehmer Zustand und sind wir damit erfolgreich, so wollen wir diese Handlung wiederholen. Wer etwa das Flimmern des Fernsehbildes mit einem Faustschlag auf das Gehäuse des Gerätes beseitigen kann, wird diese Praktik wohl auch in der Zukunft bevorzugt anwenden.

Beim Blinden Fleck, *„Fässer ohne Boden“* („sunk costs“), geht es um vergebliche Investitionen, die sich nicht mehr zurückholen lassen; sie sind ein für alle Mal verloren, sozusagen „versunken“. Wo liegt in diesem Zusammenhang das Problem? Wenn man aus einem verlustreichen Geschäft aussteigt, muss man zugeben, dass die vorhergehende Entscheidung falsch war. Wenn ich zum Beispiel schon eine halbe Stunde in klirrender Kälte auf einen Autobus gewartet habe, fällt es mir schwerer zum Taxistand zu gehen, als wenn ich gleich ein Taxi genommen hätte.

Im Zusammenhang mit getroffenen Entscheidungen und ihren Konsequenzen spielt nicht selten das Konzept der „Kognitiven Dissonanz“ (Leon Festinger) eine Rolle.

Kognitive Dissonanz (KD) ist ein unangenehm (negativ) empfundener Gefühlszustand, der dadurch entsteht, dass wir gleichzeitig mehrere Kognitionen (Gedanken, Wahrnehmungen, Meinungen, Einstellungen, Wünsche, Absichten) in uns wahrnehmen, die nicht miteinander vereinbar sind. Der Mensch strebt grundsätzlich nach Harmonie und versucht Dissonanzen zu vermeiden.

KD tritt zum Beispiel auf, wenn man eine bestimmte Entscheidung getroffen hat, obwohl die Alternativen ebenfalls attraktiv waren, oder, wenn man eine Entscheidung getroffen hat, die sich anschließend als Fehler erweist.

Ein Beispiel:

Wir haben uns nach intensiven Recherchen und gründlichen Überlegungen für den Kauf eines bestimmten Produktes entschieden und erhalten nach dem Kauf Informationen, die die Richtigkeit unserer Kaufentscheidung in Frage stellen („Kaufreue"). Da KD als unangenehm empfunden wird, versucht man die Kognitionen in Einklang (in eine konsonante Beziehung) zu bringen, um den negativen Gefühlszustand zu beenden. Beispiel: Alle neuen Informationen, die zu einer getroffenen Entscheidung im Widerspruch stehen, werden einer Tendenz entsprechend abgewertet, während alle konsonanten Informationen tendenziell aufgewertet werden.

Die Qual der Wahl – Maximizer versus Satisficer

Beispiel Supermarkt: Maximizer wollen herausfinden, welches Produkt (Zahnpasta, Seife ...) das absolut beste für sie ist. Dazu müssen sie theoretisch alle Möglichkeiten durchspielen, bevor sie sich für eine Alternative entscheiden. Selbst wenn sie am Ende eine gute Wahl getroffen haben, schmälert der Zweifel, dass es noch eine bessere hätte geben können, ihre Befriedigung.

Dem Satisficer-Typ genügen im Gegensatz dazu die Informationen, die ihm zur Verfügung stehen, um zu entscheiden, was er will, auch wenn sein Wissensstand alles andere als optimal ist. Er wählt das Erstbeste, was seinen Kriterien genügt – und ist zufrieden damit.

Das heutige Überangebot an Waren in Industrieländern macht insbesondere dem Typus Maximizer das Entscheiden schwer.

Besonders problematisch sind Entscheidungen unter Zeitdruck. Wenn man klug handeln möchte, sollte man keine übereilten Entscheidungen treffen. Über wichtige Entscheidungen sollte man mindestens eine Nacht – besser zwei! – schlafen. Fast nichts ist so wichtig, dass es nicht eine Nacht warten könnte.

Es gibt allerdings auch Adrenalin-Junkies, die erst unter Zeitdruck zu großer Form auflaufen und die einen solchen Zeitdruck-Kick direkt suchen. Manche tun es schlicht deshalb, weil sie dann – bei einer eventuellen Fehlentscheidung – im Nachhinein sagen können, sie hätten ja (leider) nicht genügend Zeit zum Überlegen gehabt.

Wer Zeitdruck vermeiden will, tut gut daran, Entscheidungen nach A-, B- und C-Kriterien – nach Wichtigkeit und Dringlichkeit („Eisenhower-Prinzip") – zu priorisieren (vgl. auch S. 45f.).

Als Hilfen zur Fällung von Ratio-gestützten Entscheidungen gibt es eine Reihe von bewährten Techniken:

- Pro- und Kontra-Listen,
- Plus-Minus-Bewertungen,
- gewichtete Kriterienlisten,
- Rangreihenbildungen.

Zwei sehr hilfreiche Entscheidungstechniken, die – nachvollziehbar und transparent – Auswahlentscheidungen mit belastbaren Zahlenergebnissen liefern, sind die „Nutzwertanalyse" NWA und der „Analytische Hierarchieprozess" AHP.

NWA (Scoring-Modell, Punktebewertungsverfahren)

Die Technik eignet sich für quantitative und qualitative Problemstellungen. Man sucht die Alternative mit dem größten Nutzwert (Gewichtungsfaktor x Erfüllungsgrad).

AHP

Das Vorgehen ist ähnlich wie bei der NWA. Die Gewichtung der Kriterien erfolgt jedoch nicht direkt, sondern durch „Vollständigen Paarvergleich" (jedes Kriterium wird systematisch mit jedem anderen unter dem Aspekt Wichtigkeit verglichen) und es wird eine mathematisch-logische, statistische Prüfung auf Widerspruchsfreiheit der Aussagen durchgeführt.

Ewiges Grübeln

Grübeln ist eine Form des Nachdenkens, bei der die Gedanken um Themen oder ein spezielles Problem kreisen, ohne dabei zu einer Lösung zu gelangen. Grübeln ist ein Denkprozess mit Wiederholungsschleife, ein Gedankenkarussell. Grübeln ist stark selbstbezogenes Wälzen von Problemen und passiert im Zustand exzessiver Selbstaufmerksamkeit. Das zwanghafte Gedankenkarussell, das einen nicht weiterbringt, erzeugt und nährt negative Gefühle und entsprechende körperliche Reaktionen und behindert – anders als erhofft – die Fähigkeit, Probleme zu lösen. Gedanken, die sich ständig im Kreis drehen, versperren den Blick auf die Lösung.

Der Fachbegriff für „Grübeln“ im englischsprachigen Raum ist „Rumination“. Wie beim Wiederkäuen der Rinder kommen negative Gedanken immer wieder hoch, werden durchgekaut und wieder hinuntergeschluckt. Während Kühe jedoch im Verdauungsprozess dadurch Energie gewinnen, wird man durch permanentes Grübeln immer tiefer in die Störung hineingezogen.

Grundsätzlich gilt: Unser Verstand versucht, aus der Vergangenheit zu lernen, um bedrohliche Situationen in Gegenwart und Zukunft zu vermeiden. Allerdings bauscht er dabei manchmal unbedeutende Situationen auf und übertreibt maßlos.

Durch häufiges Grübeln können sich Depressions-, Angst- und Zwangssymptome verstärken, weil bestimmte Hirnregionen durch immer wiederkehrende Gedanken überaktiviert werden.

Wenn systematisches Grübeln länger als 6 Monate anhält, könnte eine generalisierte Angststörung vorliegen.

Forscher der Abteilung Klinische Psychologie und Psychotherapie der Ruhr-Universität Bochum haben sich gründlich mit dem Grübel-Thema auseinandergesetzt. Wenn man nicht weiß, ob man noch problemlösend denkt oder schon grübelt, sollte man zwei Minuten lang seine Gedanken weiterverfolgen, so der Tipp der Psychologen der Ruhr-Universität. Anschließend sollte man sich folgende Fragen stellen:

Bin ich einer Lösung näher gekommen?
Habe ich etwas verstanden, was mir vorher nicht klar war?
Fühle ich mich in irgendeiner Weise weniger depressiv?

Wer keine der Fragen mit JA beantworten kann, grübelt sehr wahrscheinlich – meinen die Bochumer.

Was nun tun gegen Grübeln? Um die Kontrolle über die Gedanken wiederzuerlangen und die Aufmerksamkeit selbst lenken zu können, wurde für Betroffene eine Art „Werkzeugkasten" mit verschiedenen Interventionsmaßnahmen entwickelt.

Aufmerksamkeitsübung

Konzentrieren Sie sich nacheinander auf verschiedene Geräusche oder Gerüche in Ihrer Umgebung. Machen Sie einen Spaziergang, bei dem Sie nicht wertend auf Details achten. Richten Sie Ihre Aufmerksamkeit – statt auf negative Gedanken – auf Sinneseindrücke.

Grübeln ist ein Zustand exzessiver Selbstaufmerksamkeit. Durch diese Übung nimmt die intensive Beschäftigung mit sich selbst ab. Der „Aufmerksamkeitsscheinwerfer" richtet sich – statt auf die eigene Person – auf etwas anderes.

Suchen Sie Ablenkung: Irgendetwas, bei dem Sie sich wohlfühlen und das Ihnen Ihre volle Aufmerksamkeit abverlangt.

Achtsames Distanzieren

Lassen Sie sich nicht von Ihren negativen Gedanken provozieren. Schenken Sie ihnen nicht zu viel Aufmerksamkeit. Lassen Sie die Gedanken einfach treiben. Sie sollten sie aber auch nicht komplett ignorieren, sondern Mittel der Wahl wäre allenfalls das Umdeuten

(Reframing). Nehmen Sie Ihre Gedanken wahr wie eine Welle, die kommt und wieder geht.

Gedanken nur als Gedanken benennen, nicht als Realität

Sehen Sie Gedanken als solche und nicht als Tatsachen und sagen Sie sich: „Ich habe gerade den Gedanken, dass ..."
Gedanken sind einfach nur Gedanken. Sie müssen nicht wahr sein.

„Blätter im Fluss"

Stellen Sie sich vor, wie Sie belastende Gedanken auf schwimmende Blätter setzen und auf dem Wasser davonziehen lassen. Das Wasser trägt sie davon.

Expressives Schreiben

Grübeln Sie nicht über ein Thema, sondern schreiben Sie darüber – nur für sich selber, ohne Zensur, mindestens 20 Minuten lang.
Bringen Sie Ihre Gedanken zu Papier und schaffen Sie durch die „Verschriftlichung" Ordnung in Ihrem Kopf.

Weitere Experten-Tipps zum Stoppen des lästigen Grübelns:

Rufen Sie, sobald Sie zu grübeln beginnen, in Gedanken – oder wenn Sie allein sind laut – „STOPP" und klatschen Sie dabei in die Hände.

Planen Sie täglich eine halbe Stunde Zeit zum Grübeln ein und vertrösten Sie Ihre negativen Gedanken auf diese Minuten. Wenn diese Zeit gekommen ist, werden Sie nicht selten feststellen, dass das Problem nicht mehr so wichtig ist. Am Abend werden grundsätzlich keine Probleme gewälzt!

Vermeiden Sie für Sie typische „Grübelfallen" – das können Orte, Zeiten, Situationen oder Personen sein.

Verlangsamen Sie Ihre Atmung und nehmen Sie eine selbstbewusste Körperhaltung ein. Eine verlangsamte Atmung beruhigt und immer weniger besorgniserregende Gedanken steigen auf.

Nutzen Sie die Wechselwirkung zwischen Körperhaltung und Gefühlen. Orientieren Sie sich am „So tun als ob – Prinzip“: Wenn Sie eine bestimmte Eigenschaft erreichen wollen, dann tun Sie doch einfach bereits so, als ob Sie diese Eigenschaft schon hätten.

Stellen Sie sich relativierende Fragen, um den Fokus auf das große Ganze zu lenken.

Beispiele:

„Spielt das in einem Jahr noch eine Rolle?“

„Welche Bedeutung hat das, wenn ich auf dem Sterbebett liege?“

Nehmen Sie sich selbst so an, wie Sie sind, statt sich permanent mit anderen zu vergleichen.
Es wird immer jemanden geben, der reicher, größer, stärker, schöner, intelligenter ... ist. Alle diese Eigenschaften sind nur Facetten einer Person, die nichts über ihren „Gesamtwert“ aussagen. Also: Selbstakzeptanz mit Stärken und Schwächen statt sozialer Vergleiche.

Probieren Sie die beschriebenen Methoden aus und suchen Sie sich die für Sie effektivste aus oder kombinieren Sie mehrere.

„Halte dir jeden Tag dreißig Minuten für deine Sorgen frei, und in dieser Zeit mache ein Nickerchen.“

Abraham Lincoln

Selbstzweifel

Alle Menschen – besonders solche mit einem defizitären Selbstwertgefühl (SWG) – haben einen „inneren Kritiker“, eine innere Stimme, die ständig an ihnen herummäkelt und sie schlecht macht. In der Regel ist es die Stimme der Eltern oder anderer Erziehungspersonen. Es sind ihre Zurechtweisungen und ihre Kritik, die man verinnerlicht (internalisiert) hat.

Oft handelt es sich um einschränkende Gedankenmuster, die nichts mehr mit der aktuellen Wirklichkeit zu tun haben. Eltern versuchen meist grundsätzlich einen „besseren“ Menschen aus ihrem Kind zu machen und genau das ist auch die Funktion des inneren Kritikers. Er kommentiert und bewertet, kritisiert und beschimpft und er erzählt uns, was wir zu tun sowie zu lassen haben.

„Geht nicht!“, „Klappt sowieso nicht!“ – der innere Kritiker hält uns von Veränderungen ab und scheut das Risiko. Im Grunde genommen will er nur ungestörte Geborgenheit ohne jede Veränderung.

Wenn Sie sich überlegen, was grundsätzlich dran ist an der Kritik und den Bedenken, kann der Kritiker sogar als hilfreiches Korrektiv wirken. Akzeptieren Sie Ihre innere Stimme als Teil von Ihnen selbst. Ihr bester Freund wird sie deshalb mit Sicherheit noch lange nicht. Wenn Sie an Ihren Fähigkeiten, etwas zu sein, zu haben oder erreichen zu können, zweifeln, werden Sie es vermutlich auch nicht erreichen. Sie werden ständig andere beneiden, die den Mut haben, den Sie sich durchgängig versagen, indem Sie an Ihren Fähigkeiten zweifeln und sich einreden, nicht genügend begabt oder nicht gut genug zu sein.

Sie können Selbstzweifel nur überwinden, wenn Sie das tun, woran Sie zweifeln, und wenn Sie dabei erleben, dass Ihre Zweifel unbegründet waren. Wenn Sie das üben, worin Sie unsicher sind, haben Sie die Chance, Ihr Selbstvertrauen zu steigern, und je öfter Sie erleben,

dass Ihnen etwas immer besser gelingt, umso mehr schwinden Ihre Selbstzweifel und Ihr Selbstvertrauen wächst.
Sie können Ihr Selbstwertgefühl verbessern, wenn Sie sich auf Ihre Stärken, Erfolge, liebens- und bewundernswerten Seiten besinnen.
Allerdings:
Unspezifische Selbstbestätigungen, Selbstbejahungen (Selbstaffirmationen) wie: „Ich bin stark!“, „Ich bin toll!“, „Ich bin etwas Besonderes!“ bringen – bedingt durch die große Differenz zwischen subjektiver Befindlichkeit und Wirklichkeit – nicht viel. Der Wert von Selbstbekräftigungen und positiven Selbstgesprächen muss durchaus differenziert gesehen werden: Menschen mit einem gut entwickelten, stabilen SWG fühlen sich nach positiven Selbstgesprächen noch besser, während Menschen, die unter ihrem geringen Selbstwertgefühl leiden, sich danach oft noch als schlechter wahrnehmen. Eine mögliche Begründung dafür könnte sein: Weil die Selbstaffirmationen so extrem vom eigenen negativen Selbstbild abweichen, wird der große Abstand zwischen dem, wie sich eine Person fühlt und wie sie gerne wäre, besonders intensiv wahrgenommen.
Das heißt: Wer unter einem geringen SWG leidet, kommt sich nach solchen Übungen nicht selten erst recht als Versager vor. Selbstaffirmationen sind nur hilfreich, wenn sie auf tatsächlich vorhandenen Fähigkeiten und Eigenschaften aufbauen, handlungsorientiert sind und sich auf konkrete Wenn-dann-Situationen beziehen.

Ein Beispiel:
„Wenn mich jemand kränkt, darf und werde ich ihm sagen, was mich ärgert.“

Inwiefern erhöhen Anerkennung, Lob, Komplimente, Erfolge das SWG?

Ein Selbstwertgefühl, das auf Leistungen und Erfolgen basiert, bezeichnet man als „kontingent“ (Griech.: „etwas, was möglich ist“). Das kontingente SWG hängt von der Bestätigung und Bekräftigung ab, die ein Mensch von anderen erhält, und zwar in den Bereichen, die für sein Selbstbewusstsein von Bedeutung sind.

Einschlägige Untersuchungen (Jennifer Crocker, University of Michigan) haben gezeigt, dass Erfolge das SWG zwar kurzfristig erhöhen, die Wirkung ist jedoch nicht von Dauer.
Je „kontingenter" das Selbstwertgefühl eines Menschen ist, das heißt, je stärker es von seinen Leistungen und Erfolgen abhängt, desto größer ist auch der Rückschlag, wenn solche Leistungen nicht mehr gelingen. Crockers Untersuchungen haben weiterhin ergeben, dass Menschen mit einem „kontingenten Selbstwert" mit Akribie Situationen vermeiden, in denen sie auch nur einen kleinen Einbruch ihrer Selbsteinschätzung befürchten müssten.

Zusammenfassend lässt sich – wissenschaftlich belegt! – feststellen, dass weder Selbstbekräftigung, noch das Streben nach Erfolg und Anerkennung nachhaltig wirksam gegen SWG-Defizite helfen. Faktum ist, dass ein geringes Selbstwertgefühl Menschen dazu bringt, nach immer weiteren Beweisen für ihren (empfundenen) geringen Selbstwert zu suchen.
Mittel der Wahl für Veränderungen der inneren Muster des Selbstzweifels sind Techniken der Kognitiven Verhaltenstherapie, zum Beispiel: Gedankenstopp, gezielte Visualisierungen, Reframings (= ein Problem aus einem ganz anderen Blickwinkel betrachten).

Im Grunde gibt es nur einen verlässlichen Weg zu innerer Stärke: *Selbstakzeptanz*

„So bin ich – und das ist gut so!"
Ursula Nuber

Selbstsicherheit, Selbstbehauptung, Selbstwertgefühl stärken

Verwechseln Sie Selbstbehauptung nicht mit Aggressivität[22]

Zwischenmenschliches Verhalten lässt sich im Allgemeinen – wenigstens dem Trend nach – mit einem der folgenden Adjektive charakterisieren: selbstsicher, passiv, aktiv.

Selbstsicherheit ist weit mehr als eine Strategie der Selbstverteidigung. Wer selbstsicher ist, kann sich offen und aufgeschlossen geben, seine Gefühle angstfrei äußern und seine Rechte wahrnehmen und Interessen durchsetzen, ohne die Rechte anderer zu verletzen. Wer für sich selbst eintritt und so agiert, dass er vor seinem Handeln selbst Achtung haben kann, fördert sein Selbstwertgefühl. Man kann davon ausgehen, dass Sie, solange Sie selbstbewusst handeln, Ihr Selbstwertgefühl bewahren.

Wenn Sie Zweifel haben, ob eine bestimmte Handlung selbstbewusst war, fragen Sie sich, ob sich Ihr Selbstwertgefühl auch nur ein bisschen gesteigert hat. Beantworten Sie diese Frage mit Ja, so war sie selbstbewusst. Ist Ihre Antwort Nein, war sie es nicht.

Selbstunsichere Menschen sind oft passiv. Sie richten ihr besonderes Augenmerk darauf, Konflikten aus dem Weg zu gehen, versuchen häufig andere zu manipulieren und drücken sich oft um die Verantwortung für ihr Tun. Der „aggressive Mitmensch" hingegen zeigt meist Aktivität und Handlungsbereitschaft bei der Erreichung seiner Ziele und bei der Lösung von Konflikten – allerdings verletzt er dabei nicht selten die Rechte anderer. Selbstbehauptung ist angemessenes Eintreten für sich selbst; Aggressivität richtet sich gegen andere.

---

[22]Ceh, J.: Ihr Weg zu mehr Selbstbewusstsein. So bringen Sie sich wirksam auf Erfolgskurs, München/Landsberg am Lech 1989 (3. Auflage 1996), S. 11

Wer sich aggressiv verhält, will andere „klein machen“ und sich auf Kosten anderer Vorteile verschaffen. Es wird versucht, eigene Rechte durchzusetzen, ohne dabei die Rechte anderer Menschen und deren Gefühle zu respektieren. Häufig versucht der Aggressive ans Ziel zu kommen, indem er anderen bewusst schadet.

Körpersprachliche Möglichkeiten

„Der Körper ist der Übersetzer der Seele ins Sichtbare."
Christian Morgenstern

Wenn man die Wechselwirkung zwischen Körper und Psyche versteht, kann man sie für selbstsicheres Auftreten nutzen. Körpersprache (Kinesik) ist die erste Sprache, die wir gelernt haben.

Es ist nicht nur so, dass sich psychische Zustände im Körper ausdrücken (nonverbal als Körperhaltung, Gestik, Mimik), sondern Körperzustände beeinflussen auch psychische Dispositionen. Zum Beispiel haben Körperhaltungen, die aus irgendeinem Grund eingenommen werden, Auswirkungen auf Emotionalität und Kognitionen (Denken, Bewertungen, Einstellungen).

Die unmittelbare Verknüpfung zwischen körperlichen und mentalen Vorgängen – im alltäglichen Sprachgebrauch schon lange als „Körper-Geist-Seele-Einheit" bekannt – bezeichnet man in der Wissenschaftssprache als „Embodiment" (Deutsch: Verkörperung, Inkarnation, Verleiblichung).

Wie heißt es so schön: „You never get a second chance for a first impression!" Der viel zitierte erste Eindruck entsteht zwischen 150 Millisekunden und 90 Sekunden. Sie tun deshalb gut daran, sich von Anfang an selbstsicher und würdevoll zu zeigen. Wenn Ihnen das gelingt, werden Sie von Ihren Gesprächspartnern ernstgenommen und mit Respekt behandelt. Wer als sympathisch eingestuft wird, dem wird gleichzeitig Kompetenz zugeschrieben.
Körpersprache macht bis zu 80 Prozent der Gesamtwirkung eines Menschen aus. An der eigenen Körpersprache kann man „Punkt für Punkt" arbeiten.

Andererseits beweisen die Beobachtungen von Paul Ekman, dass die Verbindung bestimmter Gefühle mit einem bestimmten Gesichtsausdruck angeboren sein muss – sonst wäre der betreffende Ausdruck nicht bei allen Menschen auf unserer Erde gleich.

Wer selbstsicher wirkt, bekommt von seinem Umfeld etwas Anderes gespiegelt, als der, der unsicher auftritt. Das wiederum bestärkt die Selbstsicherheit.

So zeigen Sie sich selbstsicher:

Sie wissen: „Ein König muss aussehen wie ein König." Umgekehrt: Ein Bettler, der aussieht wie ein König, wird wohl kaum etwas geschenkt bekommen.
Eine gute diesbezügliche Orientierungshilfe ist die sog. „Königliche Muthaltung" (Barbara Berckhan): Stellen Sie sich vor, Sie wären eine Königin oder ein König und Sie stünden, gingen, säßen entsprechend majestätisch (thronen, schreiten). Halten Sie sich aufrecht! („Kopf hoch Prinzessin/Prinz, sonst rutscht die Krone!").
Was die königliche Muthaltung visuell vermittelt, bringt eine feste und deutliche Stimme akustisch rüber. Senden Sie optische und akustische Selbstsicherheitssignale aus.

- Zeigen Sie „Präsenz" (körperliches Äquivalent zur Geistesgegenwart). Sagen Sie zu sich: „Ich halte mich aufrecht, nur so bin ich groß!" (keine gebeugte Haltung).
  „Schultern tief und breit!" (Schultern in „hintere Hosentasche denken", keine nach vorn fallenden Schultern).
- Sich mit breiter Brust (d. h. angstfrei) präsentieren, Brustbein anheben. „Kopf hoch und locker!" (Hals frei: Bei Angst zieht man den Kopf zwischen die Schultern, um den Nacken zu schützen).
- Bewegungen „fließend" (nicht eckig).
- Hände ruhig halten (nicht an Kleidung herumzupfen, nicht mit Haaren oder mit dem Schmuck spielen). Vermeiden Sie „Übersprunghandlungen".

- Mit festen, raumgreifenden, zielorientierten Schritten gehen (nicht „schleichen“).
- „Meine Stimme ist mein Erfolgsfaktor Nr. 1!“ (feste, tiefe Stimme, klare ruhige Aussagen)
- Händedruck entschlossen und angemessen fest (weder schlaff noch „schraubstockhaft“).
- Ruhigen Blickkontakt halten (nicht „starren“). Ein Blick nicht länger als ein Gedanke lang.
- Wer überzeugen will, muss ein gewisses Maß an Körperspannung aufweisen. „Krone-Erbse-Trick“: Füße hüftbreit auseinander, Brustbein anheben. Vorstellung: Krone auf Kopf, Erbse zwischen Pobacken festhalten.
- Zeigen Sie „Revierverhalten“: Den Raum einnehmen, der einem zusteht (beim Sitzen die gesamte Sitzfläche – nicht nur die Sitzflächenkante – nutzen, sich nicht freiwillig in hintere Reihen setzen).
- So standfest wie möglich stehen. Gewicht gleichmäßig auf beide Beine verteilen. Füße schulterbreit auseinander. Fersen gedanklich in den Boden „wachsen“ lassen (Fersenbewusstsein beruhigt!).
- Atmung tief und regelmäßig. Ausatmung betonen. Die Konzentration auf die Atempause ist ein außerordentlich intensives und wirksames Entspannungssignal.
- So-tun-als-ob-Verhalten einüben („Fake it till you make it“). Sich körpersprachlich so verhalten, als ob man schon so wäre, wie man sein will. Das Gehirn weiß nicht, ob ich etwas real erlebe, oder ich es mir nur vorstelle.

Üben, üben, üben .... Auch in ganz normalen Alltagssituationen auf Schwachpunkte achten. Selbstsichere Körpersprache genießen, ohne sich dabei unter Druck zu setzen.

Ab und an werden Sie Menschen begegnen, die sich am SABTA-Prinzip orientieren: Selbstbewusstes Auftreten bei totaler Ahnungslosigkeit.

Denken Sie daran:

„Das Lächeln, das du aussendest, kehrt zu dir zurück."

(Indische Weisheit)

„Lächeln ist die kürzeste Entfernung zwischen zwei Menschen."

„Lächeln ist die angenehmste Art, jemand die Zähne zu zeigen."

Situationen persönlicher Unsicherheit – eigene Ressourcen aktivieren, um solche Situationen erfolgreich zu meistern

Eine sehr wirkungsvolle, weltweit langjährig erprobte Möglichkeit, sich gezielt eigene Ressourcen via „Moments of Excellence" zu erschließen, ist das *„Ankern"* (Anchoring) – eine Methode aus dem Bereich des Neuro-Linguistischen Programmierens (NLP).

Wenn Sie – *unmittelbar bevor* Sie in eine für Sie kritische Situation geraten – Ihren dafür passenden Anker auslösen, können Sie sich damit in einen besonders wirkungs- und energievollen Zustand versetzen.

Ankern basiert auf den Arbeiten des russischen Forschers Iwan Pawlow, der für die Entdeckung des sogenannten „bedingten (gelernten) Reflexes" 1904 den Nobelpreis erhielt. Das diesbezügliche, aussagekräftige Experiment mit Hunden lief folgendermaßen ab: Auf die Darbietung von Futter, einem unbedingten („nicht gelernten") Reiz, folgt Speichelfluss der Hunde (unbedingte, „ungelernte" Reaktion), auf das Ertönen eines Glockenschlags (neutraler Reiz) passiert nichts. Wenn jedoch der Glockenton wiederholt in engem zeitlichen Zusammenhang mit dem Anbieten des Futters erklingt, reagieren die Hunde schließlich auf den Ton allein mit Speichelfluss. Dieses Phänomen nennt man in der Psychologie „Klassische Konditionierung".

Die Begründer des NLP (Richard Bandler und John Grinder) haben sich der Methode des Klassischen Konditionierens bedient und sie haben hieraus das Verfahren des Ankerns abgeleitet. Dabei trugen sie der Tatsache Rechnung, dass unser Gehirn für uns bedeutsame Dinge, die zeitlich und räumlich nahe beieinander liegen – d.h. in etwa koinzident sind –, automatisch miteinander verbindet.

Anker sind Reiz-Reaktions-Kopplungen, die auch im Laufe der Evolution von entscheidender Bedeutung waren: Menschen haben auf diese Weise sehr rasch gelernt, Gefahren blitzschnell zu erkennen und die angemessene Reaktion darauf abzurufen.

Ankern – Schritt für Schritt

Mit dieser Technik können Sie positive Gefühle verankern und reproduzieren.

1. Zunächst müssen Sie definieren, welche Ressourcen Sie verfügbar haben möchten (Zuversicht, Souveränität, Vertrauen, Freude, Mut ...).
2. Erinnern Sie sich an eine Situation in Ihrem Leben, in der Sie das diesbezügliche Gefühl schon mal verspürt haben, also eine Situation, in der Sie sich besonders gut gefühlt haben. Was haben Sie damals gefühlt/gesehen/gehört/gedacht/gerochen/geschmeckt? Lassen Sie die entsprechenden Erinnerungen vor Ihrem inneren Auge heraufziehen.
3. Wenn das Gefühl ganz stark in Ihnen ausgeprägt ist, ankern Sie es z. B. durch Berührung einer Körperstelle, die im Alltag gut und unauffällig erreichbar ist.
   Beispiele:
   - Zusammenführen einzelner Finger, z. B. Daumen und Zeigefinger oder Daumen und Ringfinger
   - Umfassen eines Handgelenks
   - Druck auf einen Knöchel
   - Berühren einer Stelle am Arm
   - Leichter Druck mit einer Handfläche auf den Oberschenkel
4. Wiederholen Sie den Vorgang mehrmals.
5. Testen Sie den gesetzten Anker, indem Sie an eine leicht negative Situation denken und dann den Anker auslösen. Fühlt sich die Testsituation gut an, wurde der Anker erfolgreich installiert. Andernfalls müssen Sie die oben beschriebenen Schritte wiederholen.

Jeder Mensch verfügt über eine außerordentlich große Zahl von Ankern. Sie wurden jedoch nicht gezielt installiert, sondern sie sind nach dem Zufallsprinzip entstanden. Ein Musikstück, das Sie z. B. im Radio hören, kann das positive Gefühl auslösen, das Sie hatten, als Sie es in der Vergangenheit gehört haben.

Akzeptieren Sie sich selbst[23]

Nehmen Sie sich, wie Sie sind, mit allen Stärken und Schwächen. Stehen Sie zu sich selbst, zu Ihren Fähigkeiten, Eigenschaften und Gefühlen.
Wer die Grundposition „Ich bin nicht o. k." vertritt – also mit sich selbst im Unfrieden lebt –, kämpft gegen das eigene Erleben und verschwendet seine Energie darauf, das unerwünschte Empfinden und Verhalten abzuwehren.

Mich selbst akzeptieren heißt *nicht*, dass ich mich in allem, was ich bin und tue, großartig finde, sondern ich es hinnehme, dass ich bin, wie ich bin, und dass ich mich (bedingt) auch mit meinen Fehlern bejahe.

Zu sich selbst ja zu sagen ist die Voraussetzung dafür, auch andere Menschen akzeptieren zu können. Innere Selbstsicherheit entsteht erst dann, wenn Sie es aufgeben, nach Selbstsicherheit zu streben, wenn Sie sich mutig zu sich selbst bekennen und einfach so sind, wie Sie im Moment sind; das ist nur möglich, wenn Sie in den Bewusstseinszustand eines Kindes zurückkehren und auf sich selbst vertrauen wie ein Kind. Seien Sie sich Ihrer selbst bewusst, das ist Selbstbewusstsein. Selbstbewusstsein ist mehr als Selbstsicherheit.

Beantworten Sie sich die Frage, ob es möglich ist, von allen geliebt zu werden. Ist es wirklich so wichtig, was die anderen von Ihnen denken? Anerkennung durch die Umgebung ist für Kinder zur gesunden Entwicklung der Persönlichkeit unbedingt erforderlich. Anerkennung durch andere ist für den Erwachsenen zwar wünschenswert, nicht aber absolut notwendig. Ob die anderen Sie gut

---

[23] Ceh, J.: Ihr Weg zu mehr Selbstbewusstsein. So bringen Sie sich wirksam auf Erfolgskurs, München/Landsberg am Lech 1989 (3. Auflage 1996), S. 65f.

finden, ist nicht entscheidend; Selbstachtung lässt sich wesentlich besser durch überzeugtes Tun und sorgsame Pflege freundschaftlicher mitmenschlicher Beziehungen erwerben und stabilisieren.

Das Bedürfnis nach Zustimmung durch andere hindert viele Menschen daran, für sich selber einzutreten. Wer sich immer bemüht seinen Mitmenschen zu gefallen und sich bei jeder seiner Entscheidungen rückversichern muss, macht sich vom Urteil anderer abhängig; er schränkt seine Möglichkeiten, autonom zu handeln ein und tritt damit Macht an andere ab.

Nur wer sich selbst akzeptiert, kann die Angst vor anderen abbauen.

Wer zu sich selbst ja sagt, entschuldigt sich nicht für irgendwelche Eigenschaften, die er sowieso nicht ändern kann: Volles Haupthaar ist gut, eine Glatze ist es ebenso – für viele Menschen stellt sie den Beweis für ungebrochene Manneskraft dar. In einem lachenden Gesicht sind Sommersprossen sogar besonders hübsch.

Akzeptieren Sie auch Ihre Gefühle. Sie können selbstverständlich nicht jedes Gefühl befürworten oder gar ausagieren, aber Sie können akzeptieren, dass Sie ein bestimmtes Gefühl haben. Nur wenn Sie Ihre Gefühle voll annehmen, wird Ihr Ausdrucksverhalten anderen gegenüber unmissverständlich. Viele Menschen akzeptieren zum Beispiel nicht, traurig zu sein, wenn sie – aus irgendeinem Grund – glauben, sie dürften in einer bestimmten Situation nicht traurig sein.

Angst-, Trauer-, Ärger- und Wutgefühle zeigen Begleiterscheinungen im physiologischen Bereich. Wichtig ist es, solche Empfindungen zuzulassen und zu akzeptieren. Das *bewusste Erleben* solcher emotional belastender Ereignisse ist die Voraussetzung dafür, sie kognitiv verarbeiten zu können.

Eine andere Sache ist es, wie Sie diese Gefühle Ihrer Umgebung mitteilen bzw. wie Sie sie in Ihr konkretes Verhalten einbringen. Impulsive Wutausbrüche zum Beispiel werden von den Adressaten wohl meist als feindselige Aktionen aufgefasst – auch wenn sie gar nicht so destruktiv gemeint sind; zudem vermitteln sie den Eindruck von Unberechenbarkeit.

Fragen Sie sich im konkreten Fall: „Warum habe ich mich so und so verhalten?“, „Was hat mich verärgert, verunsichert oder geängstigt?“ Sie müssen sich für Ihr Verhalten nicht rechtfertigen. Die Reflexion über die Ursachen und Gründe des Problemverhaltens führt zu einer Erhöhung der Sensibilität im Umgang mit den eigenen Gefühlen.

„Gönne dich dir selbst" – Ein Mönch coacht einen Papst

„Wenn ... alle Menschen ein Recht auf dich haben, dann bist auch du selbst ein Mensch, der ein Recht auf sich selbst hat. Warum solltest einzig du selbst nichts von dir haben? Wie lange noch schenkst du allen anderen deine Aufmerksamkeit, nur nicht dir selber?

Ja, wer mit sich selbst schlecht umgeht, wem kann der gut sein? Denk also daran: Gönne dich dir selbst. Ich sage nicht: Tu das immer, ich sage nicht: Tu das oft, aber ich sage: Tu es immer wieder einmal. Sei wie für alle anderen auch für dich selbst da, oder jedenfalls nach allen anderen."[24]

Bernhard von Clairvaux, 1090 geboren, Gründer des Zisterzienserordens und einer der bedeutendsten Theologen des Mittelalters, schrieb diese Zeilen in einem Brief an den damaligen Papst Eugen III., als er merkte, dass dieser von seiner Aufgabe fast erdrückt und aufgerieben wurde. Eugen III. war, bevor er Papst wurde, Abt eines Klosters und davor – wie Bernhard – Zisterziensermönch in Clairvaux. Die beiden waren also einmal Mitbrüder und haben sich gut gekannt.

Ein Papst im Stress! Es geht um Zeitmanagement und Selbstfürsorge. Und das im 12. Jahrhundert, also vor nahezu 900 Jahren. Geht es uns nicht oft auch so? Es gibt Tage, da weiß man nicht mehr, wo einem der Kopf steht. Man fühlt sich wie in einem Hamsterrad.

„Gönne dich dir selbst" will sagen: Sei gut zu dir. Tu dir etwas Gutes! Es geht dabei nicht ums Konsumieren in allen Facetten, sondern darum, bewusster und achtsamer zu leben. Nicht selten artet dieses

---

[24] Schellenberger, B. (Hrsg.): Bernhard von Clairvaux, Gotteserfahrung und Weg in die Welt, Olten 1982

„Sich-etwas-Gutes-tun" nämlich in Freizeitstress aus, bis man am Ende erschöpft ist und genau das Gegenteil erreicht. Ziel muss es im Gegensatz dazu sein, Gutes zu genießen, darin zu verweilen, dabei zu bleiben, „denn nicht das Vielwissen sättigt und befriedigt die Seele, sondern das Verspüren und Verkosten der Dinge von innen her" (Ignatius von Loyola).

Also: Weniger ist oft mehr. Wir können auf Dauer nur für andere da sein, wenn wir uns selbst nicht vernachlässigen, sondern darauf achten, dass es uns gut geht.

Perfektionismus-Falle

Einer der größten Zeitfresser, der uns auch noch Gelassenheit und Selbstvertrauen raubt, ist der Versuch, alle Arbeiten bis ins letzte Detail perfekt zu erledigen.

„Sei perfekt!" nennt man in der Psychologie einen *„Antreiber"*, eine Verhaltensweise, die wir Menschen entwickelt haben, um uns Anerkennung zu verschaffen. Jeder Antreiber besitzt zwei Seiten. Er ist für die Eigenschaften von uns verantwortlich, die dafür sorgen, dass wir zum Beispiel im Beruf vorankommen und die Anerkennung unserer Mitmenschen finden. Die Kehrseite: Antreiber führen häufig zu zwanghaften Verhaltensweisen, sie treiben uns im wahrsten Sinne des Wortes an und behindern damit unsere Selbstfindung und die Entdeckung unserer wahren Interessen und Absichten.

Wer den Perfektionismus-Antreiber in sich trägt, treibt stets einen besonders hohen Aufwand, um perfekt zu sein. Gleichzeitig reagieren solche Menschen jedoch überaus empfindlich gegenüber Kritik und sie stellen sich ständig vor, was alles nicht gelingen kann. Dabei werden nicht selten Katastrophenfantasien entwickelt. Wenn Sie Ihren Perfektionismus-Antreiber neutralisieren wollen, sollten Sie sich zunächst folgende Fragen schriftlich beantworten:

- Welche Vorteile bietet Ihnen dieser Antreiber?
- Welche Nachteile sind damit verbunden?
- Was würde sich ändern, wenn Sie auf diesen Antreiber verzichten?
- Welche Gewohnheiten müssten Sie aufgeben?
- Wo verspüren Sie Unbehagen, wenn Sie daran denken, künftig ohne diesen Antreiber zu leben?

Geben Sie sich jetzt innerlich die Erlaubnis, auf Ihren Perfektionismus-Antreiber zu verzichten. Ersetzen Sie: „Sei perfekt!" durch die Formulierung:

"Ich bin gut genug, so wie ich bin. Ich darf Fehler machen und daraus lernen!"

Sprechen Sie diesen Erlaubnissatz (*„Erlauber"*) mehrfach laut aus. Wiederholen Sie die Formulierung, falls Sie beim ersten Mal noch Widerstände verspürten und der Satz für Sie noch nicht so richtig glaubhaft geklungen hat.

Perfekt oder gut?

In der Regel gilt: Gut reicht völlig! Ab einem gewissen Punkt stehen weder der Aufwand an Kosten noch der an Zeit in einem vernünftigen Verhältnis zu einem angestrebten möglichst perfekten Ergebnis. Orientieren Sie sich am GSP (Gut statt perfekt - Prinzip) und halten Sie sich nicht mit Feinheiten auf, die in keinem vernünftigen Verhältnis zum Ergebnis stehen.

Die Note „gut" bekommen Sie zum Beispiel auf der Sechser-Notenskala mit 80 Prozent der erreichbaren Punkte einer Prüfung (6–5 x 80/100 = 2,0). Um etwas „gut", also zu 80 Prozent, zu erledigen, brauchen Sie z. B. 30 Minuten, um es nahezu perfekt hinter sich zu bringen, benötigen Sie erfahrungsgemäß mindestens die doppelte Zeit. Wie immer gibt es natürlich auch hier Ausnahmen. Grundsätzlich kommt es auf die richtige Dosierung an. Zu wenig Perfektionismus führt schnell zu Nachlässigkeit und Schlampigkeit, zu viel davon macht schlussendlich krank. Es gibt allerdings auch Berufsgruppen, die zwangsläufig einen „gesunden" Perfektionismus an den Tag legen müssen. Von Chirurgen und Piloten zum Beispiel erwarten wir zu Recht ein hohes Maß an Perfektion.

Schärfen Sie Ihr Bewusstsein gegenüber Perfektionismus-Fallen und achten Sie auf Perfektionismus-Fallen, die sich im „normalen" Alltag umgehen lassen:

Überpünktlich sein

Pünktlichkeit wird im menschlichen Miteinander richtigerweise erwartet. Vielleicht kann Ihnen diesbezüglich eine Maxime des Ravensburger Industriellen Otto Julius Maier eine Richtschnur sein: „Fünf Minuten vor der Zeit ist des Maiers Pünktlichkeit".

Zu viel Ordnung halten

Übertriebener „Ordnungssinn" (z. B. stundenlanges und häufiges Aufräumen) ist ein Zeitfresser und kann ein Hinweis auf zwanghaftes (obsessives) Denken und Verhalten (Kontrollzwang) sein.

Übertrieben pflichtbewusst sein

Übertriebenes Pflichtbewusstsein sieht auch dort Pflichten, wo gar keine bestehen. Der Perfektionist glaubt, alles müsse 100-prozentig erledigt werden – am besten von ihm selbst.

Auf Fehlerfreiheit fixiert sein

Fehler sind menschlich und machen menschlich. Nur wer nichts arbeitet, macht keine Fehler (und wer keine Fehler macht, wird befördert??). Aber: Man muss keinen Fehler zweimal machen, die Auswahl ist ja groß genug. Via trial and error kann man erfolgreich und nachhaltig lernen.

Mehr Leistung erbringen als erforderlich ist

Denken Sie in diesem Zusammenhang an den Spruch: „Ein gutes Pferd springt nur so hoch, wie es gerade muss." In vielen Fällen können Sie sich den „Feinschliff" sparen. Machen Sie sich immer das Kosten-Nutzen-Verhältnis Ihrer Arbeit klar.

Persönlich nehmen. Was dagegen tun?

Sie sind mit diesem Problem mit Sicherheit nicht allein. Viele Menschen beziehen das Verhalten anderer häufig auf sich selber und nehmen fast alles persönlich. Sie wittern Zurechtweisung oder Ablehnung immer öfter auch dort, wo sie gar nicht gemeint sind. Das hat Folgen für das Selbstwertgefühl, eine relativ labile und leicht zu verändernde Größe im Seelenhaushalt. Wenn uns jemand mürrisch oder abweisend begegnet, uns absichtlich ignoriert oder unnötig scharf kritisiert, lässt uns das selten kalt.

Ablehnendes Verhalten nehmen wir fast immer persönlich, selbst wenn wir wissen, dass es gar nichts mit uns zu tun hat. Menschen sind einfach nicht selten überempfindlich. Das Verhalten des anderen kann jedoch 1000 Gründe haben. Niemand ist scharf darauf, kritisiert zu werden, und wer etwas anderes behauptet, sagt mit großer Wahrscheinlichkeit nicht die Wahrheit.

Jedoch: Eine Kritik muss nicht zwangsläufig kränken. Wenn man sich seiner Leistung oder der Korrektheit seines Verhaltens gewiss ist, kann einem die Kritik wichtige Hinweise darüber geben, was man noch besser machen kann. Bei gegebener Selbstunsicherheit kann Kritik allerdings das Selbstwertgefühl derart berühren, dass man sich als Versager/Versagerin betrachtet. Kritik wird nur dann zur Kränkung, wenn man sich dadurch unterlegen sowie unfähig fühlt und verletzt reagiert. Gekränkt fühlt man sich, wenn man sich in seinem Selbstwert angegriffen und als Person infrage gestellt erlebt. Kränkbarkeit bedeutet, viele Ereignisse persönlich zu nehmen, sie auf sich zu beziehen und ihnen eine entwertende Bedeutung zuzuschreiben.

Übrigens: Alles, was der andere sagt – und damit auch jede Kritik! – ist nur seine Meinung, auf die er ein grundgesetzlich garantiertes Recht hat. Das Wort „Kränkung“ kommt vom mittelhochdeutschen

„krenken" (schwächen, mindern, schädigen, zunichtemachen, plagen, erniedrigen).
Damit man sich persönlich gekränkt fühlt, müssen mehrere Voraussetzungen erfüllt sein:

- ein wunder Punkt, der einen verletzlich macht.
- die Bereitschaft, einem anderen die Schuld für das eigene „Elend" zuzuschieben.
- die Ablehnung der Verantwortung für die eigenen Gefühle.
- die Neigung „Dinge", die einem widerfahren, persönlich gegen sich selbst gerichtet zu verarbeiten.

Prüfen Sie deshalb zuerst, ob das Verhalten des anderen wirklich eine Aktion gegen Sie – bzw. eine Reaktion auf Sie – ist oder nicht.

Mehr als 2000 Jahre alt ist der Aphorismus von Epiktet: „Es sind nicht die Dinge selbst, die uns beunruhigen, sondern unsere Vorstellungen und Meinungen von den Dingen." Wir selbst – nicht andere! – entscheiden demnach, ob eine Bemerkung/Handlung/Unterlassung eines anderen uns negativ berührt oder nicht. Eine Verletzung kommt erst zu Stande, wenn wir das, was unser Gegenüber sagt oder tut, als verletzend und kränkend bewerten. Ein und derselbe Kommentar beispielsweise macht uns bei einem Menschen nichts aus, während er uns aus dem Mund eines anderen völlig aus dem Gleichgewicht wirft. Was der andere sagt/tut/schreibt bzw. nicht sagt/nicht tut/nicht schreibt, trifft mich nur, wenn ich mich treffen lassen will („Stock und Stein bricht mein Bein, doch Worte niemals, nein!").
Auch wenn der andere mich persönlich meint, bestimme ich, ob ihm das gelingt. Den Satz: „Du hast mich gekränkt" sollten Sie ersetzen durch: „Ich fühle mich gekränkt, durch das, was du gesagt/getan hast". Auf diese Weise vermeiden Sie Vorwürfe und Unterstellungen und übernehmen die Verantwortung für Ihr Erleben.
Auch die Verantwortung dafür, ob sich eine andere Person abgelehnt fühlt, muss diese Person selber tragen. Selbst wenn wir achtungsvoll mit anderen umgehen, können wir weder vorhersehen noch vermei-

den, dass andere sich durch unser Verhalten verletzt fühlen. Vielleicht fühlen Sie sich angegriffen, wenn ein Bekannter grußlos an Ihnen vorbeiläuft und Sie denken, er hält sich für etwas Besseres und Sie für nicht grüßenswert.

Menschen, die viel persönlich nehmen, haben eine ganz bestimmte Art, die Ereignisse um sie herum zu bewerten. Sie laufen gleichsam mit der Befürchtung durchs Leben, dass andere sie ablehnen, schlecht über sie denken, sie missachten oder ihnen weh tun wollen – sie suchen geradezu nach einem vermeintlichen Angriff.
Wenn Sie von sich überzeugt sind, dass Sie o.k. sind, beziehen Sie auch nicht mehr jede Äußerung anderer Menschen auf sich. Wenn etwas doch ganz und gar und überhaupt nichts mit mir zu tun hat, kann ich es doch getrost ganz und gar beim anderen lassen. Sobald man etwas persönlich nimmt, gibt man anderen Menschen Macht über sich. Man fühlt sich angegriffen, versucht sich zu verteidigen und meint, man müsste irgendjemandem irgendetwas beweisen – all das muss man jedoch nicht. Wer nichts persönlich nimmt, ist immun gegenüber Attacken anderer.

Wenn man einsieht, dass Menschen oft deshalb beleidigend sind, weil es ihnen selbst nicht gut geht, kann man damit aufhören den Meinungen und dem Verhalten anderer zu starkes Gewicht zu geben. Vielleicht ist der andere gerade müde, krank, wütend auf ..., geistesabwesend, hungrig/durstig?

Wenn Sie ein anderer Mensch ablehnt, ist das zunächst eine Aussage über ihn, seine Lebensumstände/Vorlieben/Interessen/Wünsche/Bedürfnisse. Es ist so ähnlich wie auf dem Wochenmarkt: Wenn jemand rote Äpfel bevorzugt, sagt das doch nichts über die Äpfel aus, sondern nur etwas über die Vorlieben des Käufers. Sollen sich die grünen Äpfel etwa deshalb grämen? Auch wenn Sie sich noch so sehr bemühen, können Sie es nicht jedem Menschen recht machen und von jedem Anerkennung bekommen.

Schulz von Thun unterscheidet vier Seiten einer Nachricht (Abbildung 7): Sachinhaltsseite, Beziehungsseite, Selbstoffenbarungs-/ Selbstkundgabeseite, Appellseite.
Der Sender sendet immer gleichzeitig auf allen vier Seiten. Entsprechend muss natürlich auch der Empfänger imstande sein, alle vier Seiten der Nachricht aufzunehmen. Doch in der Regel nimmt er meist nur eine Seite der Nachricht wahr und reagiert auf diese.

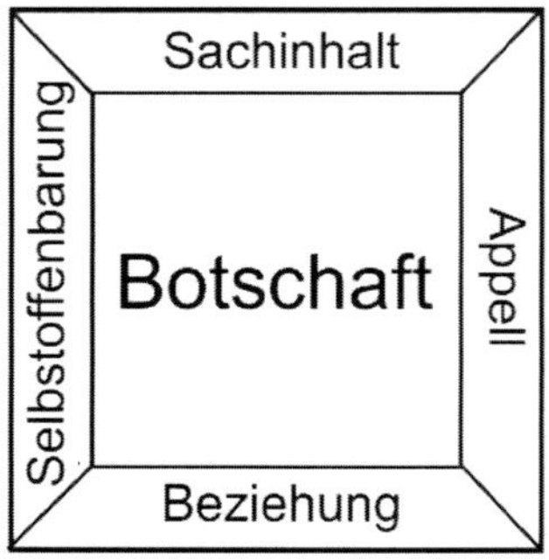

Abbildung 7: Kommunikationsquadrat (Schulz von Thun)

Gestört ist die Kommunikation z. B., wenn der Empfänger überwiegend nur auf einem Ohr hört und für alle anderen Botschaften, die sonst noch ankommen, „taub“ ist. Menschen, die dazu neigen, vieles persönlich zu nehmen, hören besonders gut auf dem Beziehungsohr: „Der hat was gegen mich, der kann mich nicht leiden“ oder „Der will mich hier nur bloßstellen“.
Mittel der Wahl wäre, besseres Hörenlernen auf dem Sachinhaltsohr. Der Sachinhalt enthält Informationen über die mitzuteilenden Geschehnisse und Dinge und beantwortet die Frage: „Wie ist der Sachverhalt zu verstehen?“ Nehmen Sie das, was der andere sagt/tut, sachlich auf.
Hören Sie gut zu und stellen Sie Fragen – ohne großes emotionales Tamtam. Gehen Sie in eine unpersönliche Haltung, die es Ihnen ermöglicht, sich nur auf die Sache zu konzentrieren. Es kann Ihnen egal

sein, wie viel der andere von Ihnen hält. Sie müssen vom anderen nicht geliebt werden und Sie brauchen keine Anerkennung des anderen. Sie wollen nur die Sache klären.
Barbara Berckhan schlägt in diesem Zusammenhang vor, in der Vorstellung gleichsam einen „Schutzschild" - eine durchsichtige Scheibe aus kugelsicherem Panzerglas - vor sich aufzubauen. Ein Schild, an dem alles abprallt, was Sie verletzen könnte. Der Schutzschild ist nichts anderes als Ihre unpersönliche Haltung, die es Ihnen ermöglicht, Kritik rein sachlich aufzunehmen. Wenn der andere persönlich wird, können Sie seine Bemerkungen einfach „durchwinken". Sie müssen sich nicht persönlich treffen lassen.

Ich kann alles, muss aber nichts persönlich nehmen.

Wenn ich es nicht persönlich nehme, fühle ich mich nicht getroffen, betroffen, verletzt, beleidigt, gekränkt. Denn: Das Problem hat dann der andere.

Kann man Optimismus lernen?

Optimismus (lat. optimum, „das Beste") ist eine Lebensauffassung, eine Geisteshaltung. „Wenn Sie einen einzigen Wunsch frei haben für Ihre Kinder", schrieb der Psychologe und Nobelpreisträger Daniel Kahneman, „ziehen Sie ernsthaft Optimismus in Betracht."

Der US-amerikanische Psychologe und Bestsellerautor Martin Seligman zum Beispiel – ein Mitbegründer der „Positiven Psychologie" – beantwortet die in der Überschrift gestellte Frage in und mit seinem Buch: „Pessimisten küsst man nicht. Optimismus kann man lernen" mit einem eindeutigen Ja.

Vor etwa 130 Jahren wurde die Psychologie als akademische Disziplin begründet. Lange Zeit widmeten sich Forscher fast ausschließlich den Schattenseiten der Seele (Angst, Schmerz, Depression...). Martin Seligman u. a. setzten sich vehement für eine Wende in Richtung Beschäftigung mit Entstehungsbedingungen und Aufrechterhaltung positiver Gefühle ein. Untersucht wird zum Beispiel die „Zuversicht", die in so unterschiedlichem Maß unter den Menschen verteilt ist. Gearbeitet wird mit differenzierten Fragebögen.

Wer zum Beispiel der Behauptung: „In unsicheren Zeiten erwarte ich trotzdem das Beste" weitgehend zustimmt, wird zu den Optimisten gezählt.

Wer bei Aussagen wie: „Wenn etwas bei mir schiefgehen kann, geht es auch schief" hohe Werte angibt, wird als pessimistisch eingestuft.

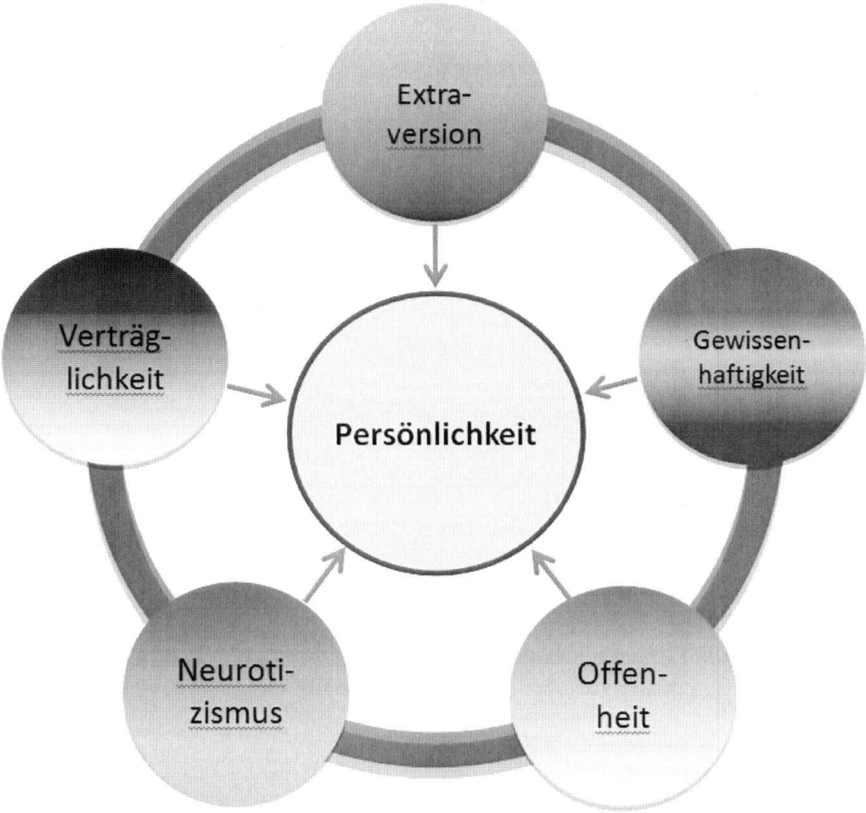

Abbildung 8: Die fünf Hauptdimensionen der Persönlichkeit

Die sog. „*Big Five*“ (Abbildung 8) sind die fünf Grundbausteine, aus denen sich die Persönlichkeit eines Menschen zusammensetzt. Es sind die – durch aufwändige rechnerische Verfahren ermittelten und statistisch voneinander unabhängigen – Faktoren (Wesensmerkmale): Extraversion, Verträglichkeit, Neurotizismus, Gewissenhaftigkeit, Offenheit.

Ausgeprägt extravertierte Menschen sind besonders gesellig, gehen gern auf andere zu, begeben sich mit Vorliebe unter Leute und reden viel.

Neurotizismus bezeichnet, wie besorgt jemand ist, ob er verstärkt zu Depressionen und Selbstmitleid neigt oder eher zufrieden und selbstsicher ist. Wer optimistisch ist, zeichnet sich zumeist durch eine stark ausgeprägte Extraversion und einen niedrigen Neurotizismus aus und er geht selbstbewusst sowie offen auf andere Menschen zu.

Pessimisten sind dagegen verstärkt introvertiert und ausgeprägt neurotisch, blicken besorgt auf sich und andere und meiden häufig andere Menschen.
In der Psychologie gibt es das Phänomen der „selbsterfüllenden Prophezeiung" (vgl. S. 247ff.). Womit man sich gedanklich permanent beschäftigt, was man erwartet oder vorhersieht, neigt dazu, Wirklichkeit zu werden. So gesehen sind sowohl Optimisten als auch Pessimisten gute Propheten. Beide haben Recht. Sie unterscheiden sich jedoch in einem sehr wichtigen Punkt: Der Optimist fühlt sich gut, der Pessimist fühlt sich schlecht.
Optimisten und Pessimisten richten bei ein und demselben Sachverhalt ihr Augenmerk auf völlig unterschiedliche Dinge. Pessimisten haben ihrem Gehirn via Erfahrungen beigebracht, auf das Negative, Unerfreuliche zu schauen, und sie haben daraus eine pessimistische Sicht der Dinge und die Gewohnheit entwickelt, eher negativ zu denken. Ein Scheitern betrachten sie nicht selten als universelle Gesetzmäßigkeit ihres Lebens.

Jedoch: Was man gelernt hat, kann man auch wieder verlernen. Wir können unsere pessimistische Sichtweise durch eine optimistischere ersetzen.
Seligman hat also Recht: Optimismus kann man – zumindest in Maßen – lernen. Der entscheidende Unterschied zwischen Optimisten und Pessimisten liegt nicht in den jeweils objektiv gemachten Erfahrungen, sondern in ihren persönlichen Erklärungsmustern, der

gedanklichen Bewertung dieser Erfahrungen. Der Unterschied besteht genau darin, worauf jemand seine Erfolge und Misserfolge zurückführt und welche Erwartungen für ihn daraus für die Zukunft resultieren.

In der Sozialpsychologie bezeichnet man solche Erklärungsmuster als „Kausalattribuierung", als Ursachenzuschreibung. Wer Erfolge prinzipiell seinem Können zuschreibt und Misserfolge widrigen äußeren Umständen, geht an künftige Aufgaben optimistischer heran als jemand, der seine Erfolge auf günstige äußere Umstände oder Glück zurückführt und Misserfolge auf seine mangelnden Fähigkeiten.

Wer Erfolge prinzipiell dem eigenen Können zuschreibt und Niederlagen auf Zufälligkeiten und äußere Umstände zurückführen kann, stärkt dadurch sein Selbstvertrauen – selbst wenn das Erklärungsmuster nicht ganz der Realität entspricht.

„A pessimist is one who makes difficulties of his opportunities and an optimist is one who makes opportunities of his difficulties."

Harry S. Truman

Optimisten richten ihre Aufmerksamkeit vor allem auf den erwarteten Gewinn und weniger auf die möglichen Verluste. Optimisten gehen deshalb meist größere Risiken ein als Pessimisten.

Nach den Erkenntnissen der Rational-emotiven-Therapie (Albert Ellis) sind Ihre Gefühle die „Auftragsarbeit" Ihrer Gedanken: „Es sind nicht die Dinge selbst, die uns beunruhigen, sondern unsere Vorstellungen und Meinungen von den Dingen" (Epiktet). Entscheidend ist die Art und Weise, wie wir über Dinge denken. Sie sind demnach der „Steuermann, die Steuerfrau" Ihrer Gefühle und Sie können lernen, sich so zu fühlen, wie Sie möchten, unabhängig von den jeweiligen Umständen und unabhängig davon, was andere Menschen sagen oder tun.

Den Zusammenhang zwischen Denken und Fühlen/Verhalten bezeichnet man als „ABC der Gefühle“ (vgl. S. 15ff.; S. 35).

„A“ (activating event) steht für die Situation, in der Sie optimistischer sein möchten.

„B“ (beliefs) steht für Ihre Gedanken, Bewertungen, Einstellungen.

„C“ (consequences) steht für Ihre Gefühle und Verhaltensweisen.

Mit Hilfe von zwei Fragen können Sie „B“ daraufhin überprüfen, ob es eher pessimistisch oder eher realistisch ist:

- Entspricht der Gedanke den Tatsachen? Sie können zum Beispiel nicht in die Zukunft schauen und wissen, wie ein anderer reagieren wird. Sie können auch nicht die Gedanken eines anderen Menschen lesen.
- Hilft mir der Gedanke, mich so zu fühlen und zu verhalten, wie ich es möchte? Gedanken, die nicht den Tatsachen entsprechen oder die uns nicht helfen uns so zu fühlen, wie wir es möchten, sind pessimistische Gedanken. „Optimisten denken anders“ (Segerstrom) und sie leben länger (Seligman: „Warum Optimisten länger leben“).

Ein Pessimist hat schon viel gewonnen, wenn es ihm gelingt, wie ein Realist zu denken. Um die Möglichkeiten des Modell-Lernens zu nutzen – bzw. diesbezügliche negative Lernerfahrungen zu verhindern – sollten Sie die Gesellschaft von Optimisten suchen und die Gesellschaft von Pessimisten eher meiden.

Halten Sie sich von Menschen fern, die permanent klagen und jammern und Ihnen laufend erklären, warum etwas nicht gut gehen kann.

Der Kognitive Verhaltenstherapeut Rolf Merkle empfiehlt (im Internet) als Strategie für mehr Optimismus: „Reagieren Sie positiv auf die Frage: ‚Wie geht's?‘ Gewöhnen Sie sich an, auf die Frage nach Ihrem Befinden zu antworten: ‚Danke, sehr gut‘ oder ‚Bestens‘. Auch wenn es Ihnen nicht gut geht – gerade dann. Je mehr Sie sich in Gedanken und in Gesprächen mit anderen mit Ihrem schlechten Befinden beschäftigen, umso schlechter geht es Ihnen. Sie tun sich keinen Gefallen, wenn Sie über Schmerzen oder ein schlechtes Befinden klagen. Sie verschlimmern Ihre Beschwerden nur noch, weil Sie sich darauf konzentrieren. Wenn dann der andere in Ihr Klagelied auch noch einstimmt, ziehen Sie sich gegenseitig noch weiter runter."

Die Optimismus-Forscherin Suzanne Segerstrom von der Universität von Kentucky fordert Menschen auf, eine Art „Optimismus-Tagebuch" zu führen, in dem sie positive Gedanken, Wünsche und Erlebnisse festhalten. Menschen, die Zuversicht erlernen wollen, sollen jeden Tag in einem „Protokoll der guten Dinge" drei Erlebnisse festhalten, die sie als angenehm empfunden haben. Wenn wir unsere Aufmerksamkeit auf positive Dinge verlagern, verschiebt sich mit der Zeit unsere Sicht der Dinge. Nachgewiesenermaßen vermögen wir so auch im Erwachsenenalter noch eine optimistischere Lebenseinstellung zu gewinnen.

"Der Optimist hat nicht weniger oft unrecht als der Pessimist, aber er lebt froher."

Charlie Rivel

Lernen Sie situationsadäquat zu reagieren – trainieren Sie Ihre Schlagfertigkeit[25]

Zwischenmenschliche Kontakte werden überwiegend durch das gesprochene Wort aufgenommen und aufrechterhalten. Das Gespräch ist eine der Grundformen des Gemeinschaftslebens, und nicht selten entwickelt sich daraus ein Machtkampf in Form eines Wortkampfes. Recht *haben* und Recht *behalten* sind oft zwei verschiedene Dinge.
Die Erfahrung lehrt, dass leider nicht immer derjenige als Gewinner aus einem Wortstreit hervorgeht, auf dessen Seite Wahrheit und Recht liegen. Häufig obsiegt der Kontrahent, der – im übertragenen Sinn – am besten mit Florett oder Degen – gelegentlich auch mit dem schweren Säbel – umzugehen imstande ist. Nicht in jedem Fall geht es dabei fair zu. Um in der Fechtersprache zu bleiben: Hie und da werden auch „Sauhiebe" gesetzt. Der Vorteil, nach dem jeder Teilnehmer beim Kampf der Meinungen strebt, ist die Schlagfertigkeit: Wer zum Schlage fertig ist, kann ihn sofort ausführen und ist dadurch in der besseren Position. Blitzartiges Erfassen des Gesagten, der Blick für das Wesentliche und die Möglichkeit zu schlussfolgerndem Denken sind Voraussetzungen für schlagfertiges Reagieren in einem Disput.

Ein Trost für die vielen, die sich in diesem Bereich schwertun: Auch Menschen, die wegen ihres „Mutterwitzes" und ihrer Schlagfertigkeit berühmt (und gefürchtet) sind, verschlägt es gelegentlich die Sprache, und die passende Antwort fällt ihnen nicht oder zu spät ein.

Wie alle körperlichen und geistigen Fähigkeiten beruht die „Kunst des Parierens" auf Begabung und Übung. In manchen Fällen lassen sich

[25] Ceh, J.: Ihr Weg zu mehr Selbstbewusstsein. So bringen Sie sich wirksam auf Erfolgskurs, München/Landsberg am Lech 1989 (3. Auflage 1996), S. 109ff.

bei der Vorbereitung auf ein Gespräch oder eine Rede der späteren Situation angemessene Reaktionen bereits einplanen.
Winston Churchill zum Beispiel war bekannt für seine rhetorische Geschicklichkeit und als Debattenredner gefürchtet wegen seiner Schlagfertigkeit und seines „rasiermesserscharfen" Witzes. Von ihm wird gesagt, dass er sich auf Redeauftritte besonders intensiv vorbereitete und eigens provozierende Formulierungen in seinen Vortrag einbaute, auf die ein bestimmter Zwischenruf aus dem Zuhörerkreis zu erwarten war. Auf solche einkalkulierten Reaktionen aus dem Publikum bereitete Churchill eine treffende Antwort vor.

Vieles lässt sich anlässlich eines wichtigen Gesprächs im Voraus bedenken und durchspielen, zum Beispiel verschiedene Antworten auf die Frage: „Was sage ich, wenn ...?". Sofern Ihnen die „Lieblingsfragen und -argumente" Ihres Gesprächspartners bekannt sind, können Sie dazu im Vorfeld bereits passende Antworten entwickeln.
Wer gegnerische Einwände – etwa mit der Formulierung: „Es könnte die Frage auftauchen, ob es zweckmäßig sei ...?" – vorwegnimmt, verringert das Gewicht dieser Einwände.

Beobachten Sie aufmerksam die Rede- und Antworttechnik schlagfertiger Menschen, und nutzen Sie jede Gelegenheit zur Erweiterung und Verbesserung Ihres Wortschatzes. Viele Wörter der deutschen Sprache haben mehrere Bedeutungen.
Ein vom Gesprächspartner in die Diskussion eingebrachtes Wort kann in vielen Fällen aufgegriffen und in einer anderen Bedeutung verwendet werden. Situationsadäquates Verhalten und schlagfertiges verbales Reagieren lassen sich auch mental trainieren. Malen Sie sich Redesituationen mit treffenden Antworten und Anmerkungen in Ihrer Phantasie aus, damit Sie im konkreten Fall darauf zurückgreifen können. Vielleicht sind Sie mit dem Verlauf einer bereits hinter Ihnen liegenden Unterredung nicht zufrieden. Auch aus einem für Sie negativen Gesprächsergebnis können Sie lernen.

Rückbesinnende, selbstkritische Nachbereitungen von Gesprächen sind eine Hilfe für künftige Wortgefechte. Sie können sich nach verpassten Chancen für treffende Antworten (zum Beispiel auf Kärtchen im Format DIN A 6) entsprechende Notizen machen: „Was hätte ich an dieser oder jener Stelle sagen, welches Argument hätte ich einsetzen sollen?"

Legen Sie sich einen griffbereiten Vorrat an Redewendungen für Standardsituationen (Angriffe, Missachtungen Ihrer Person, Zwischenrufe ...) an, und prägen Sie sich diese Formulierungen ein. Studieren Sie die folgenden Beispiele. Sie stellen keine „Rezeptologie der Schlagfertigkeit" dar, sondern sie sollen lediglich als Anregungen dienen. Viele der angeführten Reaktionen lassen sich in abgewandelter Form auf andere Situationen übertragen.

Beispiele für witzige – in einigen Fällen auch „boshafte bis böse" – schlagfertige Antworten:

- Ein Schwätzer fragte den griechischen Philosophen Aristoteles: „Habe ich dich mit meinem Gerede sehr gelangweilt?" Antwort: „Ich habe dich nicht gehört, denn du sagtest ja nichts."
- „Wenn ich mit diesem ehrenwerten Mitglied des Hohen Hauses verheiratet wäre, würde ich ihm Gift verabfolgen." Winston Churchill erwiderte auf diesen Zwischenruf von Lady Astor im britischen Parlament: „Und wenn ich mit diesem ehrenwerten Mitglied des Hohen Hauses verheiratet wäre, würde ich das Gift sogar nehmen."
- Herbert Wehner, der langjährige SPD-Fraktionschef, nannte vor Jahren den Reporter Ernst Dieter Lueg in einem Interview süffisant „Herr Lüg", und Lueg konterte geistesgegenwärtig mit „Herr Wöhner".
- Ein Angler wird gefragt: „Beißen sie?" Antwort: „Nur, wenn man mich reizt!"

- „Wie schmeckt Ihnen mein Kaffee?“ Antwort: „Ich habe immer gemeint, Kaffee ist ein Wort – jetzt sehe ich: Kaffee ist ein Satz.“
- „Verzeihen Sie, mein Name ist Meier“. Antwort: „Ich verzeihe Ihnen.“
- „Wir machen eine Denkpause.“ Kommentar: „Eine Pause zum Denken oder vom Denken?“
- „Der eine besticht durch Brillanz, der andere brilliert durch Bestechlichkeit.“

In Versform kann man einiges sagen, was in Prosa den Unwillen vieler herausfordern würde:

- *„Ich schlief und träumte, das Leben sei Freude. Ich erwachte und sah, das Leben war Pflicht. Ich handelte und siehe, die Pflicht ist Freude!“*
  Rabindranath Tagore

- *„Ein Mensch erhofft sich fromm und still, Dass er einst das kriegt, was er will, Bis er dann dem Wahn erliegt, Und schließlich das will, was er kriegt.“*

  Eugen Roth

- *„Erfolg im Leben ist etwas Sein, etwas Schein und sehr viel ‚Schwein‘.“*
  Philip Rosenthal

- *„Ein Mensch wird laut, wenn er was will. Wenn er's erst hat, dann wird er still: Das ‚Danke!‘ ist, nach alter Sitte, weit seltener als das ‚Bitte, bitte‘.“*
  Eugen Roth

- *„Nie dürft Ihr so tief sinken, von dem Kakao, durch den man Euch zieht, auch noch zu trinken.“*
  Joachim Ringelnatz

- *„Ein Mensch frisst viel in sich hinein: Missachtung, Ärger, Liebespein. Und jeder fragt mit stillem Graus, Was kommt da wohl einmal heraus? Doch sieh! Nur Güte und Erbauung, Der Mensch hat prächtige Verdauung."*
  Eugen Roth

- *„Irrtümer haben ihren Wert, jedoch nur hie und da. Nicht jeder, der nach Indien fährt, entdeckt Amerika."*
  Joachim Ringelnatz

- *„In Hamburg lebten zwei Ameisen, die wollten nach Australien reisen. Bei Altona auf der Chaussee, da taten ihnen die Beine weh. Und da verzichteten sie weise dann auf den letzten Teil der Reise."*
  Joachim Ringelnatz

- *„Klug ist, wer stets zur rechten Stunde kommt, doch klüger, wer zu geh'n weiß, wann es frommt".*
  Emanuel Geibel

Der Ton macht die Musik! Wählen Sie im Bereich der Alltagsrhetorik Formulierungen, die zu Ihrem Stil passen.

Selbstsicherheit und Selbstbehauptung lassen sich systematisch einüben[26]

Ihre Rechte verteidigen Sie am besten, indem Sie sie wahrnehmen. Denken Sie an die Lessing-Maxime: „Nur die Sache ist verloren, die man aufgibt." Sie sollten agieren und nicht nur reagieren. Menschen mit geringem Selbstwertgefühl räumen dem eigenen Ich einen zu geringen Stellenwert ein.

Sicher haben Sie aber auch schon die Erfahrung gemacht, dass eine zu starke Ich-Betonung abstoßend wirken und autoritäre Konfliktsituationen heraufbeschwören kann. In der Phase des Aufbaus und der Stabilisierung Ihres Selbstbewusstseins sollten Sie jedoch bewusst in Ihren Formulierungen Konjunktive und das unpersönliche Wort „man" vermeiden.

Betonen Sie Ihr Ich, und verwenden Sie dieses Wort mit Betonung: „Ich will ...", „Ich meine ...", „Ich habe ..." etc.

Systematisches „Kneifen" vor Schwierigkeiten führt langfristig gesehen zu einem Verlust an Selbstwert. Selbstwertgefühl erwirbt man nur durch aktives Tun. Jedes Problem, das Sie gemeistert haben, erhöht Ihre Zufriedenheit mit sich selbst und Ihre Zuversicht für künftiges Handeln.

Der Satz „Ich bin halt so schüchtern" wird oft zur bequemen Ausrede, um sich nicht bemühen zu müssen. Machen Sie sich klar, wer oder was Sie bisher eingeschüchtert hat, damit Sie wissen, was Sie in Zukunft besser machen können. „Kneifen" Sie nicht mehr vor Situationen, die bei Ihnen Furcht auslösen; dadurch wird nur Ihre Furcht verstärkt, und Sie haben keine Möglichkeit, positive Erfahrungen zu sammeln. Stellen Sie zur Durchführung Ihres Selbstbehaup-

---

[26] Ceh, J.: Ihr Weg zu mehr Selbstbewusstsein. So bringen Sie sich wirksam auf Erfolgskurs, München/Landsberg am Lech 1989 (3. Auflage 1996), S. 145ff.

tungstrainings eine Liste für Sie schwieriger Aufgaben auf, und beginnen Sie mit der Aufgabe, die Ihnen am leichtesten fällt. Einige Beispiele:

- Bitten Sie Ihnen unbekannte Menschen um Auskünfte und Gefälligkeiten. Verwenden Sie dazu etwa die Formulierung: „Grüß Gott, können Sie mir sagen ...“, vermeiden Sie das häufig gebrauchte: „Entschuldigen Sie ...“
- Machen Sie anderen Menschen Komplimente für erbrachte Leistungen. Erniedrigen Sie sich dabei nicht selbst, indem Sie zum Beispiel sagen: „Das hätte ich nie geschafft“.
- Teilen Sie Ihre Bedürfnisse, Wünsche und Gefühle mit. Sagen Sie zum Beispiel in einem Geschäft: „Grüß Gott, ich interessiere mich für ...“ Lassen Sie sich verschiedene Artikel zeigen und lassen Sie sich beraten. Bedanken Sie sich für die Bemühungen des Verkaufspersonals und sagen Sie dann höflich, Sie müssten noch Vergleichsangebote einholen.
- Bitten Sie eine Verkäuferin, wenn gerade viele Kunden im Laden sind, einen gekauften Artikel als Geschenk einzupacken.
- Versuchen Sie, einen Artikel, den Sie gekauft haben, kurz nach dem Kauf – auch ohne Vorlage des Kassenzettels – umzutauschen.
- Suchen Sie ein Geschäft auf, in dem man Sie nicht kennt, und bitten Sie die Verkäuferin (den Verkäufer), Ihnen einen 5-Euro-Schein in Kleingeld zu wechseln. Wenn man Ihrer Bitte nachkommt, so bedanken Sie sich höflich, tut man es nicht, so sagen Sie: „Trotzdem vielen Dank.“
- Gehen Sie in einen Laden, kaufen Sie einen Gegenstand, und nehmen Sie sich vor, ihn ohne Erklärung oder Entschuldigung zurückzugeben. Sagen Sie nur: „Ich möchte das ... zurückgeben.“

- Üben Sie es, sich öffentlicher Beachtung auszusetzen. Machen Sie zum Beispiel den Kellner in einem Lokal, der zwei Tische von Ihnen entfernt Gäste bedient, laut und vernehmlich darauf aufmerksam, dass Sie bezahlen wollen.
- Betreten Sie eine Gastwirtschaft, in der man Sie nicht kennt, gehen Sie an die Theke und sagen Sie: „Kann ich bitte ein Glas Wasser haben?“ Gibt Ihnen die Bedienung das Glas, trinken Sie es aus und bedanken sich. Bekommen Sie es nicht, sagen Sie höflich: „Trotzdem vielen Dank.“
- Nutzen Sie auch Gelegenheiten, Ihre Unzufriedenheit und Ihren Ärger angemessen auszudrücken: Sie könnten zum Beispiel gegebenenfalls zur Kellnerin sagen: „Ich hatte ein gut durchgebratenes Steak bestellt. Was Sie mir da serviert haben, ist jedoch noch blutig. Bringen Sie mir bitte, was ich bestellt habe.“ Wenn sich jemand in einem Geschäft vordrängelt, sprechen Sie ihn an: „Entschuldigen Sie, ich bin an der Reihe.“ Behandelt Sie jemand unfreundlich, so fragen Sie ihn: „Warum sind Sie eigentlich so unhöflich zu mir?“
- Grüßen Sie Arbeitskollegen, die Sie nur vom Sehen kennen, mit einem freundlichen „Guten Morgen“, ohne einen Gegengruß zu erwarten. Versuchen Sie nicht, es allen Leuten recht machen zu wollen. Sie setzen sich ein unerreichbares Ziel und begeben sich in die Abhängigkeit anderer Menschen. Wichtiger als die Wertschätzung durch andere ist, dass man sich selbst akzeptiert und achtet. Auf A. Salter gehen die folgenden sechs Direktiven zurück, die während des Selbstbehauptungstrainings – neben der Arbeit an den konkreten sozialen Problemen – beachtet werden sollten:

1. Emotionales Sprechen – Positive und negative Gefühle, die in sozialen Situationen auftreten, sollten möglichst spontan ausgesprochen werden („feeling talk").
2. Expressives Sprechen – Die spontan auftretenden Emotionen sollen auch mimisch und gestisch zum Ausdruck gebracht werden („facial talk").
3. Widerspruch und Angreifen – In der Auseinandersetzung mit anderen Menschen soll auf keinen Fall Übereinstimmung simuliert werden; der Austausch von Meinungen wird erst auf diese Weise wirklich fruchtbar („contradict and attack").
4. Absichtlich häufiger Gebrauch des Wortes „Ich" – Das Wort „Ich" sollte im Dialog – wo immer möglich – vorsätzlich gebraucht werden. Die Angst, man könnte dadurch „eingebildet" und „unnatürlich" wirken, ist nach Auffassung von Salter unbegründet („deliberate use of the word ‚I'").
5. Zustimmung bei Lob durch andere – Lob der eigenen Person soll angenommen werden; gegebenenfalls ist auch Selbstlob – in entsprechender Form – durchaus angebracht („express agreement when you are praised").
6. Improvisation – Hierbei geht es darum, das Gefühl des spontanen Handelns und des „Lebens für den Augenblick" wieder zu empfinden und entsprechende Reaktionen einzuüben („improvisation").

Wege zu mehr persönlicher Souveränität

Souveränität (vom Lateinischen „superanus" = „darüber befindlich") bedeutet, eigenständig und selbstbestimmt zu denken, zu fühlen, zu handeln.

In Bezug auf menschliches Verhalten wird das Adjektiv souverän mit selbstsicherem Auftreten gleichgesetzt. Inhaltlich nichts zu tun hat das Eigenschaftswort mit Überheblichkeit, Arroganz oder dem Beherrschen anderer Menschen.

Kriterien, die souveräne Menschen auszeichnen, sind:

- Autonomie,
- Unabhängigkeit,
- Eigenständigkeit,
- Selbstbestimmung,
- Eigenverantwortung,
- Verlässlichkeit,
- Glaubwürdigkeit,
- innere Ruhe und Gelassenheit,
- gutes Selbstwertgefühl,
- klares und auch kritisches Bewusstsein von sich selbst,
- Offenheit und Respekt gegenüber anderen Menschen,
- Empathiefähigkeit,
- Vertrauenswürdigkeit,
- Über-der-Situation-Stehen.

Als souverän gilt in der Regel jemand, der nicht spontan, sondern überlegt handelt, jemand, dem es gelingt, alles im Griff zu haben, Herr der Lage zu sein, sich keine Blöße zu geben und allzeit mit Gelassenheit und Entschlossenheit den Herausforderungen des Lebens zu begegnen.

Souveränität ist keine angeborene, sondern eine erlernte Eigenschaft und Fähigkeit, die – in Grenzen – trainiert werden kann. Übernehmen

Sie ganz bewusst die Verantwortung für Ihr eigenes Handeln und Nichthandeln, vermeiden Sie alles, womit Sie Ihre persönliche Glaubwürdigkeit aufs Spiel setzen würden. Stehen Sie zu Ihren Zusagen. Orientieren Sie sich an der indianischen Redensart: „Urteile nie über einen anderen Menschen, bevor du nicht einen Mond lang in seinen Mokassins gegangen bist."

Souveräne Persönlichkeiten setzen sich Ziele und zeigen sich authentisch, loyal und integer. Ihr Verhalten steht nicht im Widerspruch zu ihrem inneren Wesen und wirkt deshalb nicht aufgesetzt, gekünstelt oder erzwungen.

Souveräne Menschen sind sich über ihre Stärken und Schwächen im Klaren, verstecken sich nicht hinter einer Fassade, die nicht zu ihrer Persönlichkeit passt und verzichten auf Täuschungsmanöver, auch weil sie wissen, was Abraham Lincoln auf den Punkt gebracht hat: „Man kann einen Teil des Volkes die ganze Zeit täuschen, und das ganze Volk einen Teil der Zeit. Aber man kann nicht das gesamte Volk die ganze Zeit täuschen."

Eine souveräne Persönlichkeit ist emotional stabil und strahlt dadurch Sicherheit aus (vgl. auch „Kann man Optimismus lernen?", S. 184ff.). Sie ist achtsam, beobachtet eine Situation und bildet sich ihre eigene Meinung, auf die sie dann auch vertraut.

Souveränität ist eine maßgebliche Fähigkeit, um schwierige Situationen durchzustehen; souveränes Auftreten ist im beruflichen Kontext unverzichtbar. Wer schon dadurch überzeugt, setzt sich damit „von der Masse" ab und Türen, die für andere verschlossen bleiben, stehen ihm offen. Die Notwendigkeit von persönlicher Souveränität stellt sich jedoch nicht nur im Berufsleben, sondern betrifft letztlich alle Lebensbereiche.

Emotionsregulation – Training der Gefühle

Positives Denken und psychische Hygiene contra Stress[27]

Die Innenwelt-Verschmutzung, Selbstvergiftung von innen durch negative Gedanken und Vorstellungen, ist für den Menschen nicht weniger gefährlich als die Umwelt-Verschmutzung, von der heute alle Welt redet. Sozial bedingter Stress hat seine Ursachen unter anderem in der Lieblosigkeit der Mitmenschen, im gleichgültigen Nebeneinander, in übersteigertem Konkurrenz- und Leistungsdenken, in der Jagd nach Anerkennung und Statussymbolen und im ständigen Vergleichen mit anderen, aus dem eine permanente Unzufriedenheit resultiert.

„Wir denken selten darüber nach, was wir haben, immer nur darüber, was uns fehlt."

Arthur Schopenhauer

Haben-Wollen, Nie-genug-kriegen-Können sind charakteristisch für den auf HABEN programmierten Menschen unserer Zeit. Dabei wird vergessen, dass Leben vor allem SEIN ist, dass sich die Tür zum wahren Glück nur nach innen öffnet und jeder Mensch mit allen seinen Vorzügen und Fehlern auf wunderbare Weise einmalig ist.

Wir leben in einer „Haben orientierten" Zeit (Erich Fromm) und sind durch eine sehr kommerziell ausgerichtete Welt zu „Besitzern" geworden; vielfach meinen wir zu sein, was wir haben. Viele Menschen sind gierig, wollen zu viel und können *nicht loslassen.* Knud Eike Buchmann berichtet in diesem Zusammenhang über die malaiische

---

[27] Ceh, J.: Entspannen jederzeit! Techniken zur besseren Streßbewältigung, München/Landsberg am Lech 1991 (2. Auflage 1995), S. 214ff.

„Affenfalle“[28]: „Dort fangen die Eingeborenen Affen für die westlichen Zoos dadurch, dass sie unter den Bäumen, in denen sich die neugierigen Tierchen aufhalten, ausgehöhlte Kokosnüsse, mit Reiskörnern gefüllt, auslegen. Die Nüsse haben eine kleine Öffnung, in die die Affen gerade ihre Pfote hineinstecken können. Die Eingeborenen gehen dann (scheinbar) weg. Die Affen – neugierig – untersuchen immer hungrig die Nüsse, stecken ihre Pfoten hinein, umschließen die Reiskörner – und können die Hände in ihrer Gier nicht mehr öffnen. Die Häscher eilen herbei und ‚sammeln‘ die nicht mehr kletterfähigen Affen ein ... Sind wir nicht auch oft in einer sehr ähnlichen Situation?“

Vieles, was im Leben eines Menschen heute geschieht, ist nur die Verwirklichung früherer Gedanken; ebenso kann man seine Zukunft durch seine gegenwärtigen Gedanken mitbeeinflussen. Sie glauben es nicht? Probieren Sie es doch einfach aus!

„Alles, was wir sind, ist das Ergebnis dessen, was wir gedacht haben.“

Buddha

Das aktuelle Handeln wird von den Inhalten des Unterbewusstseins mitbestimmt. Wer die Sprache seines Unterbewusstseins versteht, kann es positiv „programmieren“ und damit sein zukünftiges Leben glücklicher gestalten. Phantasien, Vorstellungen, Emotionen, Intuitionen sind „sprachliche“ Äußerungen des Unterbewusstseins. „Positives Denken“ ist ein autosuggestives Beeinflussungsverfahren, dem folgende Prinzipien zugrunde liegen:

- Jede bildhafte Vorstellung, die der Mensch in seinem Innern entwickelt, hat die Tendenz sich zu verwirklichen, wenn nicht andere – gleichzeitig bestehende – Vorstellungen ihr entgegengerichtet sind (Ideomotorisches Prinzip).

[28] Buchmann, K. E.: Die Kunst der Gelassenheit. Freiburg im Breisgau 1980, S. 44

- Das Wollen des Menschen ist seinen Vorstellungen untergeordnet; der Wille unterliegt, wenn Wille und Vorstellung einander entgegenstehen (Gesetz des Primats der bildhaften Vorstellung).
- Anstrengungen, die unter dem Einsatz starker Willenskraft unternommen werden, bewirken oft das Gegenteil des Erhofften (Prinzip des paradoxen Verhaltens).
- „... jeder dauernde oder systematisch sich wiederholende Reiz, der über entsprechende Nervenbahnen einen bestimmten Punkt der Hirnrinde erreicht, (führt) ..., vorausgesetzt, dass seine Wirkung nicht durch einen anderen dazwischenkommenden weckenden Reiz gestört wird, früher oder später zur zwangsartigen Schläfrigkeit“[29].

Positive Vorstellungen als geistige Bilder zeigen dem Menschen, wohin er möchte, und fördern damit das Denken und Handeln in Richtung auf dieses Ziel. Wer sich mehrfach im Zustand tiefer Entspannung ein positives Zukunftsbild ausmalt, verankert damit diese Vorstellung im Unbewussten, von wo aus sie eine enorme „Sogwirkung“ entfalten kann. Sehen und suchen Sie das Positive in der Welt. Konsequentes positives Denken kann tiefsitzende „Negativmechanismen“ ausschalten und Ausstrahlung und Leben eines Menschen grundlegend verändern.

Positive Gedanken können Sie durch Imagination, das heißt durch die Kraft Ihres Vorstellungsvermögens, im Unterbewusstsein verankern. Entspannen Sie sich dazu möglichst tief und lassen Sie vor Ihrem geistigen Auge ein Ziel, das Sie anstreben, als möglichst plastisches Bild erscheinen. Erwecken Sie Ihre Wunschvorstellungen zum Leben. Stellen Sie sich zum Beispiel im Zusammenhang mit einem Examen,

---

[29] Meinhold, W.: Spektrum der Hypnose, Genf 1980, S. 51f.

das Sie vor sich haben, den ganzen Handlungsablauf einschließlich der Freude und des Stolzes vor, die Sie nach bestandener Prüfung empfinden werden.

Wenn negative Gedanken in Ihnen auftauchen, sollten Sie sofort eine positive Gegenvorstellung dazu bilden. Es ist sicher erfreulich, wenn die Sonne scheint. Warum muss man aber den reinigenden, wachstumsfördernden Regen weniger positiv erleben? Sie könnten in diesem Zusammenhang daran denken: Es gibt kein schlechtes Wetter, sondern nur Leute, die unzweckmäßig angezogen sind. Die Welt ist so, wie wir sie sehen. Wer durch den Wald geht, kann seine Aufmerksamkeit auf die Schönheit der Natur richten – oder auf die Abfälle, die Mitmenschen liegen gelassen haben. Erleben Sie die Vitalität und Schönheit des Daseins in der Natur. Wie viel Kraft und Zuversicht kann doch ein Blick auf eine Blume oder einen Baum vermitteln.

Viele Menschen machen Zeit ihres Lebens ihre Erziehung, die Situation am Arbeitsplatz oder in der Familie, das Wetter oder andere Umstände für ihre Probleme verantwortlich. Vermeiden Sie solche verhängnisvollen Ursachenzuschreibungen. Sie leben Ihr Leben und müssen die Verantwortung dafür selbst übernehmen. Ziehen Sie in einer ruhigen Stunde – besonders gut eignet sich dazu der Urlaub – die Bilanz Ihres bisherigen Lebens. Was war positiv? Was ist aus heutiger Sicht negativ verlaufen? Wie auch immer diese Bilanz ausfällt, zentral wichtig ist es, dass Sie den Ist-Zustand akzeptieren, ohne sich selbst oder anderen Menschen deshalb Vorwürfe zu machen. Den Ist-Zustand anzunehmen heißt, zu akzeptieren: Es ist, wie es ist. Mit der Kraft der eigenen Gedanken und bildhaften Vorstellungen sollten Sie anschließend gegebenenfalls versuchen, das Leben in positivere Bahnen zu lenken.

Unser Unbewusstes drückt sich zum Beispiel in unseren Träumen aus. Auch gedankliche Bilder, die sich ohne unser Zutun einstellen, und Worte, die wie von selber in unser Bewusstsein treten, können mitgeteilte Erfahrungen aus den Tiefen unserer Person sein. Vertrauen Sie darauf, dass Ihr Unterbewusstsein versucht, jeden Gedanken umzusetzen, ihn zu „materialisieren". Zweifeln Sie nicht an der Realisierung Ihrer Vorstellungen.

Nach psychosomatischer Lehrmeinung können körperliche Krankheiten seelisch verursacht sein und sie können gleichzeitig eine Linderung psychischer Probleme darstellen. Seelisch verursachten oder mitbedingten Krankheiten liegen unbewusste psychische Konflikte zugrunde; die Seele wählt den Weg über den Körper, wenn es ihr an anderen Ausdrucksmöglichkeiten fehlt.

„Wo viel Licht ist, ist viel Schatten" heißt es im Götz von Berlichingen. Ohne den Begriff „Licht" ist der des „Schattens" ohne Sinn. So hat jedes Ding und jeder Sachverhalt zwei Seiten. Eine davon ist in der Regel positiv; dieser Seite sollten Sie sich vor allem zuwenden.

„Leute, die auf Rosen gebettet sind,
verraten sich dadurch,
dass sie immerzu über die Dornen jammern."
Verfasser unbekannt

Alles, was vergangen ist, können Sie nicht mehr ändern. Warum also darüber aufregen? Leben Sie im Hier und Jetzt. Lenken Sie Ihre volle Aufmerksamkeit auf das, was Sie gerade tun. Hobbys erleichtern – wenn sie nicht zu einer Pflichtübung werden – das „Abschalten". Ihr besonderer Wert liegt in der unbefangenen Freude am spielerischen Tun. Wer richtig spielt, ist ganz im Hier und Jetzt, er schaut nicht auf die Uhr und er vergisst, was gestern war und möglicherweise morgen sein wird.

„Keiner ist eine Insel." Damit der Mensch *Ich* sein kann, ist er auf das *Du*, auf den Umgang mit anderen, angewiesen.

„Alles wirkliche Leben ist Begegnung."

Martin Buber

Nur wer zuhören kann, ist in der Lage, seine Mitmenschen wirklich zu verstehen – das hörende Schweigen ist eine Voraussetzung für mitfühlendes Eingehen auf andere. Denken Sie auch daran, dass Ihnen andere Menschen in der Regel immer auf der Ebene antworten, auf der sie von Ihnen angesprochen wurden. Je positiver Sie sich Ihren Mitmenschen nähern, desto positiver wird – langfristig gesehen – das „Echo" sein. Wer die eigenen Vorurteile zum Maß aller Dinge erhebt oder wer sein Unbehagen als Motor seines Verhaltens anderen gegenüber einsetzt, braucht sich nicht zu wundern, wenn sich in diversen Lebenslagen persönliche Probleme wie von selbst einstellen. Wenn Sie sich über jemanden ärgern, treffen Sie damit nicht den, der Ihren Ärger ausgelöst hat, sondern Sie schaden ausschließlich sich selbst.

„Kein Mensch kann mich je demütigen oder verletzen. Ich gestatte es ihm nicht."
Bernhard Baruch

Aus Krisen können Chancen wachsen. Die Chinesen haben für „Chance" und „Gefahr" dasselbe Wort: „wei-dschi". Wer ein Risiko eingeht, hat die Chance, etwas besser machen zu können – zugleich aber besteht die Gefahr des Misslingens. Nicht: „Jedem Risiko ausweichen", sondern: „Bei Abwägung möglicher Konsequenzen ein kalkuliertes Risiko selbstbewusst eingehen und bereit sein, einen missglückten Versuch zu tolerieren" heißt die Devise, deren Befolgung von Selbstvertrauen zeugt. Rückschläge sind da, um überwunden zu werden. Lassen Sie sich von Ihren Mitmenschen keine Schuldgefühle einreden, rechnen Sie mit der Macht der Beharrlichkeit und hüten Sie sich vor Ungeduld. Denken Sie daran: Wer empfangen will, muss geben.

Unangemessene Gefühlszustände und Verhaltensweisen werden häufig von irrationalen Anschauungen und irrationalen Lebensphilosophien hervorgerufen. Albert Ellis, der Begründer der Rational-emotiven Therapie, hat solche selbstschädigenden Ansichten und

Ideen, die den Menschen in psychische Verwirrung versetzen können, zusammengestellt. In *Tabelle 9* sind zu den verschiedenen irrationalen Ideen entsprechende rationale Überzeugungen als Alternativen formuliert worden.[30]

[30] Vgl. Schwartz, D.: Gefühle erkennen und positiv beeinflussen, München 1991, S. 52f.

Irrationale Idee	Rationale Alternative
Ich muss von jedermann – zumindest von jeder Person, die mir etwas bedeutet – nahezu immer geliebt, geschätzt oder anerkannt werden; wenn dies nicht der Fall ist, so wäre das schrecklich.	Es ist wünschenswert, von anderen Menschen geschätzt zu werden. Ich bin jedoch nicht unbedingt auf die Wertschätzung anderer Personen angewiesen. Ich kann mich selbst achten und akzeptieren.
Ich bin ein Mensch ohne Wert, wenn ich mich nicht in allem – oder zumindest auf einem wichtigen Gebiet – überaus kompetent, tüchtig und erfolgreich erweise.	Ich bin ein Mensch mit Fehlern und kann mich als solcher akzeptieren, auch wenn ich mich so verhalte, wie ich es nicht mag.
Wenn andere Menschen unfair oder schlecht handeln, sollte man sie streng zurechtweisen und bestrafen, denn sie sind böse und verdorbene Menschen.	Weil Menschen fehlbare Wesen sind, können sie unfair und schlecht handeln. Sie tun dies häufig aus Unwissenheit oder auf Grund psychischer Störungen. Statt sie zu bestrafen, helfe ich ihnen besser, in Zukunft anders zu handeln.
Es ist schrecklich und eine Katastrophe, wenn die Dinge nicht so sind, wie ich es gerne hätte.	Es ist wirklich bedauerlich, wenn die Dinge so sind, wie wir es nicht mögen, und es ist ratsam, die verantwortlichen Bedingungen zu ändern. Wenn eine Änderung aber nicht möglich ist, so ist es besser, dies zu akzeptieren.
Emotionale Probleme haben äußere Ursachen und ich habe wenige Möglichkeiten, meine Gefühle zu verändern oder zu kontrollieren.	Emotionale Schwierigkeiten sind zu einem großen Teil durch die Sicht bedingt, die ich von den Dingen habe. Man hat enorme Kontrolle über seine destruktiven Gefühle, wenn man an der Verän-

Irrationale Idee	**Rationale Alternative**
	derung der törichten und unwissenschaftlichen Hypothesen zu arbeiten beginnt, die diese Gefühle hervorrufen.
Ich muss mir große Sorgen machen oder mich angesichts von Ereignissen, die möglicherweise gefährlich sein könnten, sehr ängstigen.	Das Leben besteht zu großen Teilen aus Risiko. Ich kann nicht alles kontrollieren. Besser den Gefahren ins Gesicht schauen und sie ruhig bekämpfen, als sich ständig zu beunruhigen. Unvermeidliches besser akzeptieren.
Es ist leichter, Schwierigkeiten aus dem Weg zu gehen, als sich ihnen zu stellen. Ich muss mich immer wohlfühlen und darf keinerlei Schmerz ertragen müssen.	Der sogenannte leichte Weg ist oft der schwerere. Unannehmlichkeiten kann man ertragen, auch wenn man sie niemals mögen wird.
Man braucht jemanden, der stärker ist als man selbst, auf den man sich stützen kann.	Es ist besser, das Risiko des unabhängigen Handelns und Denkens auf sich zu nehmen. Es ist schön, Ratgeber zu haben, aber ich bin nicht auf sie angewiesen. Die letzte Entscheidung treffe ich selbst.
Meine Vergangenheit ist die Ursache für meine gegenwärtigen Probleme, weil etwas, das sich früher einmal stark auf mein Leben auswirkte, dies auch weiterhin tut.	Man kann aus der Vergangenheit lernen, aber die Vergangenheit determiniert mich nicht völlig. Emotionale Probleme haben gegenwärtige Gründe.
Die Welt sollte fair und gerecht sein.	Die Welt ist so, wie sie sein muss. Ich kann sie zu verändern trachten, aber es gibt keinen Grund, warum sie anders sein sollte.

Tabelle 9: Irrationale Ideen und rationale Alternativen

Wie kann man Ärger und Wut in den Griff bekommen?

Ärger – beziehungsweise seine große Schwester, die Wut – zählt zu den Basis-Emotionen wie Angst, Ekel, Traurigkeit, Überraschung oder Freude. Ärger ist „eine spontane, innere, negativ-emotionale Reaktion (Affekt) auf eine unangenehme oder unerwünschte Situation, Person oder Erinnerung." (Wikipedia)

Mit diesem Begriff „umschreibt man eine ganze Gruppe negativer Gefühle, die verschiedene Erregungsniveaus und Intensitäten aufweisen können. Die stärkste Form ist die Wut. ... Weniger erregende Formen ... sind Unbehagen, Unmut, Missmut." (Wikipedia)

Das Spektrum ist also breit, die Grenzen sind fließend. Wenn als vermittelnde Variable zwischen Frustration und Aggression „anger" (Ärger/Wut/Zorn) auftritt, ist mit aggressivem Verhalten des Betroffenen zu rechnen.

Ärger sorgt für eine massive Ausschüttung der Stresshormone Adrenalin und Cortisol: Blutdruck und Puls steigen, die Atmung wird flacher, die Muskulatur wird besser durchblutet, der Körper ist bereit für Fight or Flight. Es gilt die höchste Alarmstufe. Andererseits können Ärger und Wut auch ein starker Antrieb für unser Handeln und für Veränderungen sein. Aber: Nur ärgern bringt nichts. Erst unser Handeln ändert etwas.

Also: Ärgern Sie sich nur über das, was Sie ändern können und ändern wollen.

Vielleicht kennen Sie das sog. „Gelassenheitsgebet" des württembergischen Prälaten und Theosophen Friedrich Christoph Oetinger (1702-1782):

„Gott gebe mir die Gelassenheit, Dinge hinzunehmen, die ich nicht ändern kann, den Mut, Dinge zu ändern, die ich ändern kann, und die Weisheit, das eine vom anderen zu unterscheiden."

Viele Jahre glaubte man, es sei gesünder, seinem Ärger „Luft zu machen“, statt ihn runterzuschlucken, ihn in sich „hineinzufressen“.

Beide Verhaltensweisen sind jedoch aus wissenschaftlich-psychologischer Sicht nicht zu empfehlen. Untersuchungen belegen, dass ungehemmtes Sich-Luft-machen (lautes Schimpfen, auf Kissen einschlagen, Ärger an anderen abreagieren ...) den Ärger verstärkt und die Aggressionsbereitschaft erhöht.

Wer losbrüllt, baut seinen Ärger nicht ab, sondern bleibt auf dem hohen Ärger-Level stehen. Es gilt der Grundsatz: „Wer schreit, hat unrecht.“ Argumente kommen aus dem Kopf, nicht aus dem Kehlkopf. Lautsprecher verstärken die Stimme, nicht aber die Argumente.

„Sanfte Antwort dämpft die Erregung, kränkende Rede reizt zum Zorn.“ (Bibel, Sprüche 15,1)

Ärger häufig runterzuschlucken, ihn zu unterdrücken, führt zu schlechter Laune, Gereiztheit, Unausstehlichkeit und – wenn er maßlos wird, d. h. in keinem nachvollziehbaren Verhältnis zum Auslöser steht – zu massiven körperlichen Beeinträchtigungen (Herz- und Kreislaufproblemen, Magenbeschwerden, Kopfweh ...).

Wenn wir uns ärgern, übernimmt unser Reptiliengehirn – also der evolutionsgeschichtlich ältere Teil unseres Denkorgans – das Kommando. Die Funktionen der Großhirnrinde – und damit all unsere im Laufe des Lebens erworbene Weisheit – stehen uns nur noch eingeschränkt zur Verfügung. Wir bekommen den sprichwörtlichen Tunnelblick.

Starker Ärger lähmt und verhindert, dass man einen kühlen Kopf bewahrt und vernünftige Entscheidungen trifft.
Mittel der Wahl ist es, der Person, die den Ärger ausgelöst hat, in einem ruhigen, aber bestimmten Ton zu sagen, dass man ihr Verhalten nicht billigt. Wenn ich das tue, heißt das nicht, dass ich das Verhalten des andern gutheiße oder ich „klein beigebe“. Wenn Sie im Gegensatz dazu unkontrolliert wütend reagieren, signalisieren Sie

dem anderen, dass er einen wunden Punkt von Ihnen getroffen hat. Der andere weiß nun, wie er Sie manipulieren kann.
Beste Lösung ist nach herrschender psychologischer Fachmeinung die Ärger-Kontrolle (Emotionskontrolle). Es gilt den Ärger bewusst wahrzunehmen und ihn gezielt zu regulieren.

Eine wirkungsvolle Methode ist in diesem Zusammenhang die Verzögerung: Dreimal tief durchatmen, dann bis 10 zählen und sich nun überlegen, was genau einen gerade so wütend macht.

Nach dem „ABC der Gefühle" der Rational-emotiven-Therapie von Albert Ellis erzeugen Sie Ihre Gefühle über Ihre Gedanken selbst. Ihre Gefühle sind quasi die Auftragsarbeit Ihrer Gedanken (vgl. S. 15 ff. und S. 188 ff.).

Kein anderer Mensch hat Sie jemals geärgert. Das taten ganz allein Sie.

Gedanken, die Ärger auslösen („ärgerträchtige Gedanken"), könnten etwa sein:

- „Der/die denkt wohl, ich bin blöd!"
- „Für wie dumm hält der/die mich eigentlich!?"
- „Dem/der werde ich es zeigen!"
- „Der/die denkt wohl, er/sie kann mit mir machen, was er/sie will!"
- „Ich lass mich doch nicht zum Hampelmann machen!"
- „Er/Sie hätte das nicht tun dürfen!"
- „So eine Unverschämtheit!"
- „Was fällt Ihnen ein?"
- „Das ist ja das Allerletzte!"

Beispiele für beruhigende Gedanken/Fragen:

- „Keep calm and carry on."
- „Das berührt/tangiert mich nicht."

- „Da stehe ich drüber."
- „Nicht ärgern – nur wundern!"
- „Das lasse ich beim andern."
- „Das fasziniert mich."
- „Na wenn schon!"
- „Außer ändern und umdeuten (Reframing) gibt es nichts Sinnvolles, um mit einer Situation fertig zu werden."
- „Beachtung bringt Verstärkung, Nichtbeachtung bringt Befreiung."
- „Ich lasse es erstmal ‚sacken'."
- „Wenn ich in einer konkreten Situation denke: ‚Egal!', stellt sich ein Gleichgültigkeitsgefühl ein."
- „Ich werde es überleben und kann es schon deshalb aushalten/ertragen/damit fertig werden."
- „Was will mich diese Situation lehren?"
- „Was will mir diese Situation – quasi als mein persönlicher ‚Coach' – sagen?"
- „Wenn der ‚Shitstorm' kommt, drücke ich gedanklich die WC-Spülungs-Taste."
- „Alles hat 2 Seiten. Ich drehe die Medaille einfach um."
- „Hinter jedem Schatten befindet sich – naturnotwendig! – ein Licht."
- „Ich kann andere Menschen nicht ändern und trage deshalb i. d. R. keine Verantwortung für sie."
- „Jeder Mensch tut eben – oft ohne Rücksicht auf jemand anderen – genau das, was für ihn das Beste ist."
- „Ich betrachte das Verhalten des anderen wie ein Naturereignis (Wetter), auf das ich keinen Einfluss habe."
- „Was der andere sagt/tut, verrät mehr über ihn selbst – seine Bedürfnisse, Wünsche, Vorlieben, Probleme – als über mich."

„Das, was Paul über den Peter sagt, sagt mehr über den Paul als über den Peter."
Baruch Spinoza

- „Das Verhalten des Anderen kann 1000 Ursachen haben – warum es also persönlich nehmen?"
- „Jede Kritik ist nichts anderes als eine Meinungsäußerung. Jeder kann denken, was er will."
- „Ärger ist Energieverschwendung."
- „Man kann sich buchstäblich über alles ärgern, man kann es aber auch bleiben lassen."
- *„An seinem Ärger festzuhalten ist genauso wie ein glühendes Stück Kohle in die Hand zu nehmen, um es nach jemandem zu werfen. Derjenige, der sich dabei verbrennt, bist du selbst."*
  Buddha
- *„Wer sich ärgert, büßt die Sünden anderer Leute."*
  Konrad Adenauer

Schuld am Ärger sind immer überzogene Erwartungen. Werden sie nicht erfüllt, ist man frustriert und verärgert. Im Gegensatz dazu lässt sich ein unerfüllter Wunsch meist einfach mit dem Wort „schade" kommentieren.

Durch die Annahme, etwas müsse so oder so sein, oder jemand müsste sich so oder so verhalten - eine sog. „Mussturbation" - bauen wir eine riesige Erwartungshaltung auf. Das Wort „muss" lässt keine Alternative zu. Enttäuschungen sind absehbar. Wenn wir „müssen" durch „können" ersetzen, wandeln wir eine Verpflichtung in eine Option, eine Chance um. Das reduziert das Enttäuschungsrisiko und schafft ein Gefühl von Freiheit.

Mit dem Slogan „Yes, we can" hat Barack Obama seinen Wahlkampf gewonnen.

Wenn uns etwas ärgert, möchten wir das zugrundeliegende Problem möglichst sofort lösen. Eingebildeter Zeitdruck heizt den Ärger noch weiter an.

Ein Satz, der sich hervorragend als Ärger-Killer eignet, ist: „Schließlich, morgen ist auch ein Tag" - er ist auch der Schlusssatz des Romans „Vom Winde verweht".

Emotionen lassen sich leichter kontrollieren, wenn man in Gedanken bis 10 zählt, auf seine Atmung achtet und dabei - aus Gründen der Entspannung - die Ausatmung betont. Lächeln - auch wenn einem nicht danach zumute ist - verbessert die Stimmung.

Einen simplen Trick, um sein Gehirn auf gute Laune zu polen, beschreibt der US-amerikanische Anthropologe und Psychologe Paul Ekman: „Ziehen wir über einen Zeitraum von mehreren Minuten die Mundwinkel hoch, bekommt unser Gehirn das Signal: ‚Der Mund lacht!'" - und das Gehirn leitet durch neuronale Impulse ein echtes Lachen ein. Denselben Effekt erzielen wir, wenn wir einen Bleistift quer zwischen die Zahnreihen (nicht zwischen die Lippen!) legen und ihn sanft mit den Zähnen berühren.

Echtes Lachen und sich ärgern schließen sich gegenseitig aus - genauso wie Entspannung und Angst.

Wechseln Sie in ärgerträchtigen Situationen ab und an gedanklich die Seiten. Sich vorzustellen, dass der andere gute Gründe für sein Handeln hat, sorgt für innere Balance. Ein Kraftfahrzeug zum Beispiel, das den Fußweg vor einer Apotheke zuparkt, ist plötzlich kein Ärgernis mehr, wenn ich erfahre, dass der Fahrer ganz dringend ein Medikament für sein schwerkrankes Kind benötigt.

Vermeiden Sie es, Ihr Gegenüber unmittelbar anzusprechen, wenn es einen starken Wutausbruch hat.

„Mit einem Vulkan ist nicht zu reden."

Ernst Jünger

In den USA hört man gelegentlich: Einen Menschen, der gerade „kotzt“, kann man nicht gleichzeitig füttern.

Versuchen Sie, bei sich inneren Aufschub zu erreichen, und wählen Sie für das Gespräch einen ruhigeren Zeitpunkt.

Körperliche Bewegung ist die naturgegebene Antwort auf Stress. Auf diese Weise bauen wir die bereitgestellte Energie ab und der Cortisol-Spiegel sinkt auf sein Ausgangsniveau. Es ist diesbezüglich bereits hilfreich, wenn wir zeitnah zur Ursache der Verärgerung eine halbe Stunde spazieren gehen oder einige Kilometer joggen.

Eine weitere Möglichkeit zur Bewältigung von Ärger besteht darin, dass wir uns innerlich von diesem Gefühl distanzieren. Wir nehmen den Ärger wahr, stellen uns jedoch vor, dass er peripher bleibt und an uns vorbeizieht – wie Wolken, die sich verziehen, bis der Himmel wieder blau ist.

Man kann den Ärger auch „gedanklich abwaschen“. Eine einfache Dusche lässt sich als Ärger-Killer einsetzen. Lassen Sie das Wasser achtsam auf Ihrer Haut herablaufen. Nehmen Sie das dabei entstehende Gefühl ganz einfach wahr, ohne es zu bewerten. Stellen Sie sich vor, wie das Wasser allen Ärger von Ihnen abwäscht und der in Wasser und Seife gelöste Ärger für immer in der Kanalisation verschwindet.

„Es ist unmöglich, jemandem ein Ärgernis zu geben, wenn er's nicht nehmen will.“

Friedrich von Schlegel

Was kränkt, macht krank

Das Wort „Kränkung“ leitet sich vom mittelhochdeutschen Wort „krenken“ her, was schwächen, mindern, zunichtemachen, plagen, erniedrigen bedeutet (vgl. S. 179f.). „Kranc“ ist der zweite Wortstamm und heißt: schmal, gering, schwach. Genauso fühlen wir uns nach einer Kränkung.

Kränkungen sind universell verbreitet, im partnerschaftlichen, beruflichen, gesellschaftlichen Umfeld. Kränkung hat zu tun mit Liebesentzug und Zurückweisung. Das Spektrum der Kränkungen ist weit. Es reicht von „Jemanden-schief-Anschauen“ bis hin zu beleidigenden Äußerungen. Eine sehr schlimme Kränkung ist das Mobbing. Auch Trennungsprozesse sind oft gekennzeichnet von einer ganzen Reihe gegenseitiger Kränkungen.

Eine Kränkung schwächt unser Selbstwertgefühl. Wir haben das Empfinden, zu kurz zu kommen, wenig wert zu sein, übersehen zu werden, benachteiligt zu sein, ungerecht behandelt, verkannt zu werden.

Eine Kränkung ist immer ein Angriff auf unser Ich, auf das Selbst und die eigenen Werte. Entwertungen berühren direkt unser Selbstwertgefühl, da wir uns nicht respektiert, wertgeschätzt, angenommen und verstanden fühlen.

Neben Kränkungen durch andere gibt es auch *Selbstkränkungen*, die durch Selbstentwertungen gekennzeichnet sind. In diesen Fällen wertet sich eine Person selber ab und spielt ihre Wichtigkeit für sich und andere herunter. Menschen kränken sich beispielsweise selbst, indem sie ihre Ansprüche so hochschrauben, dass sie nicht erfüllbar sind und sie mit dem ständigen Gefühl leben, nicht zu genügen.

Wir haben die Grundbedürfnisse, für andere eine Bedeutung zu haben, für sie eine Rolle zu spielen, wertgeschätzt und geliebt zu werden und dazuzugehören. Bekanntlich erfüllt nichts mehr, als gebraucht zu werden. Wenn diese Bedürfnisse unerfüllt bleiben oder absichtlich verletzt werden, fühlen wir uns gekränkt.

Im Rahmen der psychologischen Beratung kann ich nicht selten feststellen, dass schwere, nicht verarbeitete Kränkungen vorhanden sind. Die Sprache junger Menschen ist sehr cool, man gibt nach außen das Pokerface nach dem Motto „Nichts kann mich berühren". Aber die Realität ist oft eine ganz andere. Junge Leute sind extrem verletzlich und sie haben ein ausgeprägtes Bedürfnis nach Anerkennung, Wertschätzung, Liebe. Dieser Zwiespalt zwischen Coolness und Verletzlichkeit ist der Boden, auf dem Kränkungen gedeihen können.

Im Gespräch zeigt sich des Öfteren, dass auch in der Erziehung Fehler gemacht wurden, was die schwierige Gratwanderung zwischen Fordern und Verwöhnen angeht. Wird ein Mensch übermäßig verwöhnt, bekommt er eine „sehr dünne Haut" und wird extrem kränkbar. Aber das passiert auch, wenn er zu wenig Zuwendung bekommt.

Was unterscheidet die Kränkung von einer „normalen" Enttäuschung?

Enttäuschungen sind eher „akut", Kränkungen haben einen nachhaltigen Effekt, werden meistens verdrängt und entfalten dadurch eine destruktive Wirkung. Außerdem treffen Kränkungen uns an sensiblen Stellen. Das müssen nicht unbedingt wunde Punkte sein, es können auch Werte sein, die uns wichtig sind. Die Enttäuschung ist ein Element der Kränkung.

Was sind überhaupt die Motive, einen anderen zu kränken? Manchmal ist es einfach nur Gedankenlosigkeit, manchmal aber auch ein ganz bewusstes Vorgehen, die Absicht andere zu demütigen, zu beschädigen. Nicht selten vertauschen gekränkte Wesen die Rollen und kränken andere. Das ist eine Art psychischer Reparaturmechanismus.

Seit einer Reihe von Jahren nimmt der Narzissmus, also die Ichbezogenheit, stark zu. Wenn der Narzissmus stärker wird, nimmt auch die

Kränkbarkeit zu. Denn durch ihre starke Ichbezogenheit kränken Narzissten häufig andere und sind dabei selbst extrem kränkbar.

Aggressionspotential als eine Art Vitalkraft, die wir alle haben, muss nicht in Kränkungen münden, sondern kann zum Beispiel in Leistungen umgewandelt werden. Auch der Machtkampf in der Gesellschaft bringt viele Kränkungen mit sich. Ein weiterer Grund für Kränkungen ist, dass manche Menschen sich nicht in andere einfühlen können.

Welche Folgen haben Kränkungen?

„Was kränkt, macht krank", das hat Hildegard von Bingen schon gesagt. Psychosomatische Krankheiten wie Magenbeschwerden, Rückenschmerzen, Druck im Brustbereich oder Migräneanfälle sind nicht selten auf Kränkungen zurückzuführen. Auch Suchterkrankungen können eine unbearbeitete Kränkung als Ursache haben. Nicht zuletzt sind Verbitterungszustände und Burnout typische Folgen von Gekränktheit.

Kränkungen können bis hin zu schweren Auseinandersetzungen und Kriegen führen. Bei Schulamokläufen sind Kränkungen eine zentrale Ursache. Auch die Taten von Terroristen sind zum Teil Kränkungsreaktionen, weil sie sich – Beispiel Charlie Hebdo – in ihren Werten angegriffen fühlen.

Den wunden Punkt entdecken

Wenn unser „wunder Punkt" getroffen wird, sind wir gekränkt. Der wunde Punkt liegt da, wo früher erlittene Kränkungen noch nicht verheilt sind und durch neue ähnliche Erlebnisse wieder aktiviert werden. Kränkungen haben also auch eine Vergangenheit. Unser Schmerz oder unsere Wut sind nicht nur die gerade aktuellen, sondern die Summe der bereits früher erlebten Wut- und Schmerzgefühle. Das erklärt so manche übersteigerte Reaktion unsererseits: Wir bekämpfen nicht nur unser derzeitiges Gegenüber, sondern alle früheren Wutauslöser gleich noch mit.

Doch ich habe es in der Hand, mit entsprechenden Situationen angemessen umzugehen: Ich kann überlegen, in welche alte Wunde hier gestochen wurde, und ich kann unterscheiden: Welche Reaktion gehört zu dem aktuellen Menschen, der mich soeben gekränkt hat, und welche zu einem „früheren“?

Kränkungen bergen auch Chancen …

Bei positiver Betrachtungsweise kann man aus Kränkungen viel an Selbsterkenntnis und auch Fremderkenntnis ableiten. Ich lerne nicht nur, wo meine eigenen empfindlichen Stellen sind, sondern ich lerne auch eine neue Seite anderer Menschen kennen. Man sagt ja oft – positiv oder negativ gemeint: „Dem/der hätte ich das nie zugetraut!“ Indem ich auf meine eigenen Kränkungen schaue und die Kränkungsgrenzen anderer abschätzen lerne, steigt meine Empathiefähigkeit.

Wie kann man Kränkungen entmachten, sie überwinden? Wie kann man unbeschadet(er) aus Kränkungen herauskommen?

Die gute Nachricht ist: Ich entscheide, was mich kränkt. Ich selbst und ich allein habe es in der Hand, wer und was mich kränkt, wie sehr ich mich kränken lasse und wie ich so mit einer Kränkung umgehe, dass Konflikte beendet werden oder gar nicht erst entstehen.

Ich übernehme die Verantwortung für meine Gefühle und meine Befindlichkeit. Nicht der andere, ich selbst entscheide, was mich kränkt und was nicht.

Es war die US-Präsidentengattin Eleanor Roosevelt, die einmal sagte: „Niemand kann ohne dein Einverständnis bewirken, dass du dich unterlegen fühlst.“ Oft gehen uns Dinge nah, die gar nicht viel mit der Realität zu tun haben. Ein Beispiel: Man betritt einen Raum und die beiden Kolleginnen verstummen. Sofort scheint klar: Die haben über mich gesprochen! Und zwar schlecht! Mit der Realität hat dieses Verhalten in der Regel gar nichts zu tun. Aber das erfährt man vielleicht erst Monate später, wenn sich herausstellt, dass eine der beiden schwanger ist und zu Beginn der Schwangerschaft mit so wenigen Leuten wie nötig darüber sprechen wollte.

Kränkungen kann ich überwinden, indem ich eine andere Einstellung zu ihnen entwickele. Indem ich vielleicht sage, die Kränkung zeigt mir, wo meine eigenen Probleme liegen, indem ich versuche, zu verstehen, was mir die Kränkung sagen will. Auch in der Gelassenheit, im Loslassen liegt eine große Chance. Im Folgenden gebe ich Ihnen einige Tipps, die Ihnen helfen können, sich nicht mehr von den üblichen Kränkungen den Tag verderben zu lassen.

Atmen Sie bei einer Kränkung bewusst lange und intensiv aus. *Ausatmen entspannt.* Anspannung wirkt sich auch auf das Gehirn aus. Wird der Körper vom Stresshormon Cortisol geflutet, sinkt zum Beispiel die Fähigkeit, kreativ zu denken. Dann fällt es besonders schwer, eine Lösung für ein Problem zu finden.

Bewegung hilft Ihnen aus der Starre der Kränkung herauszufinden. Bewegung ist die naturgegebene Antwort auf Stress (fight or flight). Stellen Sie Distanz her, nicht Beziehungsabbruch. Verlassen Sie für kurze Zeit das Feld. In der Distanz können Sie entscheiden: Was ist Ihr Anteil an dieser schwierigen Situation und welche Schuld ist nicht die Ihre. Nehmen Sie die Dinge nicht zu persönlich. Sie sind zwar wichtig, aber nicht alles, was passiert, hat mit Ihnen zu tun. Es kann „tausend" Gründe für das Verhalten des anderen geben. Rücken Sie die Dinge in die richtige Perspektive. Um sich nicht in Selbstzweifeln und dem Gefühl der Enttäuschung zu verlieren, hilft es, die eigene Situation im größeren Kontext zu sehen: Welche Bedeutung hat der Vorfall für das gesamte Leben? Welche Lebensbereiche bleiben von der Kränkung verschont?

Treffen Sie Entscheidungen, statt abzuwarten. Kaum etwas setzt den Körper stärker unter Stress als Kontrollverlust und das Gefühl, machtlos zu sein. Dabei kann jeder aus der Opferrolle heraustreten, indem er Entscheidungen aktiv herbeiführt.

Erinnern Sie sich an vergangene Erfolge. Jeder hat im Leben schon Hürden gemeistert – und war dabei vermutlich selbst überrascht, was Körper und Psyche ggf. leisten können. Was die anderen denken, sollte Ihnen in der Regel egal sein. „Kopftheater“ nennt man das Nachdenken darüber, was andere denken könnten. Ein Ritual kann die Gedankenspirale stoppen: Richten Sie Ihre Aufmerksamkeit auf etwas Neues.

Die edelste Form der Überwindung einer Kränkung wäre es, zu *verzeihen* – das hilft nicht nur dem anderen, sondern auch mir selbst. Wer beständig mit großer Betroffenheit erzählt, was andere ihm Schlimmes angetan haben, lässt im Grunde die Vergangenheit sein Hier und Jetzt bestimmen. So werden das erlebte Unrecht, die Demütigung ständig wiederholt. Wer nicht verzeihen kann, schneidet sich damit quasi ins eigene Fleisch.

Kränkungen und seelische Verletzungen durch Vergebung bewältigen

Fast jeder Mensch kennt aus eigener schmerzhafter Erfahrung Situationen, in denen er von anderen verletzt, verraten oder im Stich gelassen wurde. Andererseits haben zu allen Zeiten Menschen die Kraft der Vergebung und Versöhnung erlebt. Nelson Mandela zum Beispiel saß für seinen Kampf gegen die Rassentrennung in Südafrika 27 Jahre lang im Gefängnis. Nach seiner Freilassung vergab er den Menschen, die ihm Unrecht angetan hatten, und zeigte, dass die Vergebung und nicht die Rache der Weg zum Neuanfang und zum Frieden ist.

Bill Clinton fragte Nelson Mandela, wie er seinen Gefängniswärtern vergeben konnte. Mandela antwortete: „Als ich zum Gefängnistor hinausging, wusste ich, wenn ich diese Menschen weiter hasse, dann bleibe ich im Gefängnis." Clinton hat sich oft an diese Geschichte erinnert und sie wie ein Gebet wiederholt. Vergebung ist ein wirksamer Weg, mit erlittenem Unrecht umzugehen. Vergebung bedeutet: Loslösung von Gedanken, die immer wieder um das erlittene Unrecht kreisen, und Loslösung von den damit verbundenen schmerzhaften Gefühlen und der damit ab und an verbundenen Hoffnungs- und Perspektivlosigkeit. Ein Vertrauensbruch, eine Demütigung, ein Betrug können uns deshalb so sehr erschüttern, weil alle Menschen sich akzeptiert, geachtet, wertvoll und geliebt fühlen wollen.

Die dreiteilige Struktur unseres Gehirns ist – nach Erkenntnissen der modernen Gehirnforschung – der Grund dafür, dass wir nach starken Kränkungen jahrelang verbittert sein können. Der älteste Gehirnteil – in dem die archaischen Reflexe, wie die Bereitschaft zur Flucht, zum Kampf und zum Erstarren („Totstellen") entstehen – entwickelte sich in der Evolution schon früh und wird „Reptiliengehirn" genannt.

Den zweiten Gehirnteil nennt man „emotionales Gehirn" oder „Säugetiergehirn". Dort generiert sich zum Beispiel die Sehnsucht nach

Bindung und dort werden positive und negative emotionale Erfahrungen gespeichert. Im dritten Gehirnteil - dem Neokortex - analysieren wir Situationen bewusst und speichern Erinnerungen. Dort ist auch unsere Empathiefähigkeit verankert und die Fähigkeit, die sozialen Konsequenzen unserer Handlungen abzuschätzen. Fakt ist nun, dass der Einfluss des Neokortex auf unser Reptiliengehirn und unser emotionales Gehirn geringer ist als umgekehrt.

Wenn wir alle drei Gehirnteile in den Verarbeitungsprozess von positiven oder negativen Erfahrungen einbeziehen wollen, ist es notwendig, erst unser emotionales Erleben zuzulassen und dann mit Hilfe des Neokortex uns die Emotionen bewusst zu machen und zu verarbeiten. Wenn wir emotional verletzt werden, reagiert als Erstes unser Reptiliengehirn. Entweder vermeiden wir es, uns mit dem Schmerz auseinanderzusetzen - wir fliehen also. Oder wir entwickeln Wut oder üben Vergeltung - wir kämpfen also. Oder wir erstarren quasi, indem wir in einen Zustand der Apathie verfallen.

Gegen diese natürlichen Reaktionen - gleichsam der erste Schritt auf dem Weg zur Vergebung - können wir nichts tun. Der zweite Schritt passiert im emotionalen Gehirn in Verbindung mit dem Neokortex. Das Zusammenwirken dieser beiden Hirnteile schafft uns die Möglichkeit, Abstand zu den Impulsen Rache und Verdrängung zu gewinnen, indem wir uns mit unseren Gefühlen auseinandersetzen und uns klarmachen, was genau in uns emotional abläuft. Erlittenes kann letztendlich nur überwunden werden, wenn es gelingt, den Neokortex wirklich mit einzubinden. Wir müssen lernen, über das Erlebte anders zu denken als bisher, es anders zu bewerten und uns auch anders zu verhalten.

Vergebung meint von der Wortherkunft her: etwas fortgeben, loslassen, verschenken. Ein Mensch, der vergibt, erklärt seinen Verzicht auf Rache und Vergeltung. Gewissermaßen beschenkt er den Täter mit Verständnis, Güte und Gnade - aber er beschenkt auch sich selbst mit Fürsorge, weil er sich von belastenden Gefühlen löst. So gesehen ist Vergebung die Transformation von negativen Gefühlen (Groll, Wut, Hass ...) in positive Emotionen (Mitgefühl, Empathie, Liebe ...).

Wenn ich vergebe/verzeihe,

- verzichte ich auf Vergeltung und Rache und darauf dem anderen wehzutun, nach dem Motto: „Jetzt geb' ich's ihm aber."
- bringe ich das Unrecht nicht immer wieder zur Sprache.
- verzichte ich auf die Bestrafung des Sünders und überlasse es Gott, mit dieser Person abzurechnen.
- lebe ich frei von Verbitterung. Warum sollte ich mein Leben mit etwas vergiften, was ein anderer getan hat?
- löse ich mich von dem, was geschehen ist, und bin wieder frei. „Wer nachtragend ist, hat viel zu schleppen."
- steige ich aus der Opferrolle aus und übernehme selbst die Verantwortung. Wenn ich die Beweggründe des anderen verstehe, fällt es mir leichter, ihm zu vergeben:

  „Comprendre c'est pardonner." (Verstehen heißt vergeben). „Alles verstehen, heißt alles verzeihen." (Madame de Stael).

Alle Erfahrungen, die wir machen, hinterlassen Spuren in unserem Gehirn („neuronale Trampelpfade"). Wenn ich dann erneut mit einem Auslöser negativer Erfahrungen konfrontiert werde, werden diese Erfahrungen reaktiviert. Vergebung ist nicht vom Geständnis oder einer Entschuldigung des Gegners abhängig, sonst wäre ich abhängig von anderen. Vergebung bedeutet nicht Vergessen. Wenn ich etwas vergesse, kann ich nichts daraus lernen.

„Vergeben und vergessen heißt, kostbare Erfahrung zum Fenster hinauswerfen."
Arthur Schopenhauer

„Der Schwache kann nicht verzeihen. Verzeihen ist eine Eigenschaft des Starken."
Mahatma Gandhi

Wenn ich nicht vergebe, ist es gleichsam so, als würde ich das „Messer", das in meiner „Wunde" steckt, immer wieder umdrehen.

Vergeben heißt nicht gutheißen. Ich kann das Verhalten des anderen nach wie vor falsch finden, unangemessen, niederträchtig. Im Gegensatz zur Versöhnung, nach der die unterbrochene Verbindung wieder aufgenommen wird, können sich nach der Vergebung die Wege trennen.

Ich kann Kränkungen und Verletzungen verzeihen und aus leidvoller Erfahrung trotzdem keinen persönlichen Kontakt mehr wollen.

Vergeben funktioniert rein mental. Ich kann es ganz allein ohne den anderen tun. Vergebung findet zunächst auf der rein kognitiven Ebene statt und es ist zunächst ein Willensakt. Der andere muss dabei weder anwesend sein, noch muss er davon erfahren. Er kann sogar schon tot sein. Nach den Erkenntnissen der Kognitiven Verhaltenstherapie kommt es zunächst zu einem „Widerspruch zwischen Kopf und Bauch". Wenn ich verzeihende Gedanken jedoch oft genug gedacht habe, wird das Gefühl nachfolgen.

Sie könnten zum Beispiel mit Blick auf ein Bild des Beleidigers, Kränkers, Aggressors folgenden „Vergebungstext" – laut oder in Gedanken – sprechen: „Ich bin bereit, dir zu vergeben, dir das nicht weiter nachzutragen, dir das nicht heimzuzahlen. Weil ich nicht länger an dich gebunden sein will, vergebe ich dir, weil ich mir selbst etwas Gutes tun will, vergebe ich dir. Ich tue es um meinetwegen, nicht, weil du es verdienst. Was du getan hast, halte ich nicht für richtig, aber: Passiert ist passiert, Fakt ist Fakt. Es ist nicht mehr rückgängig zu machen."

Wer sich an Bitterkeit und Hass festklammert, schadet sich selbst mehr als dem anderen, auf den sich der Hass richtet.

Wohin die „Unfähigkeit zu vergeben" im Extremfall führen kann, beschreibt Heinrich von Kleist 1810 in seiner Novelle „Michael Kohlhaas". Der Pferdehändler Michael Kohlhaas wird Opfer eines Betrugs und er bricht - nachdem ihm der Rechtsweg verweigert wurde - zu einem grausamen Rachefeldzug auf. Aus einem rechtschaffenen Menschen wird ein entsetzlicher Mensch, der aus Verbitterung alles tötet, was sich ihm in den Weg stellt.

Gottes Vergebung finden ...

„Denn wenn ihr den Menschen ihre Verfehlungen vergebt, dann wird euer himmlischer Vater auch euch vergeben."

(Matth. 6,14 – Einheitsübersetzung)

„Und richtet nicht, so werdet ihr auch nicht gerichtet. Verdammt nicht, so werdet ihr nicht verdammt. Vergebt, so wird euch vergeben."

(Lukas 6, 37 - Lutherbibel)

In christlichen Kirchen gibt es die Beichte als sakramentale Sündenvergebung im Namen Christi. Die Kirchen beziehen sich in ihrer Lehre vom Bußsakrament auf biblische Aussagen.

Wie mit bevorstehenden unangenehmen Ereignissen/ Situationen und den damit verbundenen Gefühlen umgehen?

Für den Umgang mit bevorstehenden negativen Situationen und den damit verbundenen unangenehmen Gefühlen gibt es verschiedene bewährte Strategien. Zwei sehr wirkungsvolle und häufig praktizierte Methoden sind die „*Ablenkung*" und die „*Umbewertung*".

Ablenkung ist eine kurzfristig sehr wirksame Strategie, die bei leicht bis stark bedrohlich wirkenden Situationen erfolgreich eingesetzt werden kann. Hierzu zählt das Denken an etwas mit der negativen Situation Unverbundenes, wie beispielsweise das Erstellen einer Einkaufsliste.

Die *Umbewertung* (*Reframing*) ist im Vergleich zur Ablenkung etwas schwerer anzuwenden, weil sie eine aktive Auseinandersetzung mit dem negativen Ereignis beinhaltet. So kann man eine negative Situation positiv umwerten, indem man diese als Herausforderung betrachtet, die einen für das weitere Leben stärkt. Umbewertungen sind umso schwerer umzusetzen, je negativer (intensiver) die Situationen und die damit verbundenen Gefühle sind. Die Reframing – Wirkung ist jedoch länger anhaltend und nachhaltiger als die Wirkung der Ablenkung.

Psychologische Untersuchungen haben gezeigt: Je intensiver die Bedrohung, desto eher wurde die Strategie Ablenkung (statt Umbewertung) praktiziert. Je geringer die zeitliche Distanz zur negativen Situation, desto eher wurde die Strategie Umbewertung (statt Ablenkung) gewählt.

Neid kostet Lebensfreude[31]

Neid zählt nach katholisch-theologischer Lehrmeinung zu den sieben „Todsünden" und hat notwendigerweise eine soziale Voraussetzung: zwei oder mehr Individuen. Beneiden ist eine innere Aktivität, die auf einen oder mehrere Menschen gerichtet ist. Der Neider will mit dem Beneideten im Allgemeinen keine soziale Beziehung aufnehmen, und er will in aller Regel vom Beneideten auch nicht als Neider erkannt werden.

Die Gefühle des Neids und des Beneidetwerdens treten auf, sobald zwei höhere Lebewesen – schon auf der Stufe unter dem Menschen – sich miteinander vergleichen können. Das Sich-Vergleichen mit anderen ist in der menschlichen Natur angelegt. Damit gehört auch eine gewisse Bereitschaft, auf andere neidisch zu sein, zur biologischen und sozialen Ausstattung des Menschen. Nur wenige Menschen sind in der Lage – wie der Gutsbesitzer im biblischen Gleichnis von den Arbeitern im Weinberg – eine dem Neid gegenüber bewusst ignorierende Position zu beziehen.

Ohne die Fähigkeit zu – zumindest latenten – Neidgefühlen würde der Mensch in vielen Situationen von anderen einfach „überrollt" werden. Potentieller Neid ermöglicht es uns – und er motiviert uns permanent dazu – Sachverhalte und Situationen, die in unserem Leben immer wieder auftreten, sowie Problemlösungen, mit denen wir konfrontiert werden, auf ihre Gerechtigkeit hin zu überprüfen.

Neid auf das, was andere haben – man selbst aber nicht –, geht jedoch auch auf Kosten der Lebensfreude. Neid in übersteigerter Form kann

[31] Ceh, J.: Ihr Weg zu mehr Selbstbewusstsein. So bringen Sie sich wirksam auf Erfolgskurs, München/Landsberg am Lech 1989 (3. Auflage 1996), S. 77ff.

das Leben vergällen. In zahlreichen Werken der Literatur und in Märchen (z. B. „Schneewittchen“) tritt der Neid in Haupt- oder Nebenrollen auf.

Die Wurzeln von Neidgefühlen liegen nach psychoanalytischer Auffassung in der Kindheit. Zunächst ist es die Mutterbrust, die dem Säugling zu oft vorenthalten wird; später müssen viele Kinder mit einem Zuwenig an Geborgenheit, Zärtlichkeit und Zuwendung leben. Eine extrem in die Gegenrichtung orientierte Erziehung kann sich ebenfalls verhängnisvoll auswirken. Wird einem Kind zu viel Aufmerksamkeit entgegengebracht, wie es zum Beispiel bei Einzelkindern nicht selten geschieht, entwickelt sich daraus in späteren Jahren häufig ein enormes Anspruchsdenken: Man will alles für sich haben und reagiert mit Neid, wenn man es nicht bekommt.

Ein Kind, das von anderen Kindern abgelehnt und vom Spielen ausgeschlossen wird, fühlt sich seelisch verletzt und verdrängt seine sozialen Wünsche. Solche verdrängten Regungen können im späteren Leben – etwa in Form des Neides – wieder aus dem Unterbewusstsein auftauchen.

Jeder ärgert sich gelegentlich darüber, dass es anderen Menschen besser geht als ihm selbst. Wer jedoch zu sehr auf andere schielt, ist besonders anfällig für Neidgefühle und ihre negativen Auswirkungen. Von erfolgreichen Menschen, die sich von anderen beneidet fühlen, hört man gelegentlich den Satz: „Neid muss man sich verdienen, Mitleid gibt es gratis.“

Von neidischen Regungen, die sich *in Grenzen* halten, kann unter Umständen auch eine beflügelnde Wirkung ausgehen; der Erfolg anderer kann eine Antriebsfeder für entsprechende eigene Aktivitäten sein. Häufig auftretende intensive Neidgefühle können jedoch das Leben des Neiders vergiften. Was kann man dagegen tun?

- Eigene Wünsche erkennen und akzeptieren. Wer sich selbst nicht alles vorenthält, kann auch anderen etwas gönnen.
- Selbstbewusster werden, denn: Wer sich selbst nichts zutraut, beneidet andere.
- Aktiv den eigenen Erfolg anstreben. Wer selbst in Passivität verharrt und nur andere Menschen bei ihren Aktivitäten beobachtet, läuft Gefahr, neidisch zu werden und schließlich gar in Resignation zu verfallen.
- Neidsituationen erkennen, analysieren und verarbeiten. Notieren Sie sich Situationen, in denen Neid bei Ihnen auftritt, und fragen Sie sich in jedem Einzelfall: „Muss ich wirklich neidisch sein, weil XY das oder jenes hat?"

Denken Sie an das afrikanische Sprichwort:

„Ich war traurig, weil ich keine Schuhe hatte, da sah ich einen Mann, der hatte keine Füße."

Es ist eine Binsenweisheit: Menschen, die alles haben, müssen nicht zwangsläufig glücklich sein. Sokrates, ein relativ bedürfnisloser Mensch, ging über den Markt von Athen und besah sich das Angebot der Händler. Ein Mann fragte ihn: „Was willst du eigentlich hier, wenn du nichts kaufst?" Antwort des Philosophen: „Ich freue mich lediglich darüber, wie viele Dinge es gibt, die ich nicht nötig habe."

Streit muss nicht trennen[32]

- Streit kann ein eleganter verbaler Schlagabtausch sein. Streit kann jedoch auch zu einem groben Gefecht führen; nachdem sich der „Pulverdampf" verzogen hat, bleibt dann oft nur noch ein Scherbenhaufen zurück. George Bach und Peter Wyden, die seit Jahren Veranstaltungen zum Erlernen fairen Streitens – sogenannte Streit-Trainings – anbieten, vertreten die Auffassung: Streit kann zwar trennen, ein richtig ausgetragener Streit führt jedoch eher zur Festigung einer zwischenmenschlichen Beziehung. Stellen Sie sich als Kontrast einmal vor, Sie müssten mit einem Partner zusammenleben, der zu allem Ja und Amen sagt. Gegenseitige „Reibung" kann auch „Funken" erzeugen, die – wenn sie überspringen – die Spontaneität und Lebendigkeit einer Beziehung positiv beeinflussen können.

- Richtig streiten heißt: Die Regeln der Fairness achten – Beleidigungen und „Tiefschläge unter die Gürtellinie" sollten tabu sein. Rufen Sie laut „Foul", wenn Ihr Streitpartner Sie unfair attackiert.

- Versuchen Sie, eigene aggressive Spannungen unschädlich abzureagieren (Fäuste ballen, aufstampfen, starke körperliche Anstrengungen ...). Wenn Sie in der Lage sind, sich auf Kommando – d. h., wenn Sie sich Ihr Entspannungssignal gegeben haben – zu entspannen, können Sie den Aggressionen anderer Menschen gelassener begegnen bzw. Sie können gegebenenfalls eigene aggressive Gefühle so weit im Zaum halten, dass nicht spontan-aggressives Verhalten daraus entsteht. Sie ge-

---

[32] Ceh, J.: Konflikte und Aggressionen bewältigen, München/Landsberg am Lech 1985 (2. überarbeitete Auflage 1988), S. 90ff.

winnen dadurch Zeit und Ruhe, sich ein der jeweiligen Situation angemessenes Handeln zu überlegen.

- Fühlen Sie sich bei aggressiven Verhaltensweisen Ihrer Mitmenschen möglichst nicht persönlich gekränkt und beleidigt. Denken Sie daran, dass es dem Aggressor häufig um die Durchsetzung *außeraggressiver Ziele* geht und – nach tiefenpsychologischer Sichtweise – Aggressionen „verschoben" werden können, d. h., dass Sie, stellvertretend für andere, als Adressat für Gewalttätigkeiten fungieren können. Zeigen Sie bei begründeten Ärger-Aggressionen Ihrer Mitmenschen Verständnis; sagen Sie, dass auch Sie sich in einer entsprechenden Situation sehr ärgern würden. Anerkennen Sie die (nichtaggressiven) Qualitäten anderer Menschen.

- Fragen Sie sich, ob ein konkreter Anlass es wert ist, sich darüber aufzuregen. Würde Sie ein ähnlicher Vorfall nach einem Jahr noch genauso irritieren?

- Wenn Sie – etwa durch zu wenig Schlaf – schon gereizt sind, ärgert Sie u. U. bereits eine Fliege an der Wand. Vielleicht wollen Sie sich unbewusst sogar aufregen, um sich als Leidtragender der „bösen" Umwelt zu erleben; „Sündenböcke" sollen von eigenem Fehlverhalten ablenken.

- Bemühen Sie sich, gegen Aggression und Unterdrückung durch andere, passiven Widerstand zu leisten, damit der Aggressor für sein Verhalten nicht belohnt wird.

- Das Befolgen der Maxime: „Angriff ist die beste Verteidigung" leitet oft eine Kettenreaktion der Gewalt ein. Beschäftigen Sie sich gedanklich mit den Zielen, die Sie erreichen wollen, und mit den Strategien, die Sie dabei anwenden können. Versuchen Sie bezüglich Ihres Durchsetzungsverhaltens Alternativen zu finden. Streben Sie flexible Mini-Veränderungen an und verzichten Sie auf maximale Veränderungsforderungen.

- Nicht immer ist Reden Silber und Schweigen Gold. Sagen Sie offen, ehrlich und fair, was Ihnen nicht passt oder was Sie ärgert.

- Führen Sie keine Auseinandersetzung ohne Ankündigung und Vorwarnung – sozusagen aus dem Hinterhalt. Verständigen Sie sich mit Ihrem Partner auf einen Zeitpunkt, der Ihnen beiden passt, und sprechen Sie die Gesprächsdauer vorher ab. Beschränken Sie sich auf die Mitteilung von Wahrnehmungen und Beschreibungen; vermeiden Sie Deutungen, Interpretationen und Analysen. Geben Sie Vermutungen nicht als Behauptungen aus.

- Wie Sie wissen, hat jeder Mensch seine „Achillesferse". Wenn Sie diesen wunden Punkt Ihres Streitpartners kennen, müssen Sie sich genau überlegen, ob Sie dort den „Hebel" ansetzen wollen; es könnten tiefe „Narben" zurückbleiben.

- Wenn ein Streit zu eskalieren droht ...
  Gewinnen Sie zeitliche und räumliche und damit auch psychische Distanz zum affekthaften Geschehen, indem Sie zum Beispiel zu Ihrem Kontrahenten sagen: „Offensichtlich sind wir im Augenblick beide nicht in der Verfassung, die Sache in Ruhe auszutragen. Wollen wir nicht – jeder für sich – bis morgen einmal über die Angelegenheit nachdenken? Vielleicht können wir dabei einen Weg finden, auf dem wir in dieser Sache weiterkommen können."
  Statt sofort zornig auf einen Vorfall zu reagieren, können Sie sich etwas emotionale Distanz dadurch schaffen, dass Sie zunächst einmal auf 10 zählen. Nach einer Pause, in der sich die Erregung etwas gelegt hat, kann man in einer sachlichen Atmosphäre über die Ursachen des Streits sprechen und man kann gemeinsam nach Lösungen für den Konflikt suchen und diese auf ihre Angemessenheit und ihre Durchführbarkeit hin bewerten. Denken Sie in diesem Zusammenhang daran:

 - Eigene Argumente prüfen
 - Sachlich bleiben
 - Schimpfworte vermeiden
 - Gegenseitige Standpunkte festhalten

- Wenn jemand sehr wütend auf Sie ist und Sie anschreit, könnten Sie folgendermaßen vorgehen:
  - Bestätigen Sie Ihrem Kontrahenten ruhig und selbstsicher: „Ich höre Sie und ich weiß, dass Sie zornig auf mich sind“. Unter Umständen verringert sich dadurch die Aufregung des Wütenden bereits so weit, dass Sie über die Problematik reden können.
  - Wenn Ihr Gegenüber weiter tobt, so sagen Sie selbstbewusst und eindringlich zu ihm: „Ich würde gerne mit Ihnen sprechen; ich kann es aber nicht, wenn Sie so brüllen. Wenn Sie sich beruhigt haben, stehe ich gerne zu einer Aussprache zur Verfügung“. Diese Äußerung können Sie unter Einsatz der Technik „Schallplatte mit Sprung“ so lange wiederholen, bis sich die Wut des anderen gelegt hat. Hören Sie ihm anschließend aktiv zu, bevor Sie selbst Stellung beziehen. Sollte Ihr Gegenüber wieder rückfällig werden und Sie anschreien, können Sie tonlos weggehen und ihn stehenlassen.

- Zur „Zornentlastung“ und Versachlichung eines Streits kann es auch beitragen, wenn Sie einem unbeteiligten, Ihnen freundschaftlich gesonnenen Dritten den Anlass und den Hergang Ihrer Wut-Entwicklung erzählen.

- Vermeiden Sie es, Ihre soziale Umgebung unnötig zu frustrieren. Bemühen Sie sich um eine möglichst hohe eigene Frustrationsschwelle. Versuchen Sie, einen Mitmenschen, der Sie tadelt, auch einmal als Opfer seiner eigenen Stresssituation zu sehen.
- Ähnlich wie im Tierreich hat auch jeder Mensch sein persönliches Revier. Es spricht vieles dafür, dass gewalttätige Personen in besonders hohem Maße empfindlich reagieren, wenn man ihnen physisch zu nahe kommt. Zimbardo und Ruch berichten von Ergebnissen einer amerikanischen Studie, nach der „eine Gruppe von gewalttätigen Gefangenen eine fast viermal so große Individualdistanz brauchte als eine nichtgewalttätige Kontrollgruppe.“[33] Unter Individualdistanz versteht man die Entfernung, auf die sich der Versuchsleiter einem Probanden nähern darf, ohne dass dieser das Wort „Stopp“ sagt. Die Hypersensitivität bezüglich der physischen Nähe eines anderen Menschen ist vermutlich auf ein übersteigertes Gefühl der Bedrohung zurückzuführen. Demnach wäre es nach Zimbardo und Ruch möglich vorauszusagen, dass Leute, die eine große Individualdistanz besitzen, wahrscheinlich sehr leicht gewalttätig werden können. Seitlich fühlt man sich in der Regel weniger leicht „verletzt“ als bei einem Kontakt von vorne oder von rückwärts. Unbekannten sollten Sie nicht näher als etwa 50 cm (Intimdistanz) „auf den Leib rücken“, da dann der Blickkontakt besonders schwierig wird und aufdringlich wirkt. Wenn diese Distanz nicht respektiert wird, weicht der Gesprächspartner in der Regel immer weiter zurück.

---

[33] Zimbardo, P. G./Ruch, F. L.: Lehrbuch der Psychologie, Berlin, Heidelberg, New-York 1978, S. 11

- Faires Streiten in Form einer partnerschaftlichen Auseinandersetzung kennt am Ende keinen Sieger und keinen Verlierer. In einer echten Partnerschaft darf jeder einmal stark und einmal schwach sein.
- Viele Menschen versuchen, durch aggressives Verhalten Probleme zu lösen, weil sie es nicht anders gelernt haben. Elternhaus, Schule und Medien sollten es sich in diesem Zusammenhang zur Aufgabe machen, zu diesen primitiven Bemühungen um Problemlösung und Frustrationsbewältigung alternative, konstruktive und kooperative Strategien anzubieten.

Selbstmanagement (self-regulation) – ressourcenorientiert

Möglichkeiten zur Stärkung der eigenen Willenskraft (Volition)

Ausgeprägte Eigenschaften willensstarker Menschen sind: Entschlossenheit, Fokussierungsfähigkeit und Durchhaltevermögen. Willensstarke Menschen haben eine große Umsetzungskompetenz und sie können ggf. alles einem einzigen Ziel unterordnen. Sie üben zieldienliche Verhaltensweisen so lange ein, bis sie ihr Verhalten automatisiert haben. Sie glauben allen Widerständen zum Trotz an ihr Ziel und halten durch. Besonders willensstarke Menschen findet man zum Beispiel unter Extremsportlern, Wissenschaftlern und Künstlern. Sie konzentrieren sich oft sehr lange Zeit darauf, einen Wettkampf zu gewinnen, eine neue Theorie zu entwickeln, ein Kunstwerk zu schaffen.

Im Jahre 1968 führte der US-amerikanische Persönlichkeitspsychologe Walter Mischel mit Kindern ein Experiment in Sachen Belohnungsaufschub durch. Er stellte sie vor die Wahl: eine kleine Belohnung jetzt oder eine größere Belohnung später. Wie genial dieser Test war, entdeckte Mischel erst Jahre danach. Das Experiment wurde als Marshmallow-Test weltbekannt (vgl. auch S. 127).

Mischel machte den vierjährigen Kindern ein verlockendes Angebot: Er gab jedem Kind ein Marshmallow – eine vor allem in den USA beliebte Süßigkeit aus Zuckerschaum. Die Kinder hatten die Wahl: Sie konnten den Marshmallow entweder sofort verzehren oder warten, bis der Versuchsleiter wiederkommen würde – dann sollten sie zur Belohnung ein zweites Marshmallow erhalten.

Einige Kinder konnten der Versuchung nicht widerstehen und sie „verputzten" den Marshmallow sofort, andere warteten artig – unter

Aufbietung all ihrer physischen und psychischen Kräfte – und sie bekamen am Ende den doppelten Lohn.

Nach etwa 14 Jahren kontaktierte Walter Mischel die ehemaligen Schüler erneut. Dabei zeigte es sich, dass der Marshmallow-Test erstaunliche Vorhersagekraft hatte. Die Probanden, die im Test die Disziplin aufgebracht hatten, auf die größere Belohnung zu warten und der Verlockung zu widerstehen, hatten zum Beispiel wesentlich bessere Schulleistungen aufzuweisen als ihre ungeduldigen Altersgenossen.

„Stärke wächst nicht aus körperlicher Kraft – vielmehr aus unbeugsamem Willen."

Mahatma Gandhi

Noch deutlicher zeigten sich die Unterschiede zwischen den Versuchsteilnehmern im Erwachsenenalter. Ein Forscherteam der Cornell University kontaktierte – etwa 40 Jahre nach dem Marshmallow-Versuch – einige (59!) der insgesamt 500 Teilnehmer von Mischels Original-Experiment. Es wurde wiederum die Willensstärke der Teilnehmer getestet – diesmal allerdings nicht mehr mit Süßigkeiten. Am schlechtesten – in Sachen Willensstärke – schnitten diejenigen Teilnehmer ab, die im Marshmallow-Test vor 40 Jahren gleich die erste Süßigkeit verzehrt hatten, anstatt auf die zweite zu warten.

Zusammenfassend kann man feststellen:

Die Willensstärke – einer Versuchung zu widerstehen – ist eine relativ stabile Eigenschaft. Wer schon als Kind willensstark ist, weist diese Eigenschaft auch noch als Erwachsener auf und willensschwache Kinder verfügen auch im späteren Leben über weniger Selbstdisziplin.
Die „Selbstbeherrschten" hatten mehr Erfolg im Beruf, ein ausgeprägteres Selbstbewusstsein, intaktere soziale Beziehungen und sie waren weniger suchtanfällig. Impulskontrolle und Selbststeuerung sind – so

folgerte Mischel – entscheidende Fähigkeiten für ein erfolgreiches Leben – „egal, ob man nun Mafia-Boss werden will oder Gandhi".

Es ist wohl so, dass die „genetische Apparatur" eine Tendenz zu niedriger oder hoher Willensstärke vorgibt. Andererseits hängt es jedoch vom Einzelnen ab, die Fähigkeit zur eigenen Selbstkontrolle zu verbessern.

Diesbezüglich aufschlussreich sind besonders jene Kinder, die im Test verschiedene Tricks einsetzten, um die 20 Minuten Belohnungsaufschub-Zeit zu überstehen. Sie haben gezeigt, was man tun muss, um den „inneren Schweinehund" zu überlisten und ein Ziel zu erreichen.
Die Kinder, die besonders erfolgreich waren, lenkten sich ab. Sie machten Musik oder suchten sich eine andere Beschäftigung im Raum. Wenn die Belohnung sichtbar war, war es für die Kinder offenbar besonders schwer, auf den zweiten Marshmallow zu warten. Leichter taten sich die Kinder, die sich vom Objekt der Begierde wegdrehten.
Die Testergebnisse lassen sich auf andere Lebensbereiche übertragen: Der zweite Marshmallow kann zum Beispiel für eine angestrebte Qualifikation oder eine Beförderung stehen, die mehr Zeit, Geduld und Arbeit erfordern, oder für einen flacheren Bauch, für den man auf Bier, Wein, Süßigkeiten ... verzichten muss. Täglich muss man sich mehrfach entscheiden, Dinge zu tun oder sie zu lassen.
Häufig hat man die Qual der Wahl zwischen einer willentlichen Anstrengung (bzw. einem Verzicht) und dem spontanen Impuls zu Lustgewinn bzw. Vermeidung von Anstrengung. Aus Erfahrung wissen wir, dass wir nicht all das schaffen, was wir uns zu tun oder zu lassen vornehmen. Das hat auch mit dem Unterschied zwischen Motivation und Willenskraft zu tun. Motivation ist die Handlungsbereitschaft, Ziele zu verfolgen, und Wille ist die Kraft, unsere Absichten in die Tat umzusetzen. Unsere Motivation ist in aller Regel größer als unsere Willenskraft.

Unsere Umgebung (Werbung, TV, Internet ...) ist mit Sicherheit nicht ausgesprochen belohnungsaufschubfreundlich. Jedoch – positiv ausgedrückt – leben wir in einer Welt, die für unsere Willenskraft ein prima Trainingsfeld darstellt.

Vielleicht denken Sie – in diesem Zusammenhang – ab und an mal an ein Wort von Martin Heidegger:

„Verzicht nimmt nicht, Verzicht gibt."

Stärken ausbauen oder Schwächen ausbügeln? Was ist für eine positive Persönlichkeitsentwicklung wirkungsvoller?

1999 stellte der US-amerikanische Depressionsforscher Martin Seligman auf einem Kongress das Konzept der *Positiven Psychologie* vor. Während die Psychologie sich früher hauptsächlich mit Therapie und Heilung von psychischen Auffälligkeiten beschäftigte und zu klären versuchte, was uns unglücklich macht, befasst sich dieser neue Forschungsschwerpunkt der akademischen Psychologie mit der Förderung von Lebenszufriedenheit, Wohlbefinden, Resilienz und persönlichen Stärken.

Ziel ist die Unterstützung des „psychischen Immunsystems". Die Positive Psychologie befasst sich mit den individuellen Stärken. Viele Menschen wissen gar nicht, wo ihre Stärken liegen, weil sie fast nur das sehen, was sie nicht so gut können. Stärken erkennen und lernen, sie gezielt zu nutzen, fördert eine positive Persönlichkeitsentwicklung.

Was können Sie gut? Was sind Ihre Stärken? Holen Sie am besten diesbezügliche Auskünfte auch von Kollegen, Vorgesetzten, Bekannten ein. Wir sabotieren uns selbst, wenn wir unsere Stärken ignorieren.

Auch vermeintliche Schwächen können Stärken sein. Mangelnde Durchsetzungsfähigkeit etwa kann auch Empfindsamkeit sein. Kinder, die in der Schule gemaßregelt werden, weil sie vorlaut und frech erscheinen, sind bei näherem Hinsehen möglicherweise ausgesprochen extravertiert und kontaktfreudig. Eine Person, die zur Pedanterie neigt, arbeitet übergenau, sehr ordentlich und gewissenhaft. Eine Eigenschaft, die zum Beispiel jeder Buchhalter braucht.

Zur Schwäche wird ein solches Verhalten erst, wenn der Mitarbeiter die falschen Aufgaben wahrnimmt. Viele Menschen haben kein Gespür für eigene Stärken, weil sie glauben, dass etwas, was ihnen leicht fällt, keine Stärke sein kann. Stärken leben von Training,

Leidenschaft und Disziplin. Mit ihnen ist es wie mit Muskeln – man kann sie aufbauen. Von diesem Auf- und Ausbau haben wir viel mehr als vom Versuch, unsere Schwächen auszubügeln, weil es einfach mehr Spaß macht, seine Talente zu entwickeln.
Unter welchen Voraussetzungen können Sie künftig Ihre Stärken noch besser entfalten? Die Antwort auf diese Frage liefert Hinweise zur Stärkung Ihrer Stärken. Ein erfundenes Beispiel aus dem Tierreich: Eine Ente kann so lange trainieren, wie sie will, sie wird es im Klettern nie mit einer Katze aufnehmen können. Wenn sie jedoch zu lange und zu intensiv das Klettern übt, werden möglicherweise ihre Leistungen im Schwimmen nachlassen.

Doch was ist, wenn wir bei uns auf Verhaltensweisen und Eigenschaften stoßen, die in der Tat kritikwürdig sind? Mit Sicherheit werden wir nicht zu einem besseren Menschen, indem wir auf uns einprügeln. Unsere Fähigkeit, uns weiterentwickeln zu können und zu wollen, lebt vielmehr von einer wohlwollenden Atmosphäre. Es ist wie in einer Freundschaft. Da weiß jemand um unsere Stärken und Schwächen, um unsere Erfolge und Niederlagen – und mag uns so, wie wir sind. Auch wenn er nicht alles gutheißt, was wir getan haben. Die Gegenwart eines solchen Freundes ist wie ein Zu-Hause-Ankommen.

Martin Seligman hat in seinem Buch „Der Glücks-Faktor“ Aristoteles wiederentdeckt. Für ihn ist „Tugend“ eine innere Haltung, in der man frei davon ist, was die anderen von einem denken, frei von Angst um sich selbst, frei von Intoleranz. Er nennt vier Tugenden, mit denen man ein glückliches Leben führen kann: Klugheit, Tapferkeit, Maß und Gerechtigkeit.
Der Königsweg zu innerer Stärke heißt Selbstakzeptanz. Die Bamberger Sozialpsychologin Astrid Schütz hält es für die „definitiv beste Haltung“, wenn man zu sich sagen kann: „Ich existiere, also bin ich wertvoll. Ich muss weder übermäßig beliebt sein, noch etwas Überragendes leisten, noch besonders gut aussehen.“

Die Erkenntnis, sich nicht perfektionieren zu müssen, um ein wertvoller Mensch zu sein, ist unsagbar befreiend. Ein solcher Glaube überwindet die quälende Angst, nicht zu genügen. Also jene Angst, die uns Menschen so schnell in gnadenlose Selbstüberforderung hineinmanövriert.

Jeder gesunde Mensch kommt mit einem enormen Kraftreservoir – einem starken Selbsterhaltungstrieb und einem starken Bedürfnis sich weiterzuentwickeln – auf die Welt, ohne das wir gar nicht überleben könnten. Oft legt sich jedoch die Angst der Eltern vor jeder kleinen Gefahr über den eigenen Wunsch, das Leben mutig zu erkunden. Seligman spricht in diesem Zusammenhang von „erlernter Hilflosigkeit".

Wer sagt: „Ich bin nun mal so, ich kann mich nicht mehr ändern", bedient sich oft nur einer bequemen Ausrede. Neuere Erkenntnisse der Psychologie und der Hirnforschung zeigen: Das Ego ist kein Gefängnis. Niemand ist lebenslang zu einem starren Ich verurteilt. Veränderungen und Lernen sind möglich, ein Leben lang. Allerdings brauchen Erwachsene mehr Ausdauer als Kinder. Denn über Jahrzehnte eingeschliffene Reaktions- und Verhaltensmuster, Angewohnheiten oder Routinen sind wie „neuronale Trampelpfade" im Kopf. Oder wie Schnellstraßen: bequem und ohne viel Nachdenken zu befahren.
Stärken weiter auszubauen, anstatt an Schwächen herumzudoktern – der sogenannte ressourcenorientierte Ansatz gilt als einer der effektivsten Wege der Persönlichkeitsentwicklung. Im Schnellstraßenbild bleibend könnte man sagen: Man nutzt den Schwung, der schon da ist, und bleibt quasi auf gut ausgebauten Straßen in der gleichen Richtung unterwegs.

Selbsterfüllende Prophezeiung (self-fulfilling-prophecy)

Der Begriff geht zurück auf den amerikanischen Soziologen R. K. Merton und ist die Bezeichnung für eine sich selbst bestätigende Vorhersage. Das Konzept besagt, dass das, was wir erwarten oder befürchten, mit hoher Wahrscheinlichkeit auch tatsächlich eintritt. Wenn wir ein bestimmtes Verhalten oder Ergebnis erwarten, tragen wir selbst dazu bei, dass dieses Verhalten oder Ergebnis Realität wird. Optimisten und Pessimisten sind beide verlässliche Propheten. Wer mit dem guten Ausgang einer Sache rechnet, behält ebenso oft Recht wie der Pessimist, der den schlechten Ausgang ins Kalkül zieht. Aber: Der Optimist lebt froher.

„Ob du glaubst, du kannst etwas, oder ob du glaubst, du kannst etwas nicht. Du wirst immer Recht behalten."
Henry Ford

Es geht um eine Voraussage oder eine Erwartung, die ihre eigene Erfüllung selbst verursacht. Erwartet jemand zum Beispiel ein bestimmtes Verhalten von seinem Gegenüber, „erzwingt" er durch sein eigenes Verhalten genau dieses Verhalten. Im Gegensatz zur selbsterfüllenden Prophezeiung steht die selbstzerstörende Prophezeiung, bei der der Betreffende sich so verhält, dass die Prophezeiung gerade nicht in Erfüllung geht. Durch unser Zutun wird dabei eben dafür gesorgt, dass ein Ergebnis gerade nicht eintritt.
Beispiele:

- Die Vorhersage eines Unglücks (etwa einer Brandkatastrophe) führt dazu, dass Maßnahmen eingeleitet werden, die dieses Unglück unmöglich machen.
- Ein Attentat wird vorhergesagt, weshalb Gegenmaßnahmen ergriffen werden, so dass das Attentat vereitelt wird.

Selbsterfüllende Prophezeiungen sind auch als „Pygmalioneffekte" bekannt. Pygmalion, ein Bildhauer aus der griechischen Mythologie, schuf die Statue einer Frau, die in seinen Augen so schön und vollkommen war, dass er sich unsterblich in sie verliebte. Er bestürmte die Götter - angeführt von Aphrodite - mit seinem heftigen Wunsch, seine Marmorstatue zu einem Menschen werden zu lassen. Der Wunsch wurde so intensiv vorgebracht, dass die Götter gar nicht anders konnten, als ihn zu erfüllen. Eine passende Illustration des Pygmalioneffekts liefert George Bernard Shaws Theaterstück „Pygmalion".

In den 1960er Jahren erforschten der Psychologe Robert Rosenthal und die Schulleiterin Lenore Jacobson den Pygmalioneffekt. Im Rahmen einer Studie an amerikanischen Grundschulen wählten sie einige Schüler rein zufällig aus und erklärten den Lehrern, dass diese Kinder besonders begabt seien und bei ihnen in nächster Zeit eine große Leistungssteigerung zu erwarten sei. Tests nach einem Jahr zeigten, dass genau diese zufällig ausgewählten Schüler ihre Leistungen viel stärker steigern konnten als die Schüler einer Kontrollgruppe. Die Erwartung der Lehrer hat das Verhalten im Unterricht gegenüber diesen Schülern durch die Schaffung einer freundlicheren und spannenderen Lernatmosphäre sowie durch die häufigere Nutzung von Lob und konstruktiver Kritik so beeinflusst, dass die Prophezeiung der Versuchsleitung wahr wurde.

Hätte Rosenthal den Lehrern nicht gesagt, dass in den ausgewählten Schülern ungeahnte Talente schlummern, sondern bei ihnen einfach „Hopfen und Malz" verloren wäre, hätten die Lehrer den Schülern sicherlich weniger Beachtung geschenkt und nur ein Minimum an Zeit in diese Kinder investiert. Der Lehrer bildet sich auf der Grundlage von Vorinformationen und eigenen Beobachtungen eine bestimmte Erwartungshaltung. Er behandelt die Kinder gemäß diesen Erwartungen. Sind die Erwartungen positiv, hört der Lehrer den Kindern besser zu, lobt öfter, ermutigt und zeigt Interesse. Er traut den Kindern mehr zu. Sind die Erwartungen jedoch negativ, tadelt der

Lehrer häufiger. Er hat weniger Geduld und zeigt dies deutlich. Nicht immer geschieht das über Worte: Ein Hochziehen der Augenbrauen, ein Seufzer oder Augenrollen signalisieren ebenfalls, dass man wenig von einem anderen Menschen hält.

In der Medizin wurde der Einfluss der Erwartung bzw. der positiven selbsterfüllenden Prophezeiung bei den Forschungen zum Placebo-Effekt deutlich.

Ein Placebo ist ein Mittel, das wie ein richtiges Medikament aussieht, jedoch keine Wirkstoffe enthält. Der einzige Wirkstoff, der in Placebos steckt, ist der Glaube an die Wirkung. Wenn wir von etwas fest überzeugt sind, wenn wir zum Beispiel an unsere Genesung glauben, dann setzt unser Körper Selbstheilungskräfte frei. Es ist empirisch gesichert: Die Erwartung, gesund zu werden, führt zu realen biochemischen und körperlichen Veränderungen. Was wir uns einbilden, wird wahr – im Positiven wie im Negativen. Wer krank ist und sich prophezeit, nie mehr gesund zu werden, hat große Chancen, dass er Recht behält. Zuversicht ist eine Gesundheitsressource! Wer ein Medikament nimmt, von dem er weiß, dass es schädliche Nebenwirkungen hat, wird mit großer Wahrscheinlichkeit ein Opfer des Nocebo-Effektes, d. h., er spürt die Nebenwirkungen einfach deshalb, weil er damit rechnet. Auch bei der Hypnose geht es um selbsterfüllende Prophezeiungen. Wenn man zum Beispiel jemand hypnotisiert und ihm erzählt, dass man ihm eine glühend heiße Münze auf die Hand legt, bildet sich – auch bei einem kalten Geldstück – eine Brandblase.

Unsere Erwartungen beeinflussen unser Verhalten und unsere Wahrnehmung. Was wir wahrnehmen, hängt vor allem davon ab, was wir für relevant und möglich (erwartbar) halten und damit in den Fokus unserer Aufmerksamkeit nehmen (selektive Wahrnehmung).

Selektive Wahrnehmung ist ein psychologisches Phänomen und bedeutet, dass – aufgrund von Wünschen oder bisher gemachten

Erfahrungen – nur bestimmte Inhalte wahrgenommen und andere ausgeblendet werden.
Ein klassisches Beispiel für selbsterfüllende Prophezeiungen ist der sog. Misserfolgserfolgskreislauf. Die anfängliche Erwartung wird dabei mit großer Wahrscheinlichkeit bestätigt:
Negative Erwartung
→ Verzagtes Handeln („Wird doch eh nichts!")
→ Unbefriedigende Ergebnisse
→ Erwartungsbestätigung
→ Negative Erwartung

Nach den gleichen Gesetzmäßigkeiten funktioniert der Erfolgskreislauf.

Durch die selektive Wahrnehmung wird eine solche Bewertung noch verstärkt: Mit besonderer Aufmerksamkeit werden gerade die Ergebnisse registriert, die der anfänglichen Erwartung entsprechen. Andere Ergebnisse werden entweder nicht gesehen oder heruntergespielt nach dem Motto: „Zufälle gibt es immer wieder!" Dito funktioniert der Zirkel im Falle der Erfolgserwartung. Positive Erfahrungen führen zu beherztem Handeln („Wollen wir doch mal sehen!"), was positive Ergebnisse erbringt, die durch selektive Wahrnehmung noch verstärkt registriert werden („Siehst du!"), was in der Folge die anfänglichen Erwartungen bestätigt und in der nächsten Runde erneut sowie verstärkt zu einer positiven Erwartungshaltung führt.

Wir tun alles dafür, dass unsere Prophezeiungen in Erfüllung gehen! Wer zum Beispiel davon überzeugt ist, beim anderen Geschlecht keine Chancen zu haben, wird sich auch so benehmen wie jemand, der keine Chancen hat und für das andere Geschlecht uninteressant ist: zaghaft sein, sich im Hintergrund halten, sich in sein „Schneckenhaus" zurückziehen – und deshalb Single bleiben. Wer jemandem kühl und reserviert begegnet, muss damit rechnen, dass der andere zurückhaltend und abweisend reagiert.

Wenn ich fest davon überzeugt bin, man missachtet mich – wieso auch immer – werde ich mich eben deswegen überempfindlich, misstrauisch und deshalb wiederum unverträglich benehmen, was bei anderen Menschen genau jene Geringschätzung hervorruft, die meine immer schon gehegte Überzeugung erneut „beweist".

Wer davon überzeugt ist, bei allem, was er anpackt, zu versagen, geht entweder nur halbherzig an eine Sache heran oder gibt sich erst gar nicht die Chance, sich vom Gegenteil zu überzeugen, d. h., er unternimmt nichts und bleibt passiv.

Die Gesetzmäßigkeiten der selbsterfüllenden Prophezeiung können Sie für sich ausnutzen, indem Sie fortan mit positiven statt mit negativen Glaubenssätzen arbeiten. Sie strahlen dann automatisch das aus, was Sie Gutes von sich denken und werden auch so wahrgenommen.

„Man erntet, was man sät. Warum also nicht die Kraft der selbsterfüllenden Prophezeiung nutzen und stets mit einem guten Ausgang rechnen? Was haben Sie zu verlieren?"
Doris Wolf

Immer auf den letzten Drücker – Schluss mit Aufschieben

„Aufschub heißt der Dieb der Zeit“, schrieb der englische Dichter Edward Young schon vor etwa dreihundert Jahren. „Aufschieberitis“, das psychologische Fachwort dafür lautet „Prokrastination“ (von lateinisch „pro“ – für, „cras“ – morgen), ist je nach Sichtweise eine sympathische menschliche Schwäche, eine Verzögerungstaktik, eine ernst zu nehmende Lernstörung, unter der vor allem Studenten leiden, ein Verschwendungsmechanismus, ein Trendleiden oder gar eine Volkskrankheit.

Weltweit leidet angeblich fast jeder Vierte unter dieser Verhaltensauffälligkeit. Aufschieberitis kann relativ harmlos sein, wenn sie nur gelegentlich auftritt. Systematisches, chronisches Aufschieben ist jedoch nicht nur ärgerlich, sondern auf Dauer sehr frustrierend. Man schafft nicht mehr, was man sich vornimmt, man zweifelt bald an der eigenen Leistungsfähigkeit, gelegentlich kommt es zu Schuldgefühlen. Irgendwann geht das Selbstwertgefühl „baden“ und man beginnt unter sich selbst zu leiden. Man hängt quasi in einer Endlosschleife, gerät in einen Teufelskreis und nimmt sich das übel. Angstzustände und Depressionen können schlimmstenfalls die Folgen sein.

„Beim chronischen Aufschieben ... unterscheidet man grundsätzlich zwei Typen: den Vermeidungsaufschieber und den Erregungsaufschieber“, erklärt der Psychologe Hans-Werner Rückert von der Freien Universität Berlin.

Der Vermeider vertagt Entscheidungen auch, um sich selbst zu schützen. Bedingt durch Selbstzweifel oder einen Hang zum Perfektionismus befürchtet er, seine Arbeit könnte nicht gut genug sein. Er schiebt sie darum so lange vor sich her, bis er irgendwann sagen kann: „In der Kürze der Zeit war nicht mehr möglich“. Er will nicht als Versager dastehen und lässt sich lieber nachsagen, er habe sich nicht genug angestrengt. Ein mittelmäßiges Ergebnis ist für die meisten nicht schlimm, wenn sie nur wenige Tage dafür gearbeitet haben. Wer

aber Wochen investiert hat, für den ist eine schlechte Note ein übler Schlag.
Ab und an prokrastiniert der Vermeider auch aus Angst vor dem Erfolg: Einerseits würde er zwar gern den nächsten Karriereschritt gehen, aber andererseits bedeutet Aufstieg eben nicht nur mehr Anerkennung und mehr Geld, sondern vor allem: mehr Verantwortung.

„Der Erregungsaufschieber dagegen hat andere Motive: Er erledigt grundsätzlich alles auf den letzten Drücker, weil er sich dadurch den Kick holt, den er mit gut geplanter Arbeit nie erreicht hätte“, so Rückert. Er braucht den Druck einer heranrückenden Deadline, um sich zu motivieren, und er hat das Gefühl, unter Stress schneller und effektiver arbeiten zu können. Wenn jemand zum Beispiel erzählt, wie er gerade noch in den letztmöglichen Zug gesprungen ist, kribbelt es sogar beim Zuhören.

Sowohl beim Vermeidungs- als auch beim Erregungsaufschieber werden Stresshormone ausgeschüttet. Wenn die Deadline dann gerade noch so geschafft wird, lässt der Stress schlagartig nach. Man atmet – zumindest fürs Erste – erleichtert auf.
Es lohnt sich jedenfalls einmal zu analysieren, warum wir bestimmte Aufgaben vor uns herschieben. Wir erfahren so sehr viel über unsere Eigenmotivation und unsere Prioritätensetzung. Persönliche Gründe für systematisches Aufschieben könnten zum Beispiel sein: fehlende Erfolgserlebnisse, unzureichende Motivation, weil der Sinn der Tätigkeit entweder nicht klar oder zu unbedeutend ist, schlicht Unlust, weil die Sache einfach keinen Spaß macht, ein Trotzgefühl aus der Kinderzeit, das uns sagt, „dass man doch nicht das macht, was andere von einem erwarten“, Defizite in der Selbstorganisation, Angst vor der Beurteilung durch andere. Aufgaben, die man vor sich herschiebt, können unangenehm sein, keinen Erledigungstermin haben, zu

schwer oder zu langweilig sein oder sich vielleicht von selbst erledigen.

Aufschieber sind in aller Regel nicht faul im Sinne von inaktiv – im Gegenteil: Sie sind fast immer beschäftigt. Faule Menschen würden im Gegensatz dazu jede Anstrengung vermeiden und nichts Anderes tun. Statt jedoch Vorsätze in die Tat umzusetzen und Tätigkeiten zu erledigen, die ihn weiterbringen würden, putzt der typische Aufschieber das Bad oder den Kühlschrank, er räumt den Keller auf, spült Geschirr, checkt seine E-Mails, liest Zeitung oder füttert den Hamster. Kurzum: Er widmet sich Ersatztätigkeiten, auch ungeliebten Tätigkeiten, solange er dadurch nur etwas Belastenderes vermeiden kann.
Fakt ist: Nur die wenigsten können die aufgeschobene Zeit genießen. Ein ständig schlechtes Gewissen, nicht abschalten können, weil man Unerledigtes im Kopf hat, und Erschöpfung trotz Nichtstun in Sachen vorrangig zu erledigende Aufgaben hindern sie daran.
Gegen chronisches Prokrastinieren gibt es professionelle Hilfen, wirksame Strategien, nützliche Tipps zum Anfangen, Ratschläge zur Überwindung des „inneren Schweinehundes". Verschaffen Sie sich einen Überblick. Priorisieren Sie anstehende Aufgaben und begrenzen Sie sich auf wenige Projekte, die Sie bearbeiten wollen.
Von Aristoteles stammt der Satz: „Der Anfang ist die Hälfte des Ganzen" und bei Max Eyth findet sich: „Glücklicherweise wird alles interessant, womit man sich ernsthaft beschäftigt".
Das Gegenteil von Aufschieben ist Anfangen. Warten Sie nicht ab, der „richtige Moment" wird vielleicht nicht kommen und es bringt dann nichts, darauf zu warten. In die richtige Stimmung für die Bearbeitung der Steuererklärung kommen Sie vermutlich nie.
Praktizieren Sie die 5-Minuten-Technik. Beginnen Sie eine Aufgabe und arbeiten Sie konzentriert genau 5 Minuten daran, mit der Option, nach Ablauf dieser Zeit damit aufzuhören. Der Trick dabei ist, dass man die Aufgabe meist fortsetzt, wenn man einmal dabei ist.

Vor dem Anfangen müssen drei Fragen geklärt werden:
Wann?, Wo?, Wie?
Terminierte Anfangszeiten sollten genau eingehalten werden. Wer 10 Minuten „durchgehen" lässt, schiebt schnell auch 2 Stunden auf. „Ein Mensch tut nur dann etwas, wenn es zu 70 Prozent mit positiven Gefühlen verbunden ist", erklärt Rückert. Der Gedanke: „Ich muss lernen" reißt niemanden vom Hocker. Sagen Sie sich vielmehr: „Ich will lernen" und halten Sie sich vor Augen, was Ihre Gründe dafür sind.
Lösen Sie Motivationskonflikte. In jedem Menschen konkurrieren mehrere „Ichs" ständig miteinander. Das eine will zum Beispiel in der Sonne liegen, und zwar nicht nur jetzt, sondern auch morgen und übermorgen. Das andere will langfristige Ziele erreichen. Der Kompromiss hieße: JETZT arbeiten bedeutet später länger in der Sonne liegen.
Planen und machen Sie kleine Schritte. Ein vager Arbeitsplan ist wertlos. Bei der Zeitplanung hilft oft die 50-Prozent-Regel: Man braucht für die meisten Aufgaben doppelt so lange, wie man anfangs dachte.
Steuern Sie mit der Salamitaktik gegen. Schreiben Sie Ihre Etappenziele auf große Papierbögen und hängen sie diese an die Wand. Schrittweises Abhaken nach Zielerreichung schafft Erfolgserlebnisse und hilft, den nächsten Schritt anzugehen.
Führen Sie Tagebuch. Das Protokollieren der Arbeitszeit lässt das eigene Arbeitstempo besser einschätzen. Wie viel Zeit verbringe ich wirklich mit Arbeit? Wie viel Zeit verbringe ich lediglich mit Gedanken daran?
Planen Sie feste Erholungszeiten ein. Viel länger als 6 … 7 Stunden ist kaum jemand effektiv. Genießen Sie „freie" Stunden ohne schlechtes Gewissen.
Belohnen Sie sich selbst – klopfen Sie sich für bewältigte Anstrengungen auf die eigene Schulter.

Suchen Sie ggf. Hilfe. Depression und Aufschieben treten oft gemeinsam auf und können sich verstärken. Wenn die Depression kommt, klappt nichts mehr. Zögern Sie in einem solchen Fall nicht, einen Psychologen um Rat zu fragen.

Auch wenn es Ihnen vielleicht provokant und ironisch vorkommt: *Schieben Sie heute Ihre Aufschieberitis auf.* Setzen Sie die Fähigkeit zum Aufschieben zu etwas Nützlichem ein, indem Sie das Aufschieben selbst aufschieben.

Im Übrigen: In Maßen kann Aufschieberitis auch eine Stärke sein. Wer abwartet, gibt der Kreativität eine Chance. Wenn Sie etwas Schwieriges vertagen, arbeitet es in Ihnen unbewusst weiter. Das Vertagen schützt Sie auch davor, schlechte Entscheidungen zu treffen, wenn Sie sich ängstlich fühlen.

Die Kunst der kleinen Schritte

Der französische Schriftsteller und Pilot Antoine de Saint-Exupéry (1900-1944) wurde zum Kultautor der Nachkriegsjahrzehnte. Seine Erzählung „Der kleine Prinz“[34] gehört mit über 140 Millionen verkauften Exemplaren zu den erfolgreichsten Büchern der Welt. Das wohl berühmteste Zitat aus der Erzählung – „Man sieht nur mit dem Herzen gut. Das Wesentliche ist für die Augen unsichtbar." – ist nicht nur für sein Werk programmatisch, sondern auch für sein Leben. In vielen sprachlichen Variationen betont er immer wieder, dass man nicht von den Dingen, sondern vom Sinn der Dinge lebt.

Seine nachdenkenswerten Zeilen „Die Kunst der kleinen Schritte" – aus seinem Werk „Die Stadt in der Wüste"[35] – sollten Sie unbedingt kennen oder erneut lesen. In seinem „Gebet um die Wunder des Alltags" benennt er Probleme, die für unsere Zeit symptomatisch sind: Zeitmangel durch Reizüberflutung und Verzettelung, Neid auf das, was man in der Konsumgesellschaft als erstrebenswerten Lebensstandard suggeriert bekommt ...

[34] Saint-Exupéry de, A.: Der kleine Prinz, Düsseldorf 2000 (64. Auflage).

[35] Saint-Exupéry de, A.: Die Stadt in der Wüste, Düsseldorf 2002

Nehmen Sie sich zwei Minuten ...

„Ich bitte nicht um Wunder und Visionen, Herr, sondern um die Kraft für den Alltag. Lehre mich die Kunst der kleinen Schritte.

Mach mich sicher in der rechten Zeiteinteilung.

Schenk' mir das Fingerspitzengefühl, um herauszufinden, was erstrangig und was zweitrangig ist.

Schenk' mir die nüchterne Erkenntnis, dass Schwierigkeiten, Niederlagen, Misserfolge, Rückschläge eine selbstverständliche Zugabe zum Leben sind, durch die wir wachsen und reifen.

Erinn're mich daran, dass das Herz oft gegen den Verstand streikt.

Schick' mir im rechten Augenblick jemanden, der den Mut hat, die Wahrheit in Liebe zu sagen. Du weißt, wie sehr wir der Freundschaft bedürfen.

Gib, dass ich diesem schönsten, schwierigsten, riskantesten und zartesten Geschenk des Lebens gewachsen bin.

Verleihe mir die nötige Phantasie, im rechten Augenblick ein Päckchen Güte mit oder ohne Worte an der richtigen Stelle abzugeben.

Bewahre mich vor der Angst, Ich könnte das Leben versäumen.

Gib mir nicht, was ich mir wünsche, sondern das, was ich brauche.

Lehre mich die Kunst der kleinen Schritte."

Neuromythen – Die Deutungsmacht der Hirnforschung

Unser Gehirn gehört zu den letzten großen Rätseln unserer eigenen Biologie. Um unser Denkorgan ranken sich Legenden, Halbwahrheiten, hartnäckige pseudowissenschaftliche Mythen.

Eine Auswahl ...

Mythos: Hirnjogging macht schlau

Wenn jemand regelmäßig joggt, steigert er damit seine Laufleistung und er verbessert dadurch sein Leistungsvermögen auch in anderen Sportarten (Radfahren, Schwimmen, Tennis ....). Das Gehirn zu fordern und zu trainieren – wie einen Muskel – ist eine naheliegende Methode, um geistig fit zu bleiben – doch ihre Wirkung ist umstritten. In einer groß angelegten Online-Studie (Neuropsychologe Adrian Owen und Kollegen, University of Cambridge), an der mehr als 11.000 Versuchsteilnehmer 6 Wochen lang teilnahmen, wurden nach dem Zufallsprinzip 3 Gruppen gebildet.

Die Mitglieder der ersten Gruppe erhielten Trainingsaufgaben zu schlussfolgern, planen und problemlösen, die zweite Gruppe Aufgaben für Gedächtnis, Aufmerksamkeit, räumliches Vorstellungsvermögen und mathematisches Verständnis, die Mitglieder der dritten Gruppe (Vergleichsgruppe) mussten belanglose Fragen beantworten. Ergebnis: Die ersten beiden Gruppen verbesserten sich – im Gegensatz zur dritten – in den Bereichen, in denen sie geübt hatten. Das Training hatte jedoch keine Auswirkungen auf die generelle geistige Leistungsfähigkeit, die „allgemeine Intelligenz“. Das bedeutet: Sudoku-Spielen führt nur dazu, dass man im Sudoku-Spielen besser wird.

Mythos: Unterschiedliche Lerntypen

Der Biochemiker Frederic Vester benutzte in seinem Bestseller „Denken, Lernen, Vergessen“ (1975) – entsprechend den Präferenzen, den einen oder anderen Sinneskanal zur Aufnahme von Wissen verstärkt einzusetzen – den Begriff des „Lernstils“. Vester unterteilte Menschen in visuelle, auditive, haptische und verbal-abstrakte Lerntypen. In einer Reihe von Bildungseinrichtungen werden die Kinder – dieser These folgend – getestet und in visuelle, auditive oder motorische Lerner eingeteilt. In objektiven Tests zeigte sich jedoch: Es gibt keine signifikanten Unterschiede. Ein auditiver Typ lernt mit Bildern genauso gut oder schlecht wie ein visueller. Alle Kinder hatten die besten Lernergebnisse, wenn beim Lernen möglichst viele Sinneskanäle angesprochen wurden. Durch die „Mehrkanalität“ entsteht eine breit vernetzte Gedächtnisspur (quasi ein breiter „neuronaler Trampelpfad“), die sich bei der Wiedergabe des Gelernten leichter aktivieren lässt.

Mythos: Wir nutzen unser Gehirn nur zu 10 Prozent.

Die Anwendung bildgebender Verfahren (fMRT, PET ...) in der Hirnforschung zeigt, dass zu jedem Zeitpunkt nur kleine Teile unseres Gehirns aktiv sind. Allerdings: Rechtfertigt diese Tatsache auch den Schluss, dass wir nur einen kleinen Teil unseres Gehirns benutzen?

Unser Gehirn wiegt etwa 2 Prozent der Masse unseres Körpers und es verbraucht ungefähr 20 Prozent der gesamten Körperenergie. Die Hälfte dieses Energiebedarfs wird für die Sicherstellung der Betriebsbereitschaft unseres Gehirns benötigt. Es werden Ruhepotentiale aufrechterhalten, die für die geistigen Aktivitäten zur Verfügung stehen. Das Gehirn ist dabei extrem sparsam: Es aktiviert stets nur die relevanten Bereiche. Allerdings: Intelligente Menschen aktivieren ihr Gehirn beim Lösen von Aufgaben weniger, aber zielgenauer.

Die Annahme, dass nur ein kleiner Teil unseres Gehirns genutzt wird – dass also ein Großteil unseres Potentials brachliegt und nur darauf wartet, geborgen zu werden – ist also falsch; sie ist ein Neuromythos. Die verschiedenen Bereiche unseres Gehirns werden nicht gleichzeitig, sondern nacheinander aktiviert.

Die unhaltbare These, dass wir nur 10 Prozent unseres Gehirns nutzen, wird auch von Scientologen vertreten. Sie gehen mit dem Versprechen auf Menschenfang, auch die restlichen 90 Prozent freizusetzen.

Mythos: Gehirnforscher haben bewiesen, dass der freie Wille eine Illusion ist.

Die umstrittene Behauptung der Hirnforschung, es gebe keinen freien Willen, hat viel öffentliches Interesse ausgelöst. Aus Sicht der Philosophie geht es dabei um den „Determinismus", also die Vorstellung, dass zukünftige Ereignisse durch aktuell herrschende Bedingungen bereits vorherbestimmt sind. Seit Jahrhunderten streiten Philosophen darüber, ob der menschliche Geist durch natürliche oder göttliche Gesetze determiniert ist. Im Zusammenhang mit Willensfreiheit stellt sich die Frage, inwieweit unser Unterbewusstsein unsere Entscheidungen diktiert.

Die zu untersuchende These lautet: Wir denken zwar, wir hätten bewusste Kontrolle über uns selbst, in Wirklichkeit bestimmen aber unbewusste Gehirnprozesse unser Handeln.

Insbesondere die Ergebnisse einer Serie von Experimenten des US-amerikanischen Neurowissenschaftlers Benjamin Libet (University of California in San Francisco) interpretieren manche Hirnforscher als Widerlegung der Willensfreiheit. Libet maß 1983 mittels EEG die Hirnströme seiner Versuchsteilnehmer. Schon Zehntelsekunden bevor sie nach eigenen Angaben einen bewussten Drang verspürten, ihren Finger zu bewegen, trat ein elektrisches Signal auf, das die Bewegung vorhersagen konnte – ein sogenanntes Bereitschaftspotential. Der Berliner Neurowissenschaftler John-Dylan Haynes wiederholte das Experiment 2008 im Magnetresonanztomographen.

Fazit: Die Entscheidung steht im Gehirn nicht Zehntelsekunden, sondern häufig bereits 10 Sekunden fest, bevor sie ins Bewusstsein dringt. Ist damit bewiesen, dass der freie Wille eine Illusion ist?

Beim Libet-Experiment und seinen Nachfolgern bleiben wichtige Kennzeichen freier Willensbeschlüsse außen vor. Die Experimente ignorieren den Zeithorizont menschlicher Entscheidungen. Das langfristige Planen von Handlungen hat sich als sehr wichtig herausgestellt. Wer Situationen zuerst visualisiert (sie sich also erst vor dem inneren Auge vorstellt) oder bereits bestimmte Verhaltensregeln formuliert, führt eine beabsichtigte Handlung mit größerer Wahrscheinlichkeit erfolgreich aus. Menschen planen ihre Handlungen oft lange im Voraus, manchmal brechen sie diese auch mittendrin ab. Beides war in den Experimenten verboten. Zudem: Der gemessene spontane Drang, einen Knopf zu drücken, ist für den Alltag relativ irrelevant.

Das Libet-Experiment und seine Nachfolger haben der Debatte um die Willensfreiheit kein Ende bereitet, auch wenn manche Wissenschaftler etwas Anderes behaupten.

Mythos: Multitasking

Niemand kann mehrere komplexe Tätigkeiten zeitsparend und fehlerfrei gleichzeitig ausführen.

Es gibt ganz eindeutig keine „parallelen Aufmerksamkeiten". Wir können nicht an zwei Dinge gleichzeitig denken! Der Mensch kann nur zwischen zwei Konzentrationsobjekten hin und her wechseln. Wenn er das tut, gehen allerdings wichtige Informationspartikel verloren, und die Energie, die für konzentriertes Arbeiten notwendig ist, ist schnell erschöpft. Multitasking ist ein Mythos (vgl. auch S. 115).

Schlusswort

Zu guter Letzt ... Jetzt sind Sie dran!

„Wer kämpft, kann verlieren. Wer nicht kämpft, hat schon verloren."

Bertolt Brecht

„Es gibt mehr Leute, die kapitulieren, als solche, die scheitern."

Henry Ford

Mit diesem Buch möchte ich Ihnen das beste Wissen für „Souveränes Handeln" vermitteln, das ich im Laufe von 20 Jahren psychologischer Praxis gesammelt habe.

Was vor Ihnen liegt, ist ein Weg. Ein jeder Weg beginnt mit dem ersten Schritt und der heißt: innehalten, nachdenken, wo man hinmöchte. Dann: Wegweiser oder Karte zu Rate ziehen. Ein solcher Wegweiser, eine Orientierungshilfe auf der spannenden Reise zu einem Leben in Balance und innerer und äußerer Harmonie soll dieses Buch sein.

Jedoch:

„Es ist nicht genug zu wissen,
man muss es auch anwenden;
es ist nicht genug zu wollen,
man muss es auch tun."

Johann Wolfgang von Goethe

Jetzt kommt für Sie das Umsetzen. Erfolg kommt vom Tun. Setzen Sie Ihr neu erworbenes Wissen und Ihre Wünsche um in Taten, machen Sie die Theorie zur Praxis, Ihre Ideen zum Erfolg. Begeben Sie sich in Situationen, die Sie fordern.

Stellen Sie sich immer wieder mal die Frage: „Warum tue ich das, was ich gerade tue?" Spielende Kinder zum Beispiel tun es aus Freude am Tun, aus keinem anderen Grund. Der Raketenkonstrukteur Wernher von Braun antwortete auf die Frage eines Journalisten, ob es nicht total frustrierend gewesen sei, zehn Jahre dafür gebraucht zu haben, um endlich auf dem Mond zu landen: „All that I've done, I've done for the fun of it. The doing was more important than the done." Das Forschen war ihm also wichtiger als das Ergebnis. Eine diesbezügliche amerikanische Spruchweisheit lautet: „The chase is sweeter than the catch." (Die Jagd ist süßer als der Fang)

Zu den Dingen, die Sterbende am meisten bereuen – die Sterbeforschung hat das zu Tage gefördert – gehört nicht das, was schiefging, sondern das, was sie nicht unternommen haben. Von Coco Chanel stammt der Satz: „Ich bereue nichts im Leben außer dem, was ich nicht getan habe."

Ganz wichtig ist die Aussöhnung mit der eigenen Lebensgeschichte: Unsere Vergangenheit ist das Material, das uns zur Verfügung steht. Es macht letztlich keinen Sinn, immer wieder in seiner Vergangenheit herumzuwühlen und dort z. B. Gründe für mangelndes Selbstwertgefühl zu finden. Jeder muss irgendwann einmal die Verantwortung für sein Leben selbst übernehmen, er muss seine Vergangenheit als das Material annehmen, das er zu formen bereit ist.

Von enormer Bedeutung ist die menschliche Vorstellungskraft. Mark Twain beschreibt ein eigenes diesbezügliches Erlebnis: Er übernachtete in einem Hotel in Mississippi. Wegen der Stickigkeit der Luft im Zimmer konnte er nicht schlafen. Nach stundenlangem Hin- und Herwälzen im Bett warf Twain einen Schuh gegen das Fenster. Er hörte das Zerspringen von Glas, spürte einen kühlen Windhauch und schlief ein. Am nächsten Morgen sah er, dass er nicht die Fensterscheibe, sondern das Glas eines Spiegels zerbrochen hatte. Er hatte sich allein durch Imagination, durch die Kraft seiner Gedanken, Kühlung verschafft.

Ein anderes Beispiel für die mächtige Wirkkraft menschlicher Vorstellungen: Ein Mann wurde versehentlich in einen gut belüfteten Kühlraum eingeschlossen. Das Kälteaggregat war nachweislich nicht eingeschaltet. Am nächsten Morgen fand man den Mann tot – mit allen Merkmalen einer Erfrierung.

Bei einem Extremlauf zum Beispiel ist – nach Erkenntnissen der Sportpsychologie – für 80 Prozent der Rennergebnisse der Kopf verantwortlich. Die mentale Stärke entscheidet über Ankommen oder Aufgeben, Sieg oder Niederlage, und dies nicht nur im Sport.

Geben Sie sich die Chance, aus Ihren Stärken etwas zu machen. Für Ihre Zukunft wünsche ich Ihnen in erster Linie Selbstvertrauen.

„Wenn der Wind der Veränderung weht, bauen einige Menschen Mauern und einige Windmühlen."

Aus China

„Im Leben kommt es darauf an, Hammer oder Amboss zu sein – aber niemals das Material dazwischen."

Norman Mailer

Quellennachweis

„Angst kann auch beflügeln." Aus: Ceh, J.: Keine Angst vor Prüfungen. In Leistungssituationen souveräner werden, München/Landsberg am Lech 1993, S. 22ff.

„Seelische Stabilität contra Prüfungsangst – So steigern Sie Ihr Selbstvertrauen!" Aus: Ceh, J.: Keine Angst vor Prüfungen. In Leistungssituationen souveräner werden, München/Landsberg am Lech 1993, S. 43ff.

„Prüfungsangst als Konsequenz innerer Störprogramme." Aus: Ceh, J.: Keine Angst vor Prüfungen. In Leistungssituationen souveräner werden, München/Landsberg am Lech 1993, S. 51ff.

„Vermeiden Sie kognitive Irrtümer!" Aus: Ceh, J.: Keine Angst vor Prüfungen. In Leistungssituationen souveräner werden, München/Landsberg am Lech 1993, S. 56ff.

„Programmieren Sie Ihr Denken neu!" Aus: Ceh, J.: Keine Angst vor Prüfungen. In Leistungssituationen souveräner werden, München/Landsberg am Lech 1993, S. 57ff.

„Empfehlungen zur Vermeidung von und zum Umgang mit Prüfungsangst." Aus: Ceh, J.: Keine Angst vor Prüfungen. In Leistungssituationen souveräner werden, München/Landsberg am Lech 1993, S. 113ff.

„Effizientes Verhalten in Prüfungssituationen." Aus: Ceh, J.: Besser denken, besser lernen. So meistern Sie jede Prüfung, München/ Landsberg am Lech 1988, S. 131ff.

„Reduktion von Prüfungsangst." Aus: Ceh, J.: Besser denken, besser lernen. So meistern Sie jede Prüfung, München/Landsberg am Lech 1988, S. 137ff.

„Entspannung contra Stress: Das 3-Ebenen-Verständnis der Reaktions- und Verhaltensbereiche." Aus: Ceh, J.: Entspannen jederzeit!

Techniken zur besseren Streßbewältigung, München/Landsberg am Lech 1991 (2. Auflage 1995), S. 75ff.

„Progressive Muskelrelaxation." Aus: Ceh, J.: Ihr Weg zu mehr Selbstbewusstsein. So bringen Sie sich wirksam auf Erfolgskurs, München/Landsberg am Lech 1989 (3. Auflage 1996), S. 51ff.

„Entspannung durch richtige Atmung." Aus: Ceh, J.: Ihr Weg zu mehr Selbstbewusstsein. So bringen Sie sich wirksam auf Erfolgskurs, München/Landsberg am Lech 1989 (3. Auflage 1996), S. 56ff.

„Entspannung durch angenehme Vorstellungen (Entspannungsbilder)." Aus: Ceh, J.: Ihr Weg zu mehr Selbstbewusstsein. So bringen Sie sich wirksam auf Erfolgskurs, München/Landsberg am Lech 1989 (3. Auflage 1996), S. 57f.

„Verwechseln Sie Selbstbehauptung nicht mit Aggressivität." Aus: Ceh, J.: Ihr Weg zu mehr Selbstbewusstsein. So bringen Sie sich wirksam auf Erfolgskurs, München/Landsberg am Lech 1989 (3. Auflage 1996), S. 11

„Akzeptieren Sie sich selbst." Aus: Ceh, J.: Ihr Weg zu mehr Selbstbewusstsein. So bringen Sie sich wirksam auf Erfolgskurs, München/Landsberg am Lech 1989 (3. Auflage 1996), S. 65f.

„Lernen Sie situationsadäquat zu reagieren – trainieren Sie Ihre Schlagfertigkeit." Aus: Ceh, J.: Ihr Weg zu mehr Selbstbewusstsein. So bringen Sie sich wirksam auf Erfolgskurs, München/Landsberg am Lech 1989 (3. Auflage 1996), S. 109ff.

„Selbstsicherheit und Selbstbehauptung lassen sich systematisch einüben." Aus: Ceh, J.: Ihr Weg zu mehr Selbstbewusstsein. So bringen Sie sich wirksam auf Erfolgskurs, München/Landsberg am Lech 1989 (3. Auflage 1996), S. 145ff.

„Positives Denken und psychische Hygiene contra Stress." Aus: Ceh, J.: Entspannen jederzeit! Techniken zur besseren Streßbewältigung, München/Landsberg am Lech 1991 (2. Auflage 1995), S. 214ff.

„Neid kostet Lebensfreude." Aus: Ceh, J.: Ihr Weg zu mehr Selbstbewusstsein. So bringen Sie sich wirksam auf Erfolgskurs, München/Landsberg am Lech 1989 (3. Auflage 1996), S. 77ff.

„Streit muss nicht trennen." Aus: Ceh, J.: Konflikte und Aggressionen bewältigen, München/Landsberg am Lech 1985 (2. überarbeitete Auflage 1988), S. 90ff.

„Im Leben ist alles eine Frage der Perspektive".
Aus: Enkelmann, N. B./ Burkart, Chr.: Erfolgsprinzipien der Optimisten, Offenbach 1997, S. 30

Literaturangaben

Berne, E.: Spiele der Erwachsenen: Psychologie der menschlichen Beziehungen, Reinbek 2002

Blödorn, M. / Schmidt, P.: Trablaufen, Reinbek 1977

Buchmann, K. E.: Die Kunst der Gelassenheit, Freiburg im Breisgau 1990

Ceh, J.: Prüfungsangst überwinden. Entspannt und ohne Stress meistern Sie jede Prüfung. Therapie-Programm mit Tonkassette, München/Landsberg am Lech 1984 (2. überarbeitete Auflage 1992)

Ceh, J.: Konflikte und Aggressionen bewältigen, München/Landsberg am Lech 1985 (2. überarbeitete Auflage 1988)

Ceh, J.: Selbstbewusstsein lernen. So trainieren Sie Selbstsicherheit und Selbstbehauptung. Therapie-Programm mit Tonkassette, München/Landsberg am Lech 1985 (3. Auflage 1992)

Ceh, J.: Optimales Lernen. Tipps und Kniffe für geistiges Arbeiten, München/Landsberg am Lech 1985

Ceh, J.: Gelassenheit trainieren. Das Anti-Stress-Programm: Entspannung, Eutonie, Meditation. Therapie-Programm mit Tonkassette, München/Landsberg am Lech 1986 (2. Auflage 1991)

Ceh, J.: Besser denken, besser lernen. So meistern Sie jede Prüfung, München/Landsberg am Lech 1988

Ceh, J.: Ihr Weg zu mehr Selbstbewusstsein. So bringen Sie sich wirksam auf Erfolgskurs, München/Landsberg am Lech 1989 (3. Auflage 1996)

Ceh, J.: Entspannen jederzeit! Techniken zur besseren Streßbewältigung, München/Landsberg am Lech 1991 (2. Auflage 1995)

Ceh, J.: Keine Angst vor Prüfungen. In Leistungssituationen souveräner werden, München/Landsberg am Lech 1993

Ellis, A.: Die rational-emotive Therapie, München 1977

Gigerenzer, G.: Risiko: Wie man die richtigen Entscheidungen trifft, München 2014

Lukas, E.: Auch dein Leben hat Sinn, Freiburg im Breisgau 1971

Meinhold, W.: Spektrum der Hypnose, Genf 1980

Oettingen, G.: Die Psychologie des Gelingens, München 2015

Olvedi, U.: Buddhismus – Religion der Zukunft?, München 1973

Peseschkian N.: Der nackte Kaiser, München 1997

Roth, G.: Fühlen, Denken, Handeln: Wie das Gehirn unser Verhalten steuert, Berlin 2003

Saint-Exupéry de, A.: Der kleine Prinz, Düsseldorf 2000 (64. Auflage)

Saint-Exupéry de, A.: Die Stadt in der Wüste, Düsseldorf 2002

Schellenberger, B. (Hrsg.): Bernhard von Clairvaux, Gotteserfahrung und Weg in die Welt, Olten 1982

Schwartz, D.: Gefühle erkennen und positiv beeinflussen, München 1991

Seligman, M. E. P.: Der Glücksfaktor: Warum Optimisten länger leben, Eichborn 2005

Watzlawick, P.: Anleitung zum Unglücklichsein, München 1983

Zimbardo, P. G./Ruch, F. L.: Lehrbuch der Psychologie, Berlin, Heidelberg, New York 1978